STRÜMPFE

Mechthild Meyer-Schneidewind • Ilona Sauerbier

STRÜMPFE

MODE, MARKT UND MARKETING

DEUTSCHER FACHVERLAG

"Tactel" ist ein Warenzeichen der ICI.

Dieses Projekt ist in Zusammenarbeit mit dem Hause ICI enstanden. Wir danken für die freundliche Unterstützung.

Die Deutsche Bibliothek - CIP Einheitsaufnahme
Strümpfe: Mode, Markt und Marketing / Mechthild Meyer-Schneidewind;
Ilona Sauerbier.- Frankfurt am Main: Dt. Fachverl., 1992
ISBN 3-87150-382-7
NE: Meyer-Schneidewind, Mechthild; Sauerbier, Ilona

ISBN 3 - 87150 - 382 - 7

© 1992 by Deutscher Fachverlag GmbH, Frankfurt am Main.
Alle Rechte vorbehalten. Nachdruck, auch auszugsweise,
nur mit Genehmigung des Verlages.
Satz und Layout: ART+WORK GmbH. Frankfurt am Main
Umschlag: ART+WORK GmbH. Frankfurt am Main
Lektorat: Caroline Rosenberg, Frankfurt am Main
Herstellung: Herbert Antoniewitz, Frankfurt am Main
Druck und Bindung: PDC, Paderborn

VORWORT

Mit den Waffen einer Frau

Eine Untersuchung des Instituts für interdisziplinäre Sexualforschung in Hamburg hat es auf den Punkt gebracht: 21 Prozent der deutschen Männer schauen zuerst auf die Beine einer Frau, ehe ihr Blick mehr oder minder unauffällig zu Busen, Augen oder Po abwandert. An den Beinen einer Frau entzünden sich Männerphantasien. Beine verraten Rasse, Temperament und signalisieren erotische Bereitschaft.

Das war früher anders. Bis ins 18. Jahrhundert hinein hatten Frauen ihre Beine samt Füßen vollständig unter dem bodenlangen Rock zu verstecken. Während die Männer den Strumpf längst als schmückendes Statussymbol für sich entdeckt hatten, durfte bei den Frauen nicht einmal die bestrumpfte Fessel aufblitzen. Wie ernst dieses Verbot einst im inquisitionsfinsteren Spanien genommen wurde, belegt die Anekdote um die Heimholung der Braut Philipps des Schönen, der spanischen Prinzessin Johanna von Navarra im Jahr 1496. Bei der Durchreise durch eine französische Stadt ließ ihr der Bürgermeister als Brautgeschenk ein Paar Seidenstrümpfe überreichen, Inbegriff des Luxus, dem man im lebensfrohen Frankreich schon damals reuelos verfallen war. Der Hofmarschall Johannas wies das kostbare Geschenk voller Empörung zurück mit der - natürlich nicht wörtlich gemeinten - Bemerkung, Königinnen von Spanien hätten keine Beine. Johanna empfand offensichtlich allein schon die Tatsache, daß man unter ihren stoffreichen Gewändern ein Paar nackte Beine vermutete, als obszöne Beleidigung.

Gott sei Dank hat sich das grundlegend geändert. Im ersten Viertel des 20. Jahrhunderts wurden die Beine der Frauen endlich "gesellschaftsfähig". Als amerikanische Soldaten nach dem Zweiten Weltkrieg die ersten Nylons nach Deutschland brachten, wurden Vermögen dafür bezahlt. Frauen zeigen Bein, und zwar jede Menge. Dagegen sind nunmehr die Männer auf ein bescheidenes - allerdings phantasievoller denn je gemustertes - Stückchen Socke zwischen Schnürsenkel und Hosensaum reduziert.

Strümpfe wie Socken sind zum lustvollen Objekt der Begierde geworden. Sie zählen zu den schönsten, oft auch kostbarsten Accessoires, und sie sind ein gewaltiger Faktor im Geschäft mit der Mode. Ein ganzer Industriezweig lebt davon, Milliarden werden umgesetzt.

Das Team der "Textil-Wirtschaft" hat eine Fülle an Fakten und Informationen zusammengetragen: wie ein Strumpf entsteht, wie er verpackt, vermarktet und im Laden präsentiert wird. Wie er sich modisch entwickelt hat im Lauf der Jahrhunderte, welche Rolle er in der Erotik und nicht zuletzt im Film spielt. Marlene Dietrich machte Weltkarriere in bestrumpften Beinen. Ihr grandioser Auftritt im "Blauen Engel" mit der verlockenden Behauptung, "von Kopf bis Fuß auf Liebe eingestellt" zu sein, wäre kaum glaubhaft gewesen ohne jenes hauchzart-transparente Gespinst auf der Haut, das ihre Beine so unendlich reizvoll machte... Aber dies ist natürlich kein zweideutiges Buch oder gar ein "Cicerone" durch die Welt der Erotik, sondern ein fundiertes Fachbuch, geschrieben für alle, die alles über Strümpfe wissen wollen, wissen müssen. Es ist "das Strumpfbuch" schlechthin.

Peter Paul Polte

INHALT

Mechthild Meyer-Schneidewind **HISTORIE**
10 Vom Soccus zur Computersocke:
Die Entwicklungsgeschichte des Strumpfes

Ilona Sauerbier **MODE**
56 Bein frei - für die neue Masche
60 Das Liebesspiel der Osterhasen

Ilona Sauerbier **INDUSTRIEPROFILE**
64 Kunert, Immenstadt: Bilanz-Cocktail nach Öko-Art
66 Nur die GmbH, Rheine: Nylons zwischen Nudeln und Nutella
68 Ergee, Sonthofen: Take a walk on the wild sock
70 Falke, Schmallenberg: Kennen Sie Striggings?
72 Wolford, Bregenz: Maschen der Meisterklasse

Ilona Sauerbier **EROTIK**
76 Nachtigall, ick hör dir strapsen

Ilona Sauerbier **DAS ABC DER STRÜMPFE**
88 Von Argyle bis Zwickel

Mechthild Meyer-Schneidewind **WARENKUNDE**
102 Von der Faser bis zur Folie:
So entsteht ein Feinstrumpf

Ilona Sauerbier **SPORTSTRÜMPFE**
108 Ein As im Schuh

Mechthild Meyer-Schneidewind **STÜTZSTRÜMPFE**
112 Strammer Schenkeldruck

Susann Hartung **STRUMPF & FILM**
118 Der verherrlichte Damenstrumpf und die
denunzierte Männersocke

INHALT

DESIGNER		*Mechthild Meyer-Schneidewind*
Nomen est Omen	132	
Chantal Thomass: Interview	136	
Designer zeigen Bein	138	

HANDELSKONZEPTE		*Ilona Sauerbier*
Präsentation am lebenden Bein ? Eine Umfrage	142	
Läden	148	
Computer contra Fingerspitzen	160	
Präsentationen im Handel: Stumme Verkäufer ?	162	
Private Labels: Die Macht der Handelsmarken	164	
„Hot-Socks", Hertie: Auf heißen Socken zum Erfolg	166	
Fogal, Zürich: Eine Marke macht Handelskarriere	168	

VERBRAUCHERUMFRAGE		*Michael Albaum*
Socken - ein schwieriger Brocken	172	

WERBUNG		*Ilona Sauerbier*
Die geheimen Verführer	180	

INTERNATIONALE MÄRKTE		*Lothar Cromm/Ilona Sauerbier*
Die Italienerin ist Spitze	192	
Strumpfindustrie Italien: Die Stricker vom Po	*199*	

DIE STRUMPFGIGANTEN		*Ilona Sauerbier*
Die internationale Top-Ten der Strumpfhersteller	200	

VERPACKUNG UND UMWELT		*Ilona Sauerbier*
Schachtel-Visionen	206	

KURIOSES		*Mechthild Meyer-Schneidewind*
	214	

Danksagung / Bildquellen / Literaturverzeichnis   224

Kunststück des Rokoko: Spitzenstrumpf aus dem Besitz der Pompadour.

HISTORIE

HISTORIE

Vom Soccus zur Computersocke:
Die Entwicklungsgeschichte des Strumpfes

Am Anfang war die Beinbinde. Dreitausend Jahre vor unserer Zeitrechnung, als Steine das wichtigste Werkzeug der Menschen waren und Höhlen ihre Behausung, wickelten Jäger und Hirten sich Tierfelle um die Beine und befestigten sie mit Bast und Rinde. So schützten sie ihre frostempfindlichen Waden im Winter vor der Kälte, im Sommer vor Gestrüpp und Schlangenbiß. In der Bronzezeit, als sich die Webkunst zu entfalten begann, banden sie Tuchlappen mit Lederriemen um Füße und Unterschenkel. Noch später, als man Eisen zu gewinnen und daraus Waffen und Werkzeuge herzustellen wußte, wurden die Zeugstreifen mit Schnallen aus Metall geschlossen.

Wie die Beinbinden der Germanen aussahen, kann man auf den Triumphsäulen des alten Roms nachsehen: Viele der Gefangenen aus dem Norden, mitgeschleppt von den Legionen der Kaiser Marc Aurel oder Trajan, tragen solcherlei Wickelgamaschen; offensichtlich waren sie in den Augen der Römer das Erkennungszeichen der grobschlächtigen Barbaren, so wie heute der Bayer im Ausland spöttisch assoziiert wird mit der Lederhose.

Die Ahnengalerie

Im Süden Europas waren solcherart Beinkleider völlig unbekannt. Zu Beginn der Zeitrechnung trug man auf den Plätzen Roms zur Toga Sandalen, deren Riemen sich die Waden hochschlängelten, und im Hause den Soccus, ein federleichtes, zwitterartiges Schlupfgebilde, halb Strumpf, halb Schuh, das in vielfältigen Formen gearbeitet wurde und den Fuß weich, aber fest umschloß.

Der Soccus, Urahn unserer heutigen Socke, war seinerseits ein Nachfahre des altgriechischen S'ykcos: in der Antike wurden diese schlichten, weichen Schlupfschuhe von den Schauspielern auf der Bühne getragen. Die Römer übernahmen das Prinzip und variierten Form und Qualitäten. Ihr Soccus war aus feinstem Leder, die Sohle mit extradicker Haut verstärkt. Bei den Frauen war die Frontpartie kunstreich bestickt oder gar mit Perlen verziert.

Den S'ykcos haben übrigens auch die Griechen nicht erfunden, er soll vielmehr ein Mitbringsel von den Streifzügen in den Orient gewesen sein; möglicherweise kam er aus Mesopotamien, wo es schon lange vor der Zeitrechnung geflochtene und sogar gestrickte Fuß- und Beinkleider gegeben haben soll. Auch den umtriebigen und in Handels- wie Handwerksdingen höchst kenntnisreichen Phöniziern wird eine frühe Kenntnis der Kunst des Strickens nachgesagt. Der Nachwelt überliefert aber sind die ältesten Stricksocken der Welt durch die Ägypter. In koptischen Grabstätten wurden Exemplare aus dem 4. bis 6.

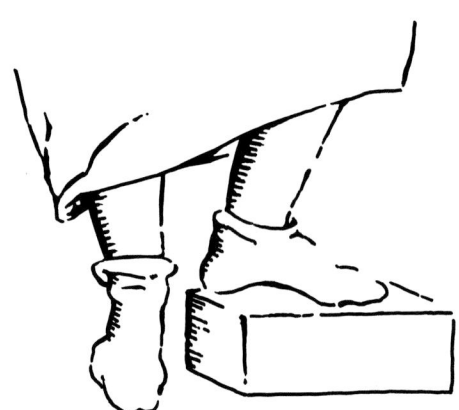

Schlupfgebilde aus weichem Leder: der Soccus, Ururahn der Socke. Die Römer trugen ihn als Hausschuh. Skizze nach Weiss.

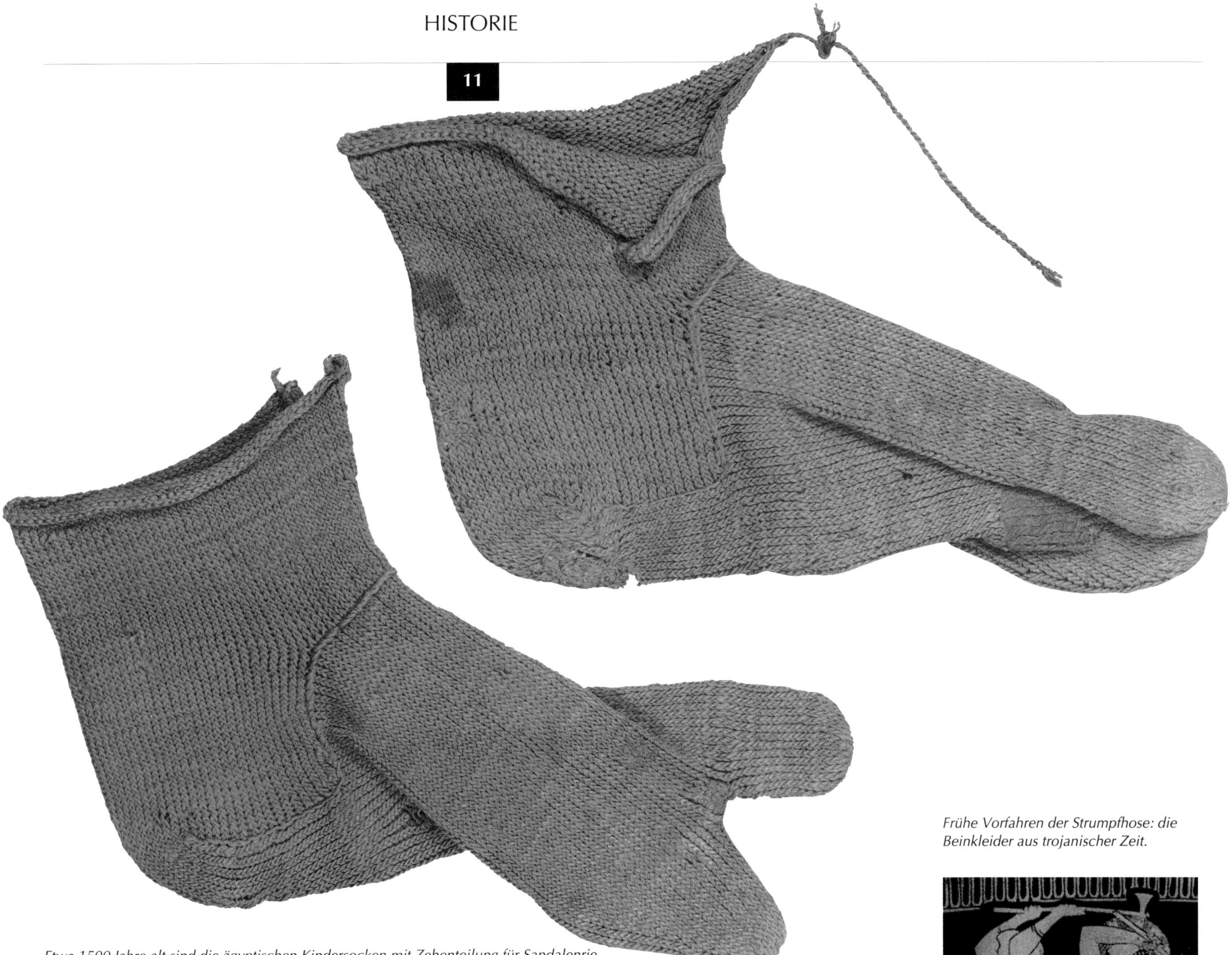

HISTORIE

Etwa 1500 Jahre alt sind die ägyptischen Kindersocken mit Zehenteilung für Sandalenriemen. Sie wurden in einem koptischen Grab gefunden und sind im Victoria & Albert Museum in London ausgestellt.

Frühe Vorfahren der Strumpfhose: die Beinkleider aus trojanischer Zeit.

Jahrhundert gefunden, von denen sich heute einige in westlichen Museen befinden, zum Beispiel in London und Berlin. Hergestellt wurden sie vermutlich außerhalb Ägyptens: Davon geht die Forschung aus, weil in den Gräbern nicht, wie sonst üblich, das dazugehörige Werkzeug gefunden wurde.

In die Ahnengalerie des Strumpfes gehören auch die hautengen Beinkleider der Trojaner. Mit Rhomben- oder Zackenmustern versehen, zieren sie manche Scherbe antiker Tongefäße. Ob sie aus Tuch, Leder oder Strick waren, weiß man nicht. Offensichtlich ist jedoch, daß sich diese alten Völker - während unsere Vorväter sich noch mit schweren Lappen um den Knien abquälten - schon höchst behend in ihren Rhombenstrümpfen zu bewegen wußten.

Knielange Strümpfe hatten im 9. Jahrhundert die Beinbinden abgelöst. Die karolingischen Könige Ludwig und Lothar tragen darüber den römischen Soccus. (Oben)

Wie Strapse sehen sie aus, die "Nesteln", mit denen der Strumpf (althochdeutsch: "hosa") an der kurzen Hose ("bruche") befestigt wurde.

Wie die "Husan" zur "Hosa" wurde

Im 7. Jahrhundert machten sich die Germanen, denen die Römer schon seit geraumer Zeit vorgeführt hatten, wie man stilvoll lebt und sich kleidet, an eine eigene Version des Soccus. Aus Tuch oder Leder, wurde er zunächst in der ursprünglichen kurzen Form getragen, dann, den kühleren Temperaturen entsprechend, bis zum Knie verlängert. "hosa" nannten ihn die Germanen - das war die Weiterentwicklung von "husan", ihrem Wort für die Beinbinde. Zunächst trugen ihn nur die höheren Stände, also der Adel und bald auch der Klerus, während die Bauern sich nach wie vor Tuchlappen um die Beine wickelten, wenn sie auf's Feld gingen.

Im 9. Jahrhundert reichte die "hosa" bis über das Knie hinauf und wurde am Wams, am Leibgurt oder an der "Bruche" befestigt, was im Althochdeutschen soviel wie Hose bedeutet. Oder vielmehr: eine Vorform derselben. Schon in der Bronzezeit hatten Germanen und Kelten diese weiterentwickelte Form eines Lendenschurzes getragen: ein von vorn durch die Beine nach hinten gezogenes Stück Tuch oder Leder, den Oberschenkel bedeckend, vorn oder seitlich geknotet, eine Art zusammengewurstelte Badehose. Sie wurde durch Einrollen der oberen Kante gehalten, durch die man einen Gurt zog.

Damit der Beinling nicht herunterrutschte, nähten die Germanen Schlaufen, Lederriemen und Stoffbänder an seinen oberen Rand, sogenannte "Nesteln", mit denen der Beinling an der Bruche befestigt wurde. Auf frühen Holzschnitten sehen diese Nesteln wie Vorläufer von Strapsen aus. Das Verb "Nesteln" hat sich bis heute gehalten; die Nestel als Objekt blieb zum Raffen und Schließen jeder Art von Kleidung in Gebrauch, bis sie im 17. Jahrhundert durch Haken und Ösen ersetzt wurde.

Vom Rumpf zum Strumpf

So wurde der Vorläufer unserer heutigen Hose althochdeutsch "Bruche" genannt und der Urahn des Strumpfes "hosa": wahrlich verwirrend! Erst im 16. Jahrhundert kam der Begriff Strumpf auf; offensichtlich fand man sich beim Anblick des Beinlings an einen hohlen Baum erinnert: das Wort Strumpf hatte die Bedeutung "Baumstumpf". Um die Sprachverwirrung noch ein Stückchen weiter auf die Spitze zu treiben, sei hier erwähnt, daß sich der alte Begriff im Englischen bis in die Neuzeit gerettet hat: "Hosery" bedeutet Strumpfware, "hoses" Strumpf. Und daß wir noch heute von einem Paar Hosen sprechen, obwohl unsere Beinkleider längst zusammengewachsen sind, ist zurückzuführen auf jene Zeit, in der zwei "Hosas" erst das komplette Outfit ausmachten.

Bis ins 13. Jahrhundert wurden Strümpfe aus Leder, Leinen oder aus Scharlach gefertigt, einem Wolltuch, das dank einer speziellen Webtechnik leicht elastisch war. Hinten wurde die "hosa" mit einer wulstigen Naht zusammengenäht.

Damit sie eng am Bein saß, ließ man sie einlaufen; später entdeckte man das Walkverfahren. Im Mittelalter untersagte es die Sitte höhergestellten Frauen, auch nur einen Zentimeter Bein zu zeigen. Dementsprechend wenig weiß man daher über ihre Strümpfe. Dagegen

HISTORIE

wurde die Attraktivität des Mannes maßgeblich an Wuchs und Muskelkraft seiner Schenkel gemessen; es gab viel zu nähen für die "hosa"-Schneider, viel zu berichten für die Chronisten.

Goldbestickte Purpurseide

An den Fürstenhöfen und beim Klerus wurde der zunächst grobe germanische Männerstrumpf im 11. Jahrhundert zunehmend durch eine sehr kostbare Beinkleidung ersetzt. Von den Strümpfen der Hohenstauferkaiser ist überliefert, daß sie aus schweren seidenen Purpurstoffen bestanden und für feierliche Anlässe mit Golddrahtstickereien und Edelsteinen verziert wurden.

Als der Normannenherzog Wilhelm im Jahre 1181 in Palermo gekrönt wurde, leistete er sich ein Paar reich verzierte Strümpfe aus Purpurseide, angefertigt von sarazenischen Goldstickern. Die Kreuzzüge hatten den Kontakt mit dem Orient hergestellt, und die Lust an der Prachtentfaltung war groß in herrschenden Kreisen.

Die prallen Schenkel der Minnesänger

Die Blütezeit des Rittertums war auch die hohe Zeit der Minnesänger. Während die Kirche der Welt strenge Fesseln anlegte, priesen sie Liebe und Schönheit. Wie wichtig es gerade für die Sänger als Künder der angenehmen Seiten des Lebens war, nicht mit staksigen Beinen vor der Angebeteten zu stehen, läßt sich an ihrem Bemühen um Verschönerung derselben feststellen: Viele verließen sich nicht auf die Wirkung ihrer Stimme, sondern setzten auch auf den Effekt ihrer mehr oder weniger wohlgeformten Beine, indem sie, waren diese nicht prall und makellos, dem Manko durch dicke Polster im Strumpf nachhalfen.

Wie stramm der Strumpf am Bein des Mannes zu sitzen hatte, berichtet der Chronist Pierre de Bourdeilles: "Straff wie ein Trommelfell oder wie es sonst bei den Damen beliebt ist". Waren die Strümpfe aus Leder ("ledersen"), wurden sie triefend naß über die Beine gezogen, um im trockenen Zustand die Schenkel besonders eng zu umspannen.

Auch das Landvolk trug mehr und mehr Strümpfe. Von der Bäuerin, die nicht gar so sehr auf die Einhaltung der guten Sitten achten mußte wie das feine Fräulein auf der Burg, weiß man, daß sie an Festtagen rote Beinkleider trug, die man "Golzen" nannte. Im Stundenbuch des Herzogs von Berry sieht man Landleute mit bis zu den Knien heruntergekrempelten blauen oder braunen Strümpfen bei der Arbeit auf dem Feld. In deutschen Dichtungen aus dem 13. Jahrhundert ist von "linsoche" die Rede, Leinensocken, die von Männern wie auch Frauen getragen wurden.

Stramm wie ein Trommelfell hatte der "ledersen" die Wade des Minnesängers zu umschließen. Machart und Form des Lederstrumpfs änderte sich kaum im Lauf der Jahrhunderte. Eines der wenigen erhaltenen Exemplare stammt aus dem Besitz von König Louis XVI. von Frankreich.

HISTORIE

Gotischer Wams: Albrecht Dürer zog seinem Modell eine offensichtlich aus einem Stück genähte Strumpfhosen-Kombination an. Ausschnitt aus dem "Martyrium der heiligen Katherina" um 1500.

Kurzes Wams und lange Strümpfe

Im 14. Jahrhundert - es war die Zeit der großen Pestepidemie, der 25 Millionen Menschen zum Opfer fielen - fand eine bedeutende modische Wende statt: Hatten Frauen wie Männer bis dahin mehr oder weniger lange Gewänder getragen, hatte der Leibrock immer bis übers Knie gereicht - bei der Frau mehr, beim Mann weniger -, so entwickelten letztere jetzt ihre eigene Tracht. Ihr Rock wurde kürzer und kürzer, die Strümpfe bis über die Oberschenkel verlängert und sichtbar ans Wams oder an den Gürtel genestelt. Jetzt war der Blick vollends freigegeben auf das Männerbein. Das Spiel der Muskeln zeichnete sich durch den knallengen Strumpf hindurch von der Wade bis zum Oberschenkel ab. Fortan wußten die Damen von der Burg mit einem Blick, woran sie waren; die Menschheit vermehrte sich wieder.

Die Vorväter der Strumpfhose

Mitte des 15. Jahrhunderts entwickelte sich die Männermode noch um einige Handbreit weiter. Statt nur bis zum Oberschenkel, reichten die Strümpfe nun über die Hüften hinaus bis zur Taille, wurden hinten zusammengenäht oder -genestelt und vorn mittels eines latzartigen Dreiecktuchs miteinander verbunden. Zwecks besseren Sitzes nahm manch einer die Mühe auf sich, seine Beinlinge abends nach dem Tragen - vor allem die Knie beutelten rasch aus und verdarben den Gesamteindruck - aufzutrennen und morgens wieder zusammenzunähen. Eine aufwendige Prozedur, die selbst Edelleute sich nicht jeden Tag erlauben konnten.

Die Eitelkeit der Männer war immens in jener Zeit: das belegen die vielen Gemälde, auf denen Strümpfe in immer wieder anderen Farben zu sehen sind. Die Portraitierten scheinen, glaubt man der Art und Weise, wie zierlich sie die Beine spreizen, geradezu erpicht darauf gewesen zu sein, der Nachwelt eine Vorstellung von der Schönheit ihrer Beinkleider zu übermitteln. Ein anderer Grund für ihre oft recht gezwungen wirkende Beinhaltung soll darin gelegen haben, daß die Strümpfe schlecht und zu eng genäht waren, so daß sie zwickten und zwackten.

Die bizarre Mode des "Mi-Parti"

Einen weiteren Beweis für die Eitelkeit der Männer liefert die Mode des "Mi-parti", was im Französischen soviel heißt wie "Zweigeteilt": jene bizarre, völlig irrationale Art der Farbgebung, die die Kleidung - und die Strümpfe vor allem - vertikal in verschiedene Farben aufteilte. Vom 14. bis ins 16. Jahrhundert hinein wurde diese Mode vor allem in Frankreich und Italien bis zum Exzess ausgekostet. Ein Beinling blau, der andere zickzackgemustert oder mit Rhomben versehen wie einst bei den Trojanern: es konnte nicht bunt genug sein. Mit der Zeit entwickelte sich daraus eine regelrechte Farbsymbolik, mit deren Hilfe der Träger seine jeweilige Gemütsverfassung im wortwörtlichen Sinn nach außen trug.

Farben hatten eine ungeheure Bedeutung in jener Zeit, nicht zuletzt auch deshalb, weil die

HISTORIE

Kleiderordnungen genau vorschrieben, wer welche Farben tragen durfte und wer nicht. Michelangelo malte die Strümpfe seiner Modelle am liebsten in tiefem Sienarot - was möglicherweise nur seinem Wunschdenken entsprach, denn die Farbe war den höchsten Richtern der Stadt Siena vorbehalten.

"Mi-Parti": Strumpfhosen mit Beinlingen in verschiedenen Farben und Mustern. Ausschnitt aus dem "Gastmahl und Jagd bei Dido" von Apollonio di Giovanni. Beginn 16. Jahrhundert

Der Landsknecht und das zersäbelte Tuch

Um 1500 fand wiederum eine Wende in der Männermode statt: Die Strumpfhose wurde in Kniehose und separate Strümpfe getrennt. Ein Landsknecht soll Urheber dieser Entwicklung gewesen sein. Beim Morgenappell, so die Legende, kam er nicht schnell genug in seine engen Beinlinge hinein und säbelte sie voller Ungeduld entzwei: in ein oberes, mit Nesteln zusammengehaltenes Teil, das jetzt fast wieder wie die einstige "hosa" der Germanen aussah, und zwei untere, die man nun durchaus schon als neuzeitliche Strümpfe bezeichnen konnte.

Mit dieser Kehrtwendung hin zum Praktischen hörten die Tollheiten der Männermode durchaus nicht auf. Im 16. Jahrhundert, Epoche der Renaissance, schlug sie weitere Kapriolen: die Zeit des "Zerhauenen" begann. Was auch immer sich bisher als Ganzes auf dem Leib des Mannes befunden hatte, wurde mit Schlitzen versehen, dergestalt, daß ihn zu guter Letzt nur noch ein einziger gewitterwolkenartiger Wust von schlotternden Tuchstreifen umhüllte.

Der Überlieferung nach soll wiederum ein Landsknecht Erfinder des Looks gewesen sein, und zwar ein Schweizer, wohl eher stark und grob gebaut. Bei einem Streifzug durch das Burgund wollte er sich die erbeuteten Kleider eines schmalbrüstigen Noblen anlegen und griff ebenfalls wildentschlossen zum Messer, als die eleganten Sachen ihm nicht passen wollten.

Auch in dieser Zeit spielte der Männerstrumpf eine wichtige, wenngleich nicht mehr dominante Rolle. Unter dem gewaltig aufgebauschten Oberkörper war er meist nur mehr einfarbig. Dafür wurden Seidenbänder mit prächtigen Schleifen ums Knie gebunden, die den

Die Mode des "Zerhauenen": Deutscher Landsknecht im Wams aus lauter Streifen. Seine Strümpfe hielt er mit Seidenschleifen an den Knien fest. Radierung von Daniel Hopfer aus der ersten Hälfte des 16. Jahrhunderts.

Strumpf - zusätzlich zu den an Taille oder Hüfte angebrachten Nesteln - der Schwerkraft entheben sollten. Die hüftlangen Strümpfe des vorangegangenen Jahrhunderts behaupteten sich dann als Wegbegleiter der groteskesten Pumphose aller Zeiten: der "spanischen Heerpauke".

Das obszöne Damenbein

Während dieser langen Zeit der verrücktesten Männermode war es den Frauen nach wie vor untersagt, Bein zu zeigen. Wie ernst dieses Verbot insbesondere im inquisitionsfinsteren Spanien genommen wurde, belegt die vielzitierte Anekdote um die Heimholung der Braut Philips des Schönen, der spanischen Prinzessin Johanna von Navarra. Bei der Durchreise durch eine französische Stadt ließ ihr der Bürgermeister als Brautgeschenk ein Paar Seidenstrümpfe überreichen, Inbegriff des Luxus, dem man im lebensfrohen Frankreich schon damals reuelos verfallen war. Der Hofmarschall Johannas wies das Geschenk voller Empörung zurück mit der - natürlich nicht wörtlich gemeinten - Bemerkung, Königinnen von Spanien hätten keine Beine. Isabella empfand offensichtlich allein schon die Tatsache, daß man unter ihrem bodenlangen Rock zwei Beine vermutete, als obszöne Beleidigung.

Vom Tuch zum Strickstrumpf

Im 16. Jahrhundert schlug endlich die Stunde des neuzeitlichen gestrickten Strumpfes. Jahrhundertelang hatte man sich abgemüht mit den schlecht sitzenden Strümpfen aus Tuch oder Leder, und aus heutiger Sicht ist es erstaunlich, daß der Strickstrumpf so lange auf sich warten ließ. Abgesehen von den Socken-Funden aus der Zeit des alten Ägypten fehlt über Jahrhunderte hinweg jeder Beleg für die Ausübung des Strickens. Erstes Zeugnis nach fast tausend Jahren ist das heute in der Kunsthalle Hamburg befindliche Gemälde des Meister Bertram aus der Zeit um 1400, auf dem Maria mit vier Nadeln ein Kleid für Jesus strickt. Bertram war in Italien gewesen und hatte dort vermutlich zum ersten Mal den Strickvorgang beobachten können. Die Mauren sollen es gewesen sein, von denen erst die Spanier, dann die Italiener das Stricken lernten.

Nachdem ganz Europa vom Strickfieber ergriffen war, klapperten allerorts die Nadeln. Grafik aus der Zeit um 1600.

Vom wüsten König Heinrich VIII. von England wird berichtet, er sei einer der ersten gewesen, der ein Paar handgestrickte schwarze Seidenstrümpfe spanischer Herkunft besaß. Auf diese sei er unendlich stolz gewesen. Später kamen Strümpfe aus Purpurseide und mit Gold- oder Silberstickereien am Zwickel hinzu. Seine königliche Tochter Elisabeth erhielt 1561, im dritten Jahr ihrer Regierung, ein Paar ebenfalls schwarze, silberdurchwirkte Seidenstrümpfe von ihrer Hofdame Lady Montague. Fortan zog sie nie mehr "Cloth-hoses" an, die vergleichsweise schlecht sitzenden Beinlinge aus Webstoff. Als Elisabeth erfuhr, daß auch ihre Erzrivalin Maria von Schottland Seidenstrümpfe besaß, soll sie über die Maßen erbost gewesen sein.

Elisabeth ermunterte die englischen Frauen, Strümpfe zu stricken - aus Wolle natürlich, denn Seide war dank der Kleiderordnungen strengstens den Fürstenhöfen vorbehalten. Die Frauen nahmen sich der neuen und leicht zu erlernenden Tätigkeit gerne an; sie waren das ewige Spinnen leid. Es gibt Berichte von Besuchen Elisabeths in englischen Städten, bei denen Kinder die Straße säumten und ihr zu Gefallen eifrig die Stricknadeln klappern ließen.

DER HOSENBANDORDEN

Die höchste Auszeichnung der Engländer verdankt ihre Entstehung einer pikanten Begebenheit. Ort des Geschehens: der Hof in London unter König Eduard III., gegen Mitte des 14. Jahrhunderts. Im Verlauf eines Hofballs löst sich das blaue Strumpfband der schönen Gräfin Salisbury und fällt vor aller Augen zu Boden. Die Hofschranzen stecken die Köpfe zusammen, tuscheln und wispern: löst sich das blaue Strumpfband einer Schönen, so sagt der Volksmund, ist sie dem Geliebten untreu. Man ist abergläubisch, in diesem Fall mit besonderem Vergnügen. Denn der Geliebte ist kein Geringerer als der König höchstpersönlich. Der aber erweist sich als Herr der Lage, indem er geistesgegenwärtig das Band vom Boden hebt und es sich selber um das Knie schlingt mit den folgenschweren Worten: "Honi soit qui mal y pense!" - Ein Schelm, wer Schlechtes dabei denkt. Um den Spott im Keim zu ersticken, soll er die Prophezeiung geäußert haben, man werde sich dereinst einmal um das Band reißen. Im Jahre 1348 gründete er - und das ist verbürgt - den "Most Noble Order of the Garter": den höchst edlen Hosenband- (eigentlich Strumpfband-) orden. Abzeichen ist ein dunkelblaues Samtband mit goldener Schnalle und obiger Devise. Die Ordensritter befestigen es unter dem linken Knie. Die Geschichte ist natürlich viel zu schön, um wahr zu sein. Und so gibt es etliche andere Versionen, die sich um die Entstehung des Ordens ranken. Historisch bewiesen ist keine. Als sicher gilt aber, daß Edward eine eigene Version der legendären Tafelrunde von König Artus vorschwebte, als er den Orden gründete. Und wahr geworden ist seine Prophezeiung - wenn denn die Geschichte mit der schönen Gräfin stimmt -, man werde sich dereinst um das blaue Band reißen: Mit nur 26 Ordensrittern, zu denen immer das jeweilige gekrönte Haupt der Briten zählt, ist der Hosenbandorden wohl tatsächlich eine der weltweit exklusivsten Runden.

Seidene Maschen als königliches Privileg

Auch andernorts war man schier versessen auf die neuen Strümpfe, die sich der Form des Beines auf so wunderbare Weise anpaßten. Sie waren auf zwei Nadeln gestrickt und hinten zusammengenäht. Als besonders schick galten gewachste Nähte. Der adlige Mann trug weiße, die Dame schwarze Strümpfe. Die Chronik des Jahres 1569 unterstreicht den besonderen Prunk bei der Hochzeit der Margherita von Frankreich mit Emanuele Filiberto von Savoyen und berichtet ausdrücklich, daß sowohl der Bräutigam wie auch der Bruder der Braut seidene Maschenstrümpfe trugen. Sie waren reich bestickt und kosteten ein Vermögen. Selbst für Könige war ein solcher Luxus keine Selbstverständlichkeit. Als Jakob I. von Schottland den spanischen Gesandten empfangen sollte, bat er brieflich einen begüterten Grafen, ihm für diesen Anlaß ein Paar kostbare Strümpfe auszuleihen, um vor dem Vertreter des mächtigen Spanien nicht als armer Schlucker dazustehen.

Der Siegeszug des Strickstrumpfs war nun nicht mehr aufzuhalten. Während Bauern, Handwerker und einfache Bürger zunächst weiterhin die aus Tuch genähten Strümpfe trugen, entwickelte sich, zunächst in Spanien und Italien, eine sehr elitäre Strickzunft, die gekrönte Häupter in ganz Europa belieferte.

Die älteste bekannte Gilde der Strumpfstricker wurde 1527 in Paris gegründet. Auch in England entwickelte sich eine Zunft, die vom Handwerk des Strickens lebte.

Die Erfindung des William Lee

Wer vorausschauend dachte, mußte feststellen, daß die Zeit neue Mittel zur Deckung der rasant wachsenden Nachfrage an Strickstrümpfen verlangte. Der Theologiestudent William Lee wurde sich dessen schon früh bewußt. Er hatte aus nächster Nähe mitangesehen, wie seine Braut, eine Gastwirtstochter, Reihe für Reihe strickte, um zum Unterhalt ihrer Eltern und Geschwister beizutragen. Das war eine mühselige Arbeit, und es brauchte Wochen, bis ein Seidenstrumpf fertig war.

Lee, zweifellos mehr technisches Talent als überzeugter Theologe, fing zu basteln an. Nach Jahren mühevoller Arbeit gelang es ihm im Jahr 1589 tatsächlich, einen mechanischen Strumpfwirkstuhl zu konstruieren, der mit Wolle sagenhafte 600 Maschen pro Minute schaffte. Eine Handstrickerin kam in der gleichen Zeit auf nur 60, allerhöchstens auf 100 Maschen. Auf seinem Wirkstuhl erfolgte die Maschenbildung Reihe für Reihe statt Masche für Masche; die Ferse wurde durch seitliche Zwickel gestaltet. Der Stuhl bestand aus einem Holzgestell und einem eisernen Oberwerk, das Presse und Nadeln enthielt.

Ob Lee auch das wichtigste Werkzeug des Wirkstuhls, die Webnadel, erfunden hat, ist ungewiß. Denn bereits 1535 wurden im Straßburger Zünftebuch Stricker erwähnt, die "an Rahmen und Gestellen" arbeiteten. Es könnte also auch hier schon interessante Konstruktionen gegeben haben. Sicher ist aber, daß es vor Lees Wirkstuhl keinen auch nur annähernd vergleichbar effizienten gegeben hat. Eine erste Strickmaschine, 1564 von seinem Landsmann William Ride zusammengebaut, hatte sich als unbrauchbar erwiesen.

Im Jahr 1589 konstruierte der Theologiestudent William Lee in Cambridge - hier mit seiner Familie - den ersten Strumpfwirkstuhl.

Das Prinzip des Lee'schen Wirkstuhls bewährte sich bis ins 19. Jahrhundert. Presse und Nadeln sind im eisernen Oberwerk enthalten. Dieser etwa 150 Jahre alte "Rößchenstuhl" steht im Deutschen Museum in München.

Strumpfherstellung anno 1698

Johann Esche baute den Wirkstuhl eines französischen Strumpfwirkers nach und verbesserte die Mechanik. Zu Beginn des 18. Jahrhunderts wurde er zum Gründervater des Gewerbes im Erzgebirge.

Sturm der Strickerinnen

So erstaunlich es aus heutiger Sicht erscheinen mag: Als Lee um ein Patent für seine Erfindung ersuchte, entschied Elisabeth I. sich gegen die geniale Innovation. Einerseits mag sie das Wohl der zahlreichen, von ihr höchstpersönlich geförderten Handstricker im Auge gehabt, andererseits auch schon die sozialen Unruhen befürchtet haben, die mit dem Einsatz der Wirkstühle einhergehen könnten. Tatsächlich soll Lees Wirkstuhl bei einem Weibersturm der Strickerinnen auf sein Haus in Stücke geschlagen worden sein.

Lee machte noch weitere Versuche, um ein Patent zu erlangen. Um den Vorwurf zu entkräften, seine Maschine könne nur Woll- und keine Seidenstrümpfe herstellen, konstruierte er eine zweite, auf das Verarbeiten von Seide erweiterte Version. Umsonst. Anfang des 17. Jahrhunderts verließ er England und ging nach Frankreich. In Rouen baute er unter dem Protektorat des Herzogs von Sully, Minister unter König Henri IV., eine Strumpfmanufaktur auf. Sein Glück währte nicht lange. In den Wirren der Protestantenverfolgungen ging er nach Paris, wo er 1610 starb. Sieben seiner Stühle wurden nach Italien gebracht, einer landete in Dresden und wurde dort zum Urahn der späteren sächsischen Strumpfindustrie.

Als die Hugenotten kamen

Um der erneut aufflammenden Protestantenhatz zu entgehen, flohen 1685, nach der Aufhebung des Edikts von Nantes und damit der Religionsfreiheit, 50.000 Hugenotten aus Frankreich. Viele äußerst fähige und kenntnisreiche Strumpfwirker waren unter ihnen; die Hugenotten hatten es in diesem Handwerk besonders weit gebracht. Viele gingen nach Deutschland und ließen sich in Sachsen und Thüringen, aber auch in Hessen, Bayern und Württemberg nieder. Sie wurden überall mit offenen Armen empfangen. Herzog Ernst von Sachsen-Weimar, der sich von der Ansiedlung des Strumpfgewerbes einen wirtschaftlichen Aufschwung in seiner Region versprach, machte ihnen den Anfang besonders leicht.

Bastler Johann Esche

Als Gründer des Wirkereigewerbes im Erzgebirge gilt Johann Esche aus Limbach. Der Sohn eines Schwarzfärbers, 1682 geboren, war mit 14 Jahren in den Dienst des Lehnsherrn Antonius von Schönberg getreten. Von diesem erhielt er, bei freier Kost und Logis, fünf bis sechs Taler im Jahr. Offensichtlich machte Esche seine Sache gut, denn bald avancierte er zum Leibkutscher und bekam eines Tages von seinem Herrn den Auftrag, nach Dresden zu fahren, um ein Paar seidene Strümpfe abzuholen. Bei dieser Gelegenheit sah Esche zum ersten Mal einen Wirkstuhl, Nachbau bereits jenes einzigen englischen Modells, das die Wirren der Protestantenverfolgung in Frankreich überstanden hatte und mit den Hugenotten nach Deutschland gelangt war.

Der aufgeweckte junge Esche muß augenblicklich fasziniert von dem Gerät gewesen sein und bald besessen von dem Gedanken, es nachzubauen und weiterzuentwickeln. Durch genaues Beobachten und geschickte Fragen verschaffte er sich Einblick in die Mechanik

HISTORIE

des Stuhls. Er muß, ähnlich wie Lee, eine außerordentliche technische Begabung gehabt haben, denn nach einigen Monaten des Tüftelns und Bastelns zu Hause in Limbach hatte er mit Erlaubnis seines Dienstherrn tatsächlich den ersten Wirkstuhl nachgebaut. Einige wesentliche Teile, die beim englischen Stuhl aus Eisen waren, fertigte er aus Holz an, wodurch sein Stuhl sowohl im Gewicht wesentlich leichter als auch einfacher in der Bedienung wurde.

Dank Esche entwickelte sich Limbach zum Ausgangspunkt der sächsischen Strumpfindustrie; 1764 waren hier bereits 80 Wirkstühle für Woll- und Seidenstrümpfe in Betrieb. Das Erzgebirge und bald auch das nahe Chemnitz entwickelten sich im Lauf der nächsten hundert Jahre zum Zentrum der Strumpfwirkerei. Die Garne für die baumwollenen, wollenen und seidenen Strümpfe wurden aus dem Ausland bezogen, die fertigen Waren zu den Einkäufern nach Dresden gebracht oder - vor allem in späteren Jahren, als die Strumpfbörse gegründet worden war - nach Leipzig.

Die Strumpfwirkerei wurde in Heimarbeit betrieben; Männer, Frauen und oft auch Kinder arbeiteten mit. Stich aus Diderots "Tafelband" von 1763.

Ornamente und Blumengirlanden

Aber zurück zur Mode. Nachdem das 16. Jahrhundert unter dem Einfluß des streng katholischen und von der Inquisition beherrschten Spanien gestanden hatte - in Sachen Politik wie auch in Stilfragen -, setzte sich im 17. Jahrhundert allmählich der Einfluß Frankreichs durch. Es war die Zeit des Barock, Epoche üppiger Formen, schwerer Spitzen und Allongeperücken.

Nach wie vor zeigten die Frauen nur ihrem Liebhaber und dem Ehemann ihre Strümpfe. Allerdings wuchs mit der Vorherrschaft Frankreichs auch der Einfluß des schönen Geschlechts, und es gibt - im Gegensatz zu vergangenen Zeiten, in denen Schwarz die einzige für sie zugelassene Strumpffarbe war - Zeugnisse blühender Phantasie und Kunstfertigkeit bei der Herstellung von Damenstrümpfen. Spitzen waren heißbegehrt fürs Bein: es gab Seidenstrümpfe in allen Farben, und die Zwickel waren kunstreich mit Ornamenten und Blumengirlanden bestickt. Der Politiker und Chronist Agrippa d'Aubigné schrieb: "Wenn man der Politik müde ist, dann philosophiert man über Seidenstrümpfe und sucht einen neuen Namen für eine Strumpffarbe. Da träumt man von Türkischrot, von jungen Blättern, Mädchenröten, Novembermorgen. Neulich hat man uns eine ganz neue Farbe gebracht. Wir nennen sie 'Kranker Spanier'". Als der schwere Reifrock abgelegt wurde, kam auch die Gestalt der Frauen wieder mehr zum Vorschein. Die Röcke wurden nach Waschfrauenart hochgerafft oder durch Unterröcke aufgebauscht. Jetzt durfte sich tatsächlich hier und da schon mal ein kokettes Füßchen unter der raschelnden Seide sehen lassen.

Noch zur Zeit des Barock mußte der Kavalier sich die Augen zuhalten, wenn er die Dame des Hauses beim Fußbad überraschte. Bald sollten die Zeiten sich ändern. Stich von Antoine Dieu.

HISTORIE

Auch die Kleidung des Mannes war jetzt weniger steif und förmlich als noch unter dem Einfluß Spaniens. Die Jacken wurden weiter, die Hosen länger. Zur Culotte, der mäßig weiten Kniebundhose wie auch zur rockartigen Rheingrafenhose trugen besonders stilbewußte Herren gern helle Seidenstrümpfe, die in lockere Querfalten gelegt waren und dadurch besonders viel des kostbaren Materials verbrauchten: so zeigte man, was man sich leisten konnte. Auch farbige Strümpfe waren begehrt.

Von einem gewissen Earl of Rutland, einem Dandy seiner Zeit, ist überliefert, daß er im Jahr 1612 eine ganze Sammlung fleischfarbener, grüner, grauer, silberner und schwarzer Strümpfe besessen haben soll.

Gegen Ende des Jahrhunderts wurden weiße Seidenstrümpfe für Männer zum modischen Pflichtprogramm. Damals richteten die Wäschereien überall in Europa die sogenannten Appretierstuben ein, in denen die Strümpfe nach dem Waschen mit Kreide geweißt wurden.

Die Verbote der Kleiderordnung

Trotz oder gerade wegen der neuen Freiheiten nahmen die Verbote durch die Kleiderordnung zu. Der äußere Unterschied der Stände sollte aufrechterhalten, der Verschwendung entgegengewirkt werden. Jedem Stand wurde bis ins Detail vorgeschrieben, was er zu tragen hatte und was nicht: welche Stoffe, welche Spitzen, welche Strümpfe, welchen Schmuck. Kurfürst Maximilian von Bayern zum Beispiel teilte 1626 seine Untertanen ein in "Bauersleut, geringen Bürgerstand, Kauff- und Gewerbsleut, Kanzleidiener und Gerichtsschreiber, Geschlechter, Ritterschaft und Adel, Doktoren und Lizenziaten, Grafen und Freiherren". Strümpfe waren ein besonderes Objekt der Putzsucht. Schlichte Bürger beiderlei Geschlechts durften keine Strümpfe aus Seide tragen, und unteren Schichten waren solche aus genähtem Tuch vorgeschrieben oder, wenn schon nach der neuen Mode gestrickt, dann wenigstens nur aus Wolle. Wiederholt wurde den Frauen das Tragen der Strumpfbänder mit überlangen Schleifen verboten: So wetterten im Jahr 1667 die Stadtväter von "Freyburg im Bryßgaw" gegen die koketten Bürgerinnen, die mit "langen, breyten, oder auch abhangenden Schuch- und Strimpff-Banden herumbtreten und sich spiegeln".

Auch an den - offensichtlich durchaus modisch-interessierten - Klerus ergingen Verbote: in Köln wurde ihm das Tragen allzu auffälliger und bunter Strümpfe untersagt.

Der Erfolg all dieser Verbote aber war - obwohl sie durchaus ernst gemeint waren und bei Nichtbefolgung Strafen nach sich zogen - fast gleich Null. Die Nürnberger Kleiderordnung von 1657 beklagt, daß "fast von allen Ständen, sowohl Manns- als Weibspersonen gantz verächtlich und freventlich der übermäßige Pracht in Kleidern und neuen Trachten dergestalt unverantwortlich aufs Höchste getrieben worden, daß fast kein Stand von dem anderen unterschieden werden möge".

Das alles kam den Strumpfwirkern nur gelegen; sie hatten alle Hände voll zu tun. Ihre Meister brachten es zu Reichtum und Ansehen, und die Zünfte wurden einflußreich.

Kaum durften die Frauen ein klein wenig von ihren Füßen zeigen, wurden sie gleich in ihre Schranken verwiesen: Die Freiburger Stadtväter beklagten sich 1667 über "die Weibspersonen, die mit langen Strumpfbändern herumbtreten und sich spiegeln".

Inbegriff des Luxus: Strümpfe mit lockeren Querfalten verbrauchten doppelte Mengen der kostbaren Seide. Anthonis van Dyck malte das Portrait des James Stuart um 1630.

HISTORIE

Der Damenstrumpf erblickt das Licht der Welt

Das 18. Jahrhundert war das der absoluten Vorherrschaft Frankreichs. Die Abkehr vom kirchlichen Dogma und der wachsende Einfluß der Philosophie mündeten in eine neue Freiheit des Denkens. Unbekümmerter Genuß prägte den Alltag bei Hof und all denen, die es ihm nachtaten. Es war die große Zeit des Rokoko und zugleich die letzte Epoche, in der die höfische Mode den Ton angab. Noch im letzten Provinznest versuchte man die Mode am Hof von Versailles nachzuahmen, auch deren Exzesse in Form von riesigem Kopfputz, Schnürleibchen und meterbreiten Reifröcken, in denen die Damen nur seitwärts durch die Türen gehen konnten. Daß die Revolution sich nicht zuletzt auch an der unvorstellbaren Putzsucht von Marie Antoinette entzündete, war nicht verwunderlich.

Da die Sitten lax waren und es für Männer von Welt zum guten Ton gehörte, sich eine Maitresse zu halten - König Louis XV. war ja mit Madame Pompadour vorbildlich vorangegangen - durfte der Frauenstrumpf zum ersten Mal ganz offiziell das Licht der Welt erblicken. Allerdings nur an jener delikaten kleinen Stelle vom Schuhausschnitt bis hin zum Knöchel; sie konnte erspäht werden, wenn die steifen Reifröcke beim Gehen wippten, wenn die Damen sich setzten oder aus der Kutsche stiegen. Als das "Retroussée" in Mode kam, das minutiös berechnete Raffen der Röcke, kamen noch ein paar Zentimeter mehr zum Vorschein. Beim Hin und Her auf der Schaukel, einem beliebten Flirt-Platz jener lebensfrohen Zeit, wurden für Sekundenbruchteile die Strümpfe bis zum Knie und mehr gezeigt. Die der adligen Damen waren überaus kostbar mit Gold- oder Silberstickereien, mit Spitzeneinsätzen oder zierlichen Blumenornamenten verziert. Manche, wie die der Pompadour, waren ganz aus Spitze genäht (vgl. Aufmacherseite zu diesem Kapitel), andere mit figürlichen und sogar szenischen Darstellungen bestickt oder auch bemalt. Watteau pinselte eigenhändig kleine Kunstwerke auf Seidenstrümpfe, Madame de Maintenon soll solch ein Kleinod besessen haben, um das ganz Paris sie beneidete. Unterhalb des Knies wurden die Beinkleider mit einem koketten Band gehalten, das nicht minder reich verziert und ebenfalls aus Seide gefertigt war.

Flirt auf der Schaukel, verewigt von Jean-Honoré Fragonard 1766: In der lebensfrohen Zeit des Rokoko durften endlich auch Frauen ihre Strümpfe herzeigen.

HISTORIE

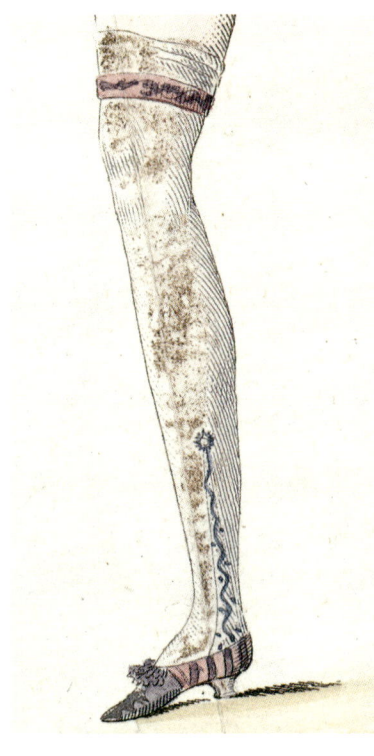

Im Laufe des 18. Jahrhunderts entwickelten sich Strümpfe zu einer der wichtigsten Requisiten der weiblichen Toilette. Hier drei Vorschläge für pompösen Kopf- und Beinputz aus einem Modejournal von 1790.

"Schön Meergrün, schön Purpurroth"

Auch in Deutschland rückten die Strümpfe mit Macht ins Blickfeld. 1744 schrieb Johann Heinrich Zedler in seinem "Großen vollständigen Universal-Lexikon aller Wissenschaften und Künste": "Die Mode der Strümpfe verändert sich fast jährlich..., und heutigen Tages macht man diese weit länger als vor diesem, ehe man solche noch auf den Knien aufzurollen gewohnt war". Er hebt hervor, daß "ihre Farben gemeiniglich mit dem Tuch übereinkommend gegeben" werden. Einige nennt er, nämlich "grün, schön Meergrün, überaus schön Kirschbraun, schön Purpurroth, schön Umbra-Farb, schön Haarfarb".

Die Strümpfe des adligen Mannes waren zumeist schlicht weiß, hatten aber oft farblich kontrastierende Nähte und bestickte Zwickel. Mal wurden sie über den Rand der Kniehose hochgezogen, mit einem Strumpfband festgehalten und wiederum nach unten umgeschlagen, mal unter der Kniehose getragen. Im Winter zogen sich die Männer mehrere Strümpfe übereinander an, die kostbarsten schön sichtbar obenauf. Gamaschen, die seitlich mit Knöpfen versehen waren, gehörten zur Reisekleidung.

Im letzten Viertel des Jahrhunderts vollzog sich ein Wandel, der die Französische Revolution schon erahnen ließ: die höfische Pariser Mode wurde abgelöst durch den schlichteren englischen Stil, Vorbote der bürgerlichen Mode. Der üppige Reifrock wurde ersetzt durch stoffärmere Unterröcke. Statt Seide war jetzt auch für Strümpfe die "demokratische" Baumwolle gefragt; die Verzierungen wurden schlichter. In der kühleren Jahreszeit bevorzugte man jetzt auch in Deutschland und Frankreich die feinen grauen Wollstrümpfe, die den britischen Ladies in ihren feuchten Schloßgemäuern die Waden wärmten.

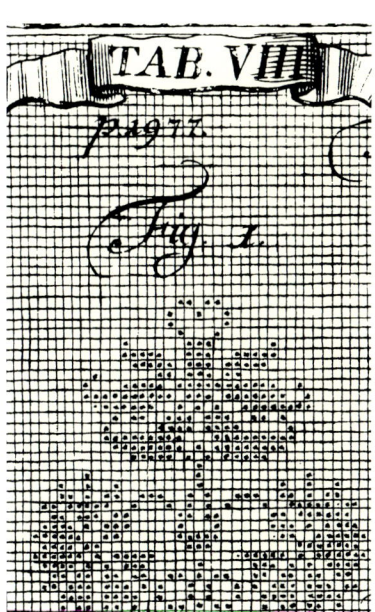

Strumpfmuster für Zwickel und andere Verzierungen von 1764.

"VORPFORTE ZUM PARADIES"

Die hohe Zeit des Strumpfbands war das 18. Jahrhundert. Welch ein Luxus damals mit Kleidern im Allgemeinen und dem Strumpfband im Besonderen betrieben wurde, kann man sich heute kaum noch vorstellen. Es war der Fetisch schlechthin, Sinnbild schmachtender Liebe und verstohlener Lust. Keinem anderen Accessoire der weiblichen Toilette wurde so viel Aufmerksamkeit geschenkt, keines wurde kostbarer verziert und ausgestattet. In Zeiten, in denen der Anblick des bestrumpften weiblichen Beines - ganz zu schweigen vom nackten! - als skandalös empfunden wurde, kam jenem Stückchen Band, das die Beinkleider an ihrem Platz zu halten hatte, eine überaus wichtige Funktion zu.

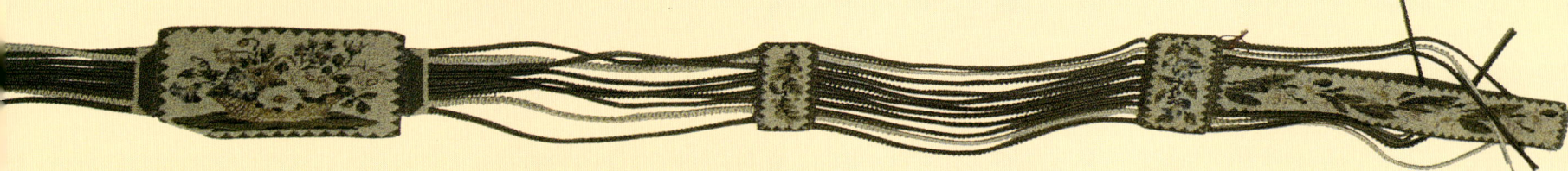

Strumpfband aus Seidenbändern, eingefaßt mit Messingbroschen: Ende des 18. Jahrhunderts.

Wenn die Dichter das Strumpfband als "Hüter des Grals" besangen, war das nicht einmal übertrieben. Nur der Geliebte oder der Ehemann durfte es zu Gesicht bekommen. Es zu lösen, symbolisierte die Inbesitznahme einer Frau: Die "Eroberung der Festung", so der Kulturphilosoph Eduard Fuchs in seiner "Illustrierten Sittengeschichte" von 1910, "beginnt unterhalb des Knies".

In der Zeit des Rokoko wurde weibliche Grazie am sogenannten Retroussée gemessen, der Kunst, beim Raffen der Röcke den Blick freizugeben auf Füße, Fesseln und ein paar wohlkalkulierte Zentimeter mehr. Wenn dabei ein Zipfelchen des vom Knie herabhängenden Strumpfbandes das Licht des Tages erblickte, war das hart an der Grenze des Erlaubten. In der "Illustrierten Sittengeschichte" kann man nachlesen, daß damals "mit der immer raffinierter sich gestaltenden Methode des Retroussées auch die intensive Entwicklung und Kul-

Zur Übermittlung galanter Botschaften wurden Strumpfbänder gern mit verschiedenen Sprüchen bedruckt. Ging eines verloren, gab es dem Finder Rätsel auf. Über den ergänzenden Teil zu "Nous offre à la prudence" (...regt uns zur Vorsicht an) kann man nur spekulieren.

tivierung der Dessous einsetzte. Sie begann mit den Schuhen und den Stiefeln, den Strümpfen und den Strumpfbändern... Man hatte eingesehen, daß man mit Hilfe der Fassons der Schuhe und der Farbe der Strümpfe die Form des Beines bis zum Knie beliebig korrigieren kann. Die gleichen Wirkungen entdeckte man beim Strumpfband. Strümpfe und Strumpfband wurden damit zu den wichtigsten Modeartikeln der Zeit. Und jeder Tag brachte neue Kombinationen".

HISTORIE

27

Das Strumpfband der adligen Damen war aus Seide und kostbar bestickt, bemalt, mit Perlen und Edelsteinen besetzt, mit Gold und Silber verziert. Oft hatte es lange Enden, die zu prächtigen, bis zu den Fesseln herabreichenden Schleifen gebunden wurden. Es gab gestrickte, gewirkte und genähte Strumpfbänder. Sie wurden über oder unter dem Knie gebunden. Die bürgerliche Ausführung kam in Baumwolle oder Leinen, kleingemustert oder verziert mit Hexenstichen. Sie hatten den Vorteil, daß man sie waschen konnte. Das war bei den kostbar bestickten Seidenbändern nicht der Fall - was jedoch in einer Zeit, in der ein Fläschchen Parfüm weit mehr geschätzt wurde als eine Wanne voll Wasser, sicher nicht erschwerend ins Gewicht fiel.

Nach den langen Schleifen kamen Schnallen in Mode, den Kniebundverschlüssen der Männer abgeschaut: kostbare Gold- und Silberarbeiten, bis ins kleinste Detail ausziseliert und mit Smaragden oder Rubinen besetzt. Auch sie aber konnten das Problem nicht lösen, das mal zu charmanten, mal zu peinlichen Situationen führte: Die Bänder hielten nicht, wie sie sollten. Und verhinderten nicht den freien Fall des Seidenstrumpfs, der doch eigentlich - so schrieb es der Modekodex der höheren Stände vor - stramm wie ein Trommelfell zu sitzen hatte.

Schließlich wurde in England das elastische Strumpfband erfunden. Das "Journal des Luxus und der Moden" vom März 1786 stellt seinen Lesern das "Strumpfband à resort" (mit Spiralfeder) in aller Ausführlichkeit und als große Neuigkeit vor: "Zwei platte ohngefähr spannenlange Spiral-Linien von elastischem Drathe, an deren Enden mit einer Schnalle und einem Riemen versehen, und mit Taft überzogen, machen ein solches Strumpfband aus, dessen Gebrauch darum sehr bequem ist, weil es immer so viel, als bey der Bewegung des Fußes nötig ist, nachgiebt".

Die Erfindung wurde in der Welt der Mode und der Liebeshändel mit Begeisterung aufgenommen. Das belegt eine Anekdote aus den Memoiren der Pariser Schauspielerin Mademoiselle George, die eine Zeitlang in zarter Verbindung zu Napoleon stand. Nach ihren Worten soll sich der Erste Konsul beim Aufschnüren ihrer raffinierten Leibchen und Unterröcke stets sehr behutsam und geschickt, ja "als vortreffliche Kammerzofe" gezeigt" haben. Wann immer es jedoch daran ging, die Jarretière - das Strumpfband - zu lösen, soll diese geklemmt und Napoleon die Geduld verloren haben. Schließlich bestellte er höchstpersönlich, so vermeldete Mademoiselle George es den wißbegierigen Parisern, "ein paar jener Strumpfbänder (à ressort), wie sie soeben in London in Mode gekommen waren". Und schonte fortan seine Nerven.

Vier winzige, stoffbezogene Spiralfedern sorgen für festen Sitz:
Strumpfband aus Seide mit Leder und Perlchenstickerei. Um 1840.

HISTORIE

Mit Beginn des 19. Jahrhunderts waren Strumpfbänder nicht nur mit Blumen, Girlanden und Amoretten übersät, sondern überbrachten oftmals auch ganz konkret die frommen Wünsche ihres Spenders: In Form einer eingestickten oder aufgedruckten Widmung tat der Verehrer seiner Liebsten kund, wonach ihm die Sinne standen.

"Chérissez l'amour,
vous lui devez le jour":

"Haltet die Liebe in Ehren, ihr verdankt Ihr den Tag". So steht es auf einem blutroten Band, das im Pariser Musée Cluny hinter Glas zu sehen ist. Das Bayerische Nationalmuseum besitzt eines aus weißer Atlasseide mit dem ohne Umschweife zum Schäferstündchen einladenden Vers:

"Votre oeil d'amour à la finesse,
de Venus ayez la tendresse!"

"Die Liebe hat Eurem Auge die Sanftheit verliehen, möge Venus Eure Zärtlichkeit beflügeln!". Rührend schlicht dagegen der Reim auf einem Band im Museum von Kaufbeuren:

"Das Band ist glücklicher als ich, den ganzen Tag ist es um Dich.
Es schlingt sich feste an Dich an, daß niemand dir's entreißen kann.
Wandre, Bändchen, wandre fort, schön ist Dein Bestimmungsort.
Daß ihn nur zu keiner Zeit Nebenbuhlerblick entweiht".

Manche der Bänder waren mit Gedichten bedruckt, die erst im Zusammenklang des Paars den vollen Sinn ergaben: ein unzweideutiger Zweizeiler auf dem einen, die vollen Namen der Angebeteten wie auch des Spenders auf dem anderen Band. Solcherart Vorsichtsmaßnahmen verhinderten das Schlimmste, sollte eines der Bänder verlorengehen.

Während das Strumpfband der Frauen offiziell ein Dasein im Verborgenen zu führen hatte, wurde das der Männer schon seit dem 14. Jahrhundert zu Schau gestellt. Dem Maler Hyacinthe Rigaud präsentierte sich Ludwig XIV. stolz im Krönungsgewand mit stramm sitzenden Seidenstrümpfen und goldenen Schnallenbändern. Selbstbewußt blickt auch Heinrich VIII. von England dem Betrachter ins Auge: Holbein portraitierte ihn in jenen schwarzen Seidenstrümpfen, auf die er so stolz war, mit dem Hosenbandorden am Knie. Mal wurde das Strumpfband sichtbar als Schmuck getragen, manchmal versteckt unter dem wieder nach außen gekrempelten Strumpf. Oft war es nur Attrappe, wurde die wahre Halterung doch unsichtbar innerhalb der Hose vorgenommen.

Liebe, Zärtlichkeit und den Beistand der Göttin Venus: all das erhoffte sich der Schenker dieses Bandes mit seiner Gabe. Ende 18. Jahrhundert.

HISTORIE

Garniert mit Orangenzweiglein: Braut-Strumpfbänder aus weißer Seide. Um 1910.

Die Erfindung des Gummibandes revolutionierte die Strumpfbandmode. Modell mit Messingschließen aus der Zeit um 1875.

Im 19. Jahrhundert, als die Pracht der Männerwade hinter grauen Kniestrümpfen und langen Hosenbeinen verschwand, feierte der Kniegürtel fröhliche Urständ' als Sockenhalter aus schwarzem Gummi. Der baumelnde Festhalte-Clip erfüllte alle Erwartungen hinsichtlich des tadellosen Sitzes, bot aber, wenn das Hosenbein gelüftet wurde, einen eher kläglichen Anblick. Welch ein Abstieg nach den goldenen Schnallen des Rokoko!

Dennoch blieb er bis in die 30er Jahre des 20. Jahrhunderts hinein ein wichtiger Bestandteil der Männermode. Dann machten die dehnbaren Strumpfmaterialien der Neuzeit ihn - wie auch das Strumpfband der Damen - zur nostalgischen Requisite einer vergangenen Zeit.

So schön sie waren, jene Bänder, die den Galants des 18. und auch noch des 19. Jahrhunderts höchste Seligkeiten bedeuteten - vom Standpunkt der Ärzte aus gesehen waren sie Gift. Je besser ein Strumpf sitzen sollte, desto enger wurde die Wade geschnürt. Durchblutungsstörungen waren die Folge - eine ungesunde Zeit! Der Frankfurter Arzt Max Flesch faßte es 1908 in einem Aufsatz über Strumpfband und Korsett in den 'Blättern für Volksgesundheitspflege' zusammen: "Mit gutem Recht hat man in gleicher Weise das Schnüren des Rumpfes wie das der Wade mittels Strumpfband anzuprangern, da beides der Gesundheit im Höchstmaß unzuträglich" sei. Das damals ganz neue "elastische Aufhängeband" - heute: Straps - biete sich, so Flesch, als willkommene Alternative an.

Acht Jahrzehnte später macht der Straps noch immer von sich reden. Auch in weniger sittenstrengen Zeiten wird er, wie einst vom Philosophen Fuchs, von den Herren der Schöpfung als "Vorpforte zum Paradies" empfunden.

HISTORIE

Der Aufstieg der "Strumpfer"

Unterdessen entwickelte sich die Strumpfindustrie weiter. In England wurden ab der Mitte des Jahrhunderts Wirkstühle zur Herstellung von gemusterten Strümpfen gebaut. 1759 konstruierte Jesedia Strutt (1726-97) eine Maschine für gerippte und daher besonders elastische Strümpfe, die nach dem Standort seiner Manufaktur "derby ribs" genannt wurden und sogleich reißenden Absatz fanden. 1767 konstruierte Samuel Wise den ersten Rundwirkstuhl für nahtlose Strümpfe. Mitte des Jahrhunderts wurde in Paris die "Manufacture Royale des bas de soye en France" mit 200 Wirkstühlen eingerichtet, die Königliche Manufaktur für Seidenstrümpfe.

Zur gleichen Zeit nahm die Zahl der Wirkstühle in Deutschland rasant zu. Im Besitz der Hugenotten in Berlin waren 1721 erst 140, rund fünfzehn Jahre später bereits 700 Stühle. Wie man im "Lexikon des Deutschen Handwerks" nachlesen kann, zählte Magdeburg 1714 etwa 700 Stühle. In Halle arbeiteten 1723 etwa 450 Meister und Gesellen als Strumpfwirker. Im Erzgebirge erlangte besonders die Gegend in und um Chemnitz Bedeutung: Um die Mitte des 18. Jahrhunderts wirkten 60 Meister in der Stadt und drei- bis vierhundert auf dem Land. In Limbach, wo Johann Esche erfolgreich den Wirkstuhl englischer Machart nachgebaut hatte, gab es 1857 fast 800 Meister und Gesellen. In Thüringen konzentrierte sich die Wirkerei auf Weimar (1776: 202 Stühle) und Apolda (647 Stühle). Neben der "Strumpferstadt" Erlangen gelangte auch Schwabach im fränkischen Raum zu einiger Bedeutung.

Dank der weiblichen Vorliebe für üppige Verzierungen hatten Legionen von Stickerinnen ihr gutes Auskommen. Blumenmotive aus der Zeit um 1830.

Drangvolle Enge herrschte in den Strumpfwirkereien des beginnenden 19. Jahrhunderts. Wer schlechte Ware lieferte, "Stumpen" statt ordentlich sitzender Strümpfe, wurde "Stümperer" gescholten. Von ihm leitet sich unser heutiges, auch nicht eben freundlich gemeintes Wort "Stümper" ab. Stich von 1804.

Von der Walkmühle aufs Formbrett

Das "Handwerks-Lexikon" beschreibt den Arbeitsablauf in jener Zeit. Nach dem Spinnen der Wolle wurde der Faden mit dem Spinnrad doubliert und die doublierten Fäden mit der Handzwirnmühle locker gezwirnt. Die Stränge wurden gewaschen und gespult. Da zunächst nur "geschnittene" Ware hergestellt werden konnte, mußte sie nach dem Wirken zusammengenäht werden.

Dann wurden die Strümpfe in der Handwalkmühle leicht gewalkt oder gingen in die Walkmühle. Gefärbt wurde nicht nur von den Färbern, sondern auch von den Wirkern und Strickern.

Noch naß, wurde der Strumpf auf ein Formbrett gezogen und getrocknet. Das Scheren besorgte der Stricker; glatte Strümpfe wurden dem Tuchbereiter übergeben, damit sie in der warmen Presse Glanz erhielten.

Den letzten Arbeitsgang, die Appretur, übernahmen oft Wäscherinnen.

In Zeiten, in denen weiße Strümpfe zum guten Ton gehörten, brachten es clevere Strumpfwäscherinnen zu beträchtlichen Einkünften: wenn sie die hohe Kunst des Weißens mit Kreide beherrschten, vielleicht sogar die des Silbern-Machens mit Kreide und Kohle. Wenn sie auch die Zusätze kannten, dank derer die Strümpfe weich und geschmeidig wurden, und wenn sie wußten, wie man unsichtbar Maschen hebt, konnten sie sich bald eine Schar von Angestellten leisten.

Mit der Zunahme der Strumpfwirkstühle nahm die Zahl der Handstricker ab. In Berlin waren im Jahr 1776 nur noch ein Dutzend Meister im Zunftbuch eingetragen. Meist stellten sie Frauen zum Stricken ein und konzentrierten sich selbst auf Zurichtungsarbeiten wie Walken, Rauhen und Scheren sowie auf den Verkauf.

Während die berufsmäßigen Handstricker immer weniger wurden, nahm die Zahl der Hobbystricker zu. In der "Berlinischen Monatsschrift" vom September 1784 tut ein Schreiber seine Meinung kund: "Um dem Müßiggange vorzubeugen, wünschte ich, daß jeder Soldat eine kleine Handarbeit verstände, als Nähen, Stricken und so weiter, um sich damit auf Wache, im Quartier, im Zelte zu beschäftigen und einen Nothpfennig zu verdienen. Der Graf Turpin findet es zwar unanständig und fast schändlich, daß sich ein Soldat mit Filetstikken abgebe und in seiner Uniform dergleichen Läppereien feil trage. Mich dünkt aber, daß er unrecht habe. Freilich sind die groben Gewebe schicklicher für die Soldaten, weil sie ihn abhärten. Allein, da man unter den Soldaten doch nicht lauter Schmiede, Maurer und Zimmerleute haben kann, sondern auch Schneider und Leinweber duldet, auch selbst der Maurer auf der Wache sein Handwerk nicht treiben kann, warum will man ihm nicht erlauben, Strümpfe oder Filet zu stricken? Laßt es Läppereien sein, sie verschaffen ihm Zeitvertreib und Unterhalt".

In der Tat war der Anblick eines im Schilderhaus mit Stricknadeln die Langeweile totklappernden Soldaten in jener Zeit kein seltener Anblick. Um den Alten Fritz zu erfreuen,- soll selbst Voltaire bei seinen Besuchen in Preußen des öfteren zur Stricknadel gegriffen haben.

HISTORIE

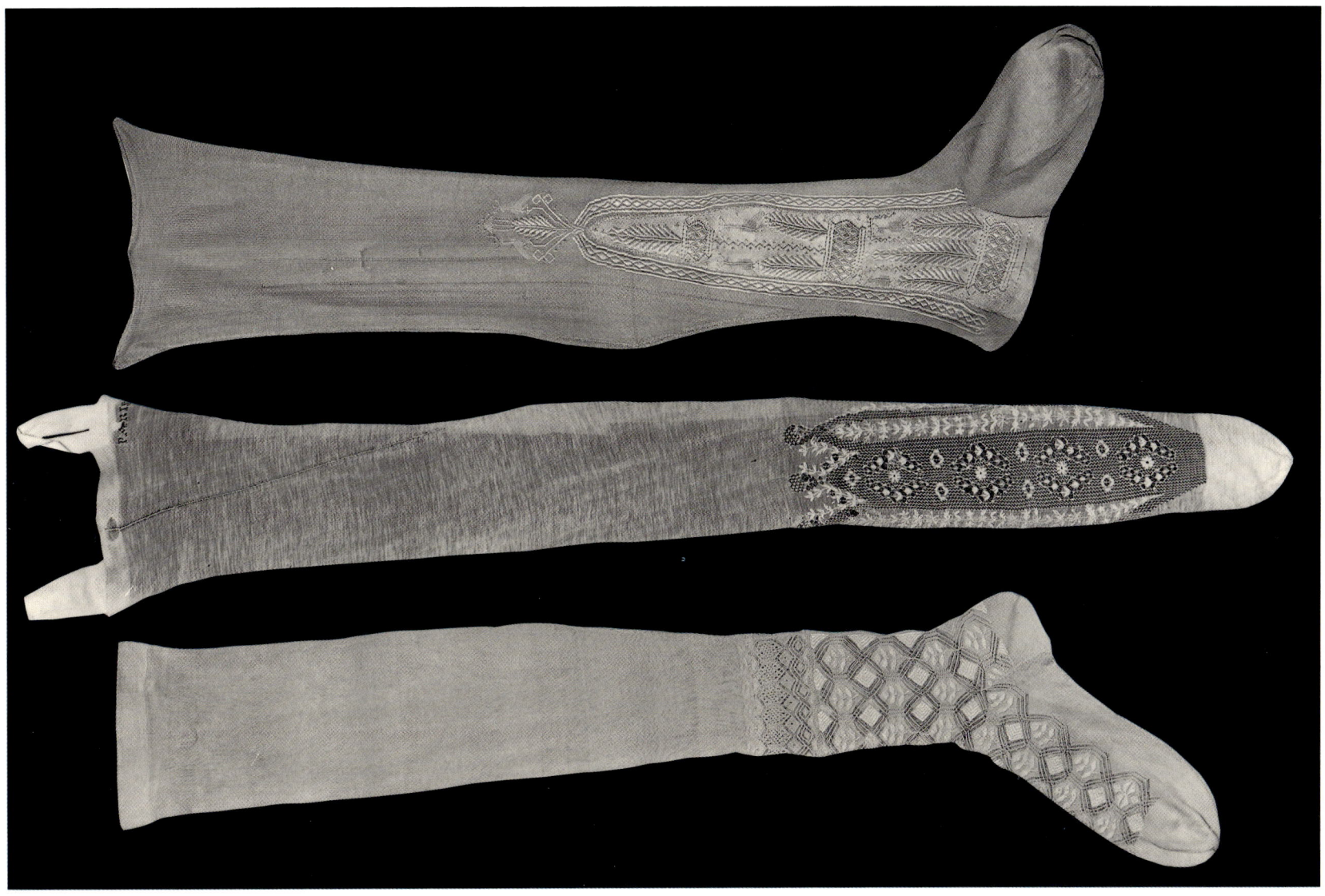

Die Pantalons und das Ende der stolzen Männerwade

Die Französische Revolution stellte alles auf den Kopf, auch die Mode. Im Juni 1790 noch hatte ein Berichterstatter aus Paris geschrieben, daß sich Unerhörtes ereignet habe: es seien seit sechs Monaten keine neuen Moden mehr erschienen. Das sollte bald anders werden. Die Revolution beschnitt die Pracht der Kleider und brachte fußfreie Röcke. Die hellen Strümpfe des Adels wurden in Acht und Bann getan - sie hatten jetzt schwarz zu sein, so bestimmte es das Revolutionstribunal. Wenn die Pariserinnen gewagterweise dennoch auf Farben bestanden, dann gaben sie ihnen wenigstens andere Namen, sagten nicht mehr despektierlich-liebevoll "caca Dauphin" (Stuhlgang des Thronfolgers) für gewisse Brauntöne oder "vomissement de la Reine" (Erbrochenes der Königin), sondern wählten freiheitlich-republikanische Bezeichnungen wie "brun à la Républicaine" oder "marron à l'Egalité".

Oben: Die zwecks besserer Paßform eingearbeiteten hohen Zwickel wurden gern mit Stickereien übersät.
Mitte: Neben den Schlaufen ist das Wort "Paris" eingestrickt, möglicherweise eine Fälschung: die sächsischen Strumpfwirker hatten keine Bedenken, ihre Ware ganz frech mit dem auch um 1850 schon absatzfördernden Städtenamen zu schmücken.
Unten: Um die Mitte des 19. Jahrhunderts gab es bereits Wirkstühle, die Spitzenmuster einarbeiten konnten.

HISTORIE

DER BLAUSTRUMPF

Um 1750 waren literarische Zirkel in London das gesellschaftliche Ereignis schlechthin. Nicht das der konservativen Gesellschaft, die bei Hof verkehrte, sondern all jener, die offen waren für das fortschrittlich-liberale Gedankengut der Aufklärung. Hier wurde Voltaire gelesen, Diderot und Swift. Man diskutierte und baute an einer neuen Welt. Einen dieser Zirkel gab Lady Elisabeth Montague; zu ihren häufigen Gästen zählte der renommierte Naturforscher Benjamin Stillingsfleet. Bei ihm fielen, vielleicht weil sie im krassen Widerspruch standen zu seiner sonstigen äußerlichen Honorigkeit, die derben blauen Wollstrümpfe besonders auf, mit denen er stets erschien - eine für damalige Verhältnisse höchst eigenwillige Aufmachung, denn der höfische Sockenkodex schrieb Schwarz vor für den Herrn und Seide. Bald trugen nicht nur Stillingsfleet, sondern auch andere diese einfachen Strümpfe als Zeichen der Verachtung für die höfische Putzsucht und der Verbundenheit mit dem einfachen Volk. Bei Hof erkannte man das unterschwellig Revolutionäre dieser aufmüpfigen Geste und tat Leute, die solche Socken zu tragen wagten, in Acht und Bann. Bald dokumentierten auch Frauen mit Hilfe der blauen Strümpfe ihre geistige Freiheit und Unabhängigkeit von den Kleidervorschriften der Upperclass. Bildung war ihnen wichtiger. Natürlich ernteten sie nichts als Spott, wie schon Molière seinen Hohn über die "Femmes savantes", die gelehrten Frauen, ausgegossen hatte. Als die Strümpfe neuen Erkennungszeichen wichen, blieb der Begriff. Und bis heute hält sich hartnäckig die fatale Fama, die böse Männerzungen schon damals in London in Umlauf setzten: daß Frauen zum Blaustrumpf würden, weil sich niemand für die Farbe ihrer Strumpfbänder interessiere. Wie gesagt: böse Zungen.

Aus dem Besitz von Paolina Borghese Bonaparte, der Schwester Napoleons, stammt der mit Goldfäden durchwirkte Seidenstrumpf.

Die Männer der Revolution, die Sansculottes (wörtlich: "ohne Kniebundhose"), trugen statt der kniekurzen Beinkleider des alten Adels jetzt Pantalons, lange schmale Hosen, wie sie sonst nur die Matrosen hatten; als Ausdruck der Solidarität mit dem gemeinen Mann. Mit den Pantalons begann das Ende der Prachtentfaltung an der Männerwade. Einige Jahrzehnte später sollte nur noch ein schmaler Streifen Derby ribs zwischen Schuh und Hosensaum zu sehen sein.

Aber noch war es nicht soweit. Nach dem Ende der Schreckensherrschaft, mit Napoleon als Kaiser, war der Prunk bald wieder an der Tagesordnung, und mit anderen mehr oder weniger guten alten Gewohnheiten kehrten für kurze Zeit auch die weißen Strümpfe und die Kniebundhosen zurück. Napoleon trug die Insignien des alten Adels mit Leidenschaft. Von Kaiserin Josefine wurde gesagt, sie besitze 600 Kleider, ließe sich jedes Jahr 150 neue machen und ziehe kein Paar Strümpfe zweimal an.

Glasperlenstickerei auf handgestrickter Baumwolle: Hochzeitsstrümpfe des Biedermeiers. Sie wurden nur ein einziges Mal getragen.

Baumwolle statt Seide

Trotz alledem war die Vorherrschaft des gebildeten und vermögenden Bürgertums im 19. Jahrhundert nicht mehr aufzuhalten. Mit der Abschaffung der Kleiderordnungen konnte jeder tragen, was ihm beliebte und was er sich leisten konnte. Mode wurde nicht mehr an den Höfen, sondern in den großen Städten gemacht. Der Trendwende hin zur Bürgerlichkeit entsprechend wurde in der Strumpfmode immer mehr die unprätentiöse Baumwolle bevorzugt.

Die Damen des Empire trugen hauchdünne Musselin-Chemisen, drapiert und gerafft nach antikem Vorbild. Darunter weiße oder fleischfarbene Baumwollstrümpfe mit farbigem Zwickel. Maschentrikots gehörten dazu, die in den Strumpfmanufakturen hergestellt wurden. Während die Pariserinnen aufatmeten in der neuen Leichtigkeit, mußte sich die junge Königin Luise in Berlin ob des luftigen Aufzugs Vorwürfe gefallen lassen: Das Biedermeier nahte, eine wirtschaftlich ärmere und sittlich wieder strengere Zeit. Vom Bein blieben dennoch ein paar Zentimeter unter den Röcken übrig. Manchmal zu sehen, meist nur zu erahnen waren jetzt Strümpfe aus mercerisierter Baumwolle in Weiß oder Pastellfarben mit Ajour-Effekten, biederen Kreuz-, zarten Blumen- oder unschuldigen Glasperlenstickereien: Resultate geduldiger biedermeierlicher Handarbeit.

In der zweiten Hälfte des Jahrhunderts, als die Krinolinen kamen, fiel der Strumpf wieder zurück ins konservativ-finstere Dunkel des bodenlangen Rocks. Daß die Strümpfe der prüden Queen Victoria zweifarbig waren - schwarz der Beinschlauch, weiß der Füßling -, erfuhr erst die Nachwelt. Der Krinolinen-Spuk war zum Glück bald vorbei, und gegen Ende des Jahrhunderts brach in der Strumpfmode eine wahrhaft ereignisreiche Zeit an.

Die Französische Revolution hat vieles bloßgelegt, auch in der Mode. Wie die Karikatur von 1810 zeigt, genügte den Musselinhemdchen des Empire schon ein Windstoß, um den Blick auf die Beine und einiges mehr preiszugeben.

Schottenkaros, Ringelstreifen

Als es nach englischem Vorbild für Frauen zum guten Ton gehörte, sich im Krikett oder gar Bogenschießen zu ertüchtigen, bekamen die Kleider und mit ihnen die Strümpfe einen sportlich-britischen Touch: die Zeit der Schotten- und der lustigen zweifarbigen Ringelstrümpfe brach an, die noch Zille im Berlin der Jahrhundertwende gern zeichnend seinen Modellen anzog.

Als Alternative zum sportlichen Look gab es Strümpfe mit Betonung der Frontpartie vom Spann bis zum Knie. Durchbruchmuster und Stickereien ahmten wadenhohe Stiefel nach: "Stiefelstrümpfe" blieben jahrzehntelang modern.

Schwarzer Flor und Silberstreifen am Horizont

"Genre canaille" und "Frou-Frou" sind zwei Begriffe, die im letzten Viertel des Jahrhunderts viel von sich reden machten: der eine, wörtlich übersetzt "Stil des Pöbels", meint den mondänen Stil der Halbweltdamen; der andere steht im Französischen für Rascheln und Knistern. Die Mischung aus beidem repräsentierten die Cancan-Tänzerinnen. Vielleicht hätten sie weniger Anstoß erregt, wären ihre Beine nicht so herausfordernd tiefschwarz bestrumpft gewesen: Schuld am Skandal hatten die neuen Baumwollflorstrümpfe, die den "Silberstreifen am Horizont" - das war jene Handbreit weißes Damenfleisch, die beim Heben der Beine zwischen Schenkel und Höschen schimmerte und das männliche Publikum erschaudern ließ - erst richtig zur Geltung brachten.

Der Cancan verlieh den Florstrümpfen jenes Quentchen Hautgout, für das man damals durchaus aufgeschlossen war. Mochte Queen Victoria ihre Untertanen zur Prüderie anhalten - in Paris galt die Maxime Lebenslust, und die Florstrümpfe hatten nichts zu tun mit Trauer.

Flor, ein sehr feines Baumwollgarn, konnte nur deshalb so dunkel gefärbt werden, weil soeben das Diamantschwarz erfunden worden war, weitaus intensiver als die bis dahin erreichten Schwarztöne. Eine weitere Neuerung war das Mercerisieren der Baumwolle, ein Verfeinerungsverfahren, bei dem auch die Farbechtheit verbessert wurde.

Die lasziven schwarzen Hüllen hatten viele Feinde. Nicht nur aus sittlich-moralischen Gründen, sondern auch der guten Sauberkeit und Ordnung wegen: daß sie "am achten Tag noch genauso schwarz wie am ersten" seien, bemängelte die 1901 in Stuttgart erschienene Broschüre "Die Frau als Hausärztin".

Sechzig Pfennig bis zwölf Mark

Gar nicht gut bestellt war es in jener Zeit um die Paßform. Es gab nur drei Fußlängen - klein, mittelgroß und groß - und zwei Beinlängen: die englische von 60 und die deutsche von 46 Zentimetern. "Vom gesundheitlichen und ästhetischen Standpunkt aus", schreibt Anna Plothow um die Jahrhundertwende in "Das Buch der Frau", sei die englische, bis übers Knie reichende Art vorzuziehen. Sie wird "an seidenen oder baumwollenen Gurten

HISTORIE

getragen, deren Gummistege den Strumpf mittels eigenartiger Mechanik stramm halten und doch jeder Bewegung des Beines nachgeben".

Die Qualität der Strümpfe war in fünf Grade aufgeteilt: stark, mittelstark, mittelfein, fein und besonders fein. Seidenstrümpfe waren um die Jahrhundertwende neben Schwarz, Braun und Elfenbein auch in Hellblau und Rosa zu haben. Sie kosteten bis zu zwölf Mark, ein einfacher Baumwollstrumpf war schon für 60 Pfennige zu haben.

Wenig zu berichten gibt es im 19. Jahrhundert vom Herrenstrumpf. Mit der langen Hose war er schlicht und harmlos geworden, anfangs noch elfenbein- und cremefarben, dann schwarz, braun, beige oder grau und allenfalls dezent gemustert. Zur Socke verkürzt, hatte er einen gerippten Rand zwecks besseren Halts am Bein und wurde zusätzlich von Sockenhaltern am rechten Platz gehalten. Wer sich jetzt noch am Anblick strammer Männerwaden erfreuen wollte, mußte sich an die Bayern und die Österreicher halten, zu deren Trachten bis heute eine reiche Palette an deftigen Wollkniestrümpfen gehört.

Nachdem der Männerstrumpf unter der langen Hose in der Bedeutungslosigkeit verschwunden war, hielten groteske Sockenhalter das Wenige fest, das der Wade an Schmuck geblieben war.

Die Kniestrümpfe aus der Tracht der Bayern und Österreicher boten die auch für junge Männer selten gewordene Möglichkeit, Bein zu zeigen.

Die ersten Fabriken

Unterdessen wurde das Ausmaß der Strumpfherstellung immer bedeutender: im Laufe des Jahrhunderts wurde der Grundstein für die moderne Industrie gelegt.
1868 erfand Lees Landsmann William Cotton die nach ihm benannte Strickmaschine, an deren technischem Grundprinzip sich bis in die 50er Jahre des 20. Jahrhunderts kaum etwas änderte. Die Cotton-Strickmaschine konnte bis zu 40 Teile in einem Arbeitsgang flach anfertigen, war aber viel zu groß für die damals vorherrschende Hausindustrie. Größere Räumlichkeiten waren gefragt. So wurden die ersten Fabriken von unternehmerisch orientierten Meistern gebaut. Dörfer, in denen viel gewirkt wurde, entwickelten sich zu Fabrikzentren.
Städte wie Chemnitz wurden an das Eisenbahnnetz angeschlossen und hatten plötzlich erweiterte Exportmöglichkeiten. Bis nach Amerika wurden die Strümpfe aus Sachsen ausgeführt.
Das Handwerk arbeitete im 19. Jahrhundert zunehmend für Verleger, die sich um den Absatz kümmerten. Von ihnen erhielten die Meister oft Kredite für Rohmaterialien; mancher geriet so in Abhängigkeit.
In den Fabriken war die Arbeit hart, was Friedrich Engels zu der Feststellung veranlaßte, es sei "eine kuriose Tatsache, daß die Produktion genau der Waren, die den Damen des Bürgertums als Schmuck dienen, für die Gesundheit der Arbeiter traurige Folgen haben".
Der 13-Stunden-Tag war die Norm, erst 1910 wurde die Arbeitszeit auf zehn Stunden herabgesetzt. Auch Kinder mußten arbeiten. In den Jahren von 1895 bis 1907 waren in den mitteldeutschen Betrieben fast 15 Prozent der Beschäftigten Jugendliche unter 16 Jahren.
Die Strumpfwirker gehörten zu den am schlechtesten bezahlten Textilarbeitern in Deutschland. In manchen Fabriken mußten sie ihr eigenes Petroleum für die Beleuchtung am Arbeitsplatz mitbringen oder bekamen es vom Arbeitgeber in Rechnung gestellt.

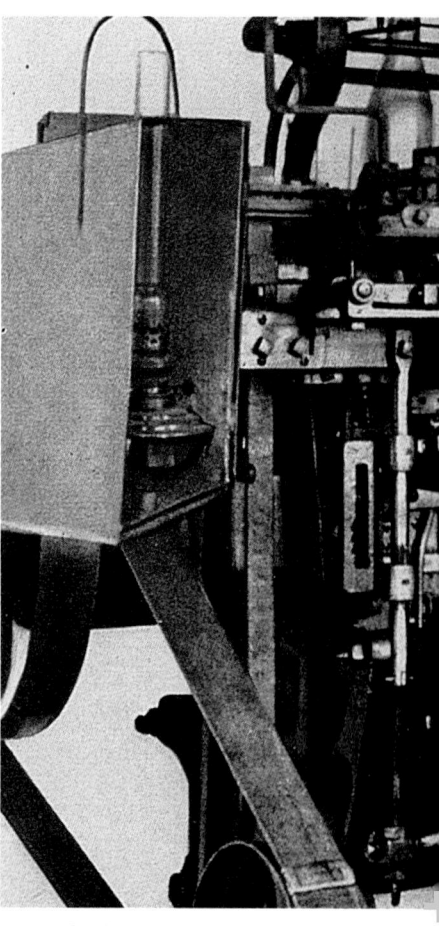

HISTORIE

Die Cottonmaschine: 1868 von dem Engländer William Cotton konzipiert, blieb ihr Prinzip bis in die 60er Jahre des 20. Jahrhunderts hinein gültig.

Frauenarbeit: Ein Blick in den Zuschneidesaal der Firma Kunert.

DER QUERSACK-INDIANER

In der zweiten Hälfte des 19. Jahrhunderts waren in der Umgebung von Chemnitz viele fleißige Hände in mühsamer Heimarbeit damit beschäftigt, Strümpfe herzustellen. Damals gab es noch keine Fabriken, nur Großhändler, die die Strümpfe in kleinen Familienbetrieben herstellen ließen und Exporteure, die sie in alle Welt verschickten. Chemnitz war das Zentrum der deutschen Strumpfindustrie. Alle zwei bis drei Wochen wurde die Rohware in einen Sack gesteckt, mit dem der Familienvater zum langen Marsch nach Chemnitz aufbrach. Um die Last möglichst gering zu halten, trug er die Hälfte des Gewichts vorn und die andere auf dem Rücken. Zwanzig Kilometer und mehr ging er so von Dorf zu Dorf und über die Felder. Hier und da konnte er ein Paar Strümpfe an Bauern verkaufen. Den Hauptteil aber lieferte er in Chemnitz ab, beim Großhändler, der die Rohlinge in Färbereien und Appreturanstalten gab. Mit dem Beginn des 20. Jahrhunderts wurde diese Art der Heimbetriebe verdrängt durch die ersten Strumpffabriken. Mit ihnen verschwand der "Quersack-Indianer", der eine Generation lang zum vertrauten Anblick gehört hatte in der Gegend rund um Chemnitz.

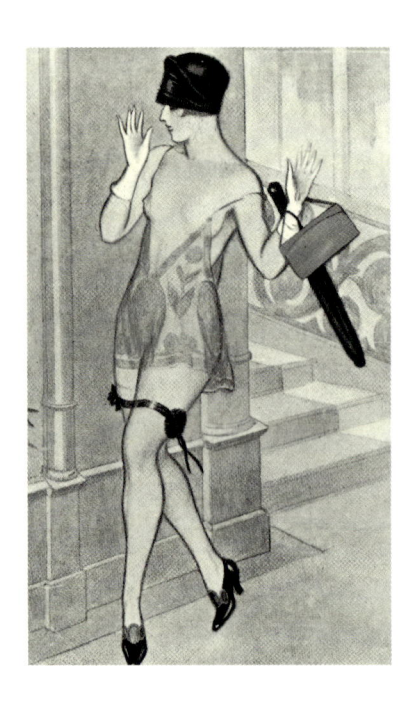

Als in den 20er Jahren der kurze Rock und mit ihm eine neue Freizügigkeit Einzug hielt in die Mode, durfte es schon mal passieren, daß - in der Karikatur zumindest - die Dame ganz in Gedanken im luftigen Hemdhöschen die Wohnung verließ.
Zeichnung um 1926 von A. Vallée.

Der Triumpf des kurzen Rocks

Nach dem Ersten Weltkrieg änderte die Mode sich grundlegend. Als um 1920 die kniekurzen Röcke im Handstreich die Welt eroberten, wurden gleichzeitig Beine und Strümpfe neu entdeckt. Der Krieg hatte neue Forderungen an die Frauen gestellt und ihnen zugleich neue Freiheiten gebracht. Wer zu Hilfsdiensten der Armee herangezogen worden war und zweckmäßige Blusen und sogar Hosen getragen hatte, ließ sich nicht mehr zurück in das Korsett der Vorkriegszeit pressen. Coco Chanels schlichte Hemdblusenkleider, der kurze Pagenkopf und ihre nur mehr wadenlangen Röcke hätten nicht so schlagartig und so tausendfach ihre Nachahmer gefunden, wäre die alte Gesellschaftsordnung nicht auf den Kopf gestellt gewesen.

In der Zeit bis Mitte der 20er Jahre wechselten die Rocklängen ständig; schließlich setzten sich die geraden Hängerkleider in jener Länge durch, die gerade nur noch das Knie bedeckten. Diese revolutionäre Beinfreiheit wurde enorm begünstigt durch die neuen Kunstseidenstrümpfe, die die baumwollenen Flor- ebenso wie die wollenen Strickstrümpfe blitzartig in der Gunst der Frauen überholten.

Kunstseide erobert den Markt

Seit Jahrzehnten hatte die Strumpfindustrie nach neuen Materialien geforscht, die die rare und teure Seide hätten ersetzen können. Schon in den 80er Jahren des 19. Jahrhunderts hatte es in England und Frankreich erste Versuche gegeben, Kunstseidenstrümpfe herzustellen; sie waren zu hart gewesen. Mit den 20er Jahren kamen neue Qualitäten, auf der flachwirkenden Cottonmaschine gewirkt, die dem Verlangen nach Paßform und Geschmeidigkeit entsprachen.

Die vielen Muster und Verzierungen der Vorjahre waren nun gar nicht mehr nötig; man verlangte nichts weiter vom Strumpf, als daß er glatt und elegant die natürliche Form des Beines unterstreiche. Geschmeidigkeit des Materials und Farbe zeigten das Maß der Eleganz an. Zunächst bestimmten helle Grau-, dann Beigevarianten das Modebild, im Winter wurden dunklere Töne bevorzugt. Es gab sie in zahlreichen Abstufungen. Im Winter 1928/29 bot das amerikanische Versandhaus Sears Damenstrümpfe in folgenden Farben an: Perlrosa, Mondlicht, Staubfarben, Champagner, Nebelmorgen, Gewehrmetall, Fleischfarben, Kornähre, Atmosphäre. Im Vergleich zur Vorkriegszeit stieg der Strumpfverbrauch um das Fünf- bis Sechsfache an.

Um die Beine und besonders die Fesseln schlanker erscheinen zu lassen, bediente man sich des Mittels der optischen Täuschung in Form von ombrierten Strümpfen, die abschattiert gefärbt waren: vorn heller, hinten dunkler. Die schmalen hohen Zwickel hatten den gleichen Zweck.

Im Vergleich zu den Seiden- und Baumwollstrümpfen der Vergangenheit waren die Kunstseidenstrümpfe weniger haltbar, Laufmaschen liefen schnell. Diesem Manko stellte die Industrie immer neue Fabrikate entgegen, so das Modell "Maschenfest", das besonders

Mit der Erfindung der Kunstseide wurden Strümpfe vom Luxus- zum Massenartikel. Die Werbung sprach nun alle Frauen an, nicht nur die Gutbetuchten.

Mit den kurzen Röcken triumphierte der Kunstseidenstrumpf. Die Wäsche trug man unter dem Korsett.
Was Paßform und Transparenz anging, ließen die Kunstseidenstrümpfe allerdings viele Wünsche offen (ganz links).

Die Originalfaser konnte Kunstseide nicht verdrängen: Für die Entwicklung eines Elf-Denier-Feinstrumpfs aus Naturseide wurde Elbeo auf der Pariser Weltausstellung 1937 ausgezeichnet.

stramm gewirkt war. Auch gegen die unschönen Wasserflecken, die sich an Regentagen um die Fessel legten, gab es eine Erfindung: den wasserabstoßenden Strumpf mit dem Namen "Regenfest".

Modellbezeichnungen der 30er Jahre wie 'Hauch' und 'Ultrahauch' zeugen davon, daß schon damals ein Strumpf nicht zart genug sein konnte. Die Industrie arbeitete fieberhaft an immer feineren Qualitäten. Im Vergleich zur Seide war die Kunstseide zu dick und zu wenig elastisch. Nach der anfänglichen Euphorie waren ihre Mängel bald offensichtlich. Zudem glänzten sie, aufgrund der beigemengten Kupferanteile, allzu stark. So blieb der Seidenstrumpf nach wie vor aktuell; wer ihn sich leisten konnte, tat es. Besonders am Abend wurde er gern von den begüterten Damen jener Zeit getragen, denn die Industrie mischte ihm allerhand interessante Materialien bei zur Aufwertung des Beins, zum Beispiel echte Silberfäden.

HISTORIE

Drehort Strumpffabrik

Mit Brigitte Horney in der Hauptrolle und unter der Regie von Wolfgang Liebeneiner wurde 1938 in Oberlungwitz gefilmt, einem der wichtigsten Zentren der sächsischen Strumpffabrikation. Ort des Geschehens waren die Rogo-Werke von Robert Götze: die gesamte Belegschaft und noch der halbe Ort dazu machten mit, als Komparsen eingesetzt für Fabrik- und Dorfszenen. "Du und ich" heißt der Film; er spielt um die Jahrhundertwende und erzählt die Geschichte eines Mannes, der sich vom einfachen Strumpfwirker und "Quersackindianer" zum Fabrikbesitzer emporarbeitet. Es ist eine Chronik vom Glanz und Elend der Strumpfindustrie. Mit Brigitte Horney als Strumpfwirkerfrau, die mit Mann und Kind, vier Mark und ein paar Strümpfen in der Tasche den mühseligen Fußmarsch über die Lande zur Messe in Leipzig antritt. Mit den besseren Zeiten und Brigitte Horney als Fabrikbesitzersfrau kommen Szenen, die den Werdegang eines Strumpfes, mit Formerei und Cottonmaschinen im Hintergrund, bis hin zum Kundengespräch am Verkaufstisch nacherzählen. Während der Dreharbeiten lief die Strumpffabrikation so gut es ging weiter. Wolfgang Liebeneiner soll, so erzählt es die Chronik der Dreharbeiten, "weil es Glück bringt", seine Regieanweisungen des öfteren schon mal mit einem Strumpf über dem Kopf gegeben haben.

Der Schauspieler Joachim Gottschalk als Fabrikbesitzer. Original-Schauplatz des Films sind die Rogo-Werke in Oberlungwitz, damals eines der wichtigsten Zentren der sächsischen Strumpfindustrie. Während der Dreharbeiten lief die Produktion so gut es ging weiter. Belegschaft und Dorfbewohner wurden als Komparsen angeheuert.

HISTORIE

43

Brigitte Horney mit Haarkranz und ernster Miene: Das Filmidol als Frau des Strumpfwirkers.

So zeigt man der anspruchsvollen Kundin die neueste Strumpf-Kollektion: Verkaufs-Filmszene.

HISTORIE

Am 15. Mai 1940 wurden in allen großen Städten Amerikas zum ersten Mal Nylons verkauft. Die Frauen standen Schlange vor den Läden, binnen weniger Stunden war alles leergekauft. (Ganz oben)

In den Warenhäusern wurden werbewirksame "Nylon-Clubs" gegründet: Beim Kauf von zwölf Paar gab es eines gratis.

Die Nylon-Revolution

Die Kunstseidenstrümpfe der 20er Jahre hatten viele Wünsche offengelassen, was Paßform, Zartheit, Transparenz und Haltbarkeit betraf. Es war klar, daß im Zeitalter des ungebremsten Fortschrittsglaubens die zu dicke und allzusehr glänzende Kupfer-Kunstfaser nicht der Weisheit letzter Schluß sein konnte. So ging die Suche weiter. In den Labors der Chemiekonzerne brüteten die Köpfe, brodelten die Reagenzgläser. Neue Fasern wurden ausprobiert, Patente angemeldet. Nichts kam gegen die Qualität des reinen Seidenstrumpfs, nichts gegen den Preis seines Pendants aus Kunstfaser an. Die Zeit drängte, denn die Kokonfäden der Seidenraupen reichten für den schnell ansteigenden Strumpfbedarf bei weitem nicht aus. Zudem hatten die Japaner das Seidenmonopol und diktierten ihre Preise nach Belieben.

Ohne voneinander zu wissen, lieferten sich schließlich zwei Chemiker ein Kopf-an-Kopf-Rennen: Der Deutsche Paul Schlack bei IG Farben und der Amerikaner Wallace H. Carothers von Du Pont. Carothers erfand 1937 die Nylon-, Schlack ein Jahr später die Perlonfaser. Beide waren - im Gegensatz zu den bisherigen Kunstfasern, die sich stets auf Naturmaterialien aufbauten - aus vollsynthetischem Polyamid.

Da die Nylon- und Perlon-Patente beträchtliche Ähnlichkeiten aufwiesen und ein Patentstreit in dieser noch friedlichen Zeit sinnlos schien, einigten sich Du Pont und IG Farben, indem sie die Patente austauschten und die Weltabsatzmärkte gegeneinander abgrenzten. Bis in die 50er Jahre hinein wurde in Deutschland Perlon, in Amerika Nylon für Strümpfe eingesetzt. Dann eroberte Nylon die Weltmärkte, während Perlon - zu fest und zu wenig geschmeidig, sagten die Kritiker - schwerpunktmäßig für weniger sensible Zonen als die des weiblichen Beins zum Einsatz gebracht wurde.

HISTORIE

Über die Entstehung des Namens Nylon gibt es die verschiedensten Gerüchte. Am hartnäckigsten hält sich bis heute jenes, wonach Wallace Carothers, als ihm die Tragweite seiner Erfindung bewußt wurde, einen schadenfrohen Seufzer (mit Betonung der Anfangsbuchstaben) ausgestoßen habe in Richtung Japan: "Now, you lousy old nippons!" - Jetzt hab' ich euch endlich, ihr lausigen alten Nipponsöhne! Tatsächlich schien das Seidenmonopol dank Nylon gebrochen. Eine schöne Geschichte, leider nicht mehr nachprüfbar, denn Carothers beging Selbstmord und erlebte den Siegeszug seiner Erfindung nicht mehr.
In Wahrheit wurde die neue Faser zunächst 'No run' genannt, was sich auf die "nicht laufenden" Maschen der Strümpfe bezog. Dann, so sagen böse Zungen, haben die Amerikaner so lange herumgenuschelt auf dem Wort, daß letztendlich der Begriff Nylon entstand.
Als Du Pont 1938 die Entdeckung der Faser offiziell bekanntgab, konnte man die volle Reichweite des neuen Materials noch kaum erfassen. Die Arbeiten, die zur endgültigen Auswertung führten, waren kompliziert und langwierig. In den elf Jahren, die zwischen dem Beginn des Forschungsprogramms unter Carothers (1927) und der Eröffnung der ersten Nylon-Fabrik lagen, gab das Unternehmen rund 27 Millionen Dollar für die Entwicklung aus.
Dann kam der Stein ins Rollen. Nachdem die Zeitungen gehört hatten, daß Nylon eine hundertprozentig synthetische Faser ist, schrieben sie ihr voller Staunen sogleich Eigenschaften zu, die sie beim besten Willen nicht haben konnte: daß sich Stoffe aus Nylon "nie abtragen" würden, war eines der Gerüchte; daß Nylonstrümpfe 'absolut laufmaschensicher' seien, war ein anderes. Aufgrund solchen Zauberglaubens sah sich der Hersteller in der höchst ungewöhnlichen Lage, die in der Presse veröffentlichten Berichte über angebliche "Wundereigenschaften" der Faser dementieren zu müssen.
Die erste Fabrik zur Herstellung von Nylon wurde 1939 in Betrieb genommen. Am 15. Mai des darauffolgenden Jahres fand ein von den Werbestrategen wohlkalkuliertes Ereignis statt, das einen Tag lang ganz Amerika beschäftigte: In etlichen, über das ganze Land verteilten Geschäften wurden zum ersten Mal Nylonstrümpfe in größerer Zahl verkauft. Es kam zu Gedrängel und langen Schlangen vor den Warenhäusern. Wer ein Paar ergattert hatte, schätzte sich glücklich. Binnen vier Stunden war alles ausverkauft, ein bis zwei Dollar die Packung.
An diesem Tag entstand ein Foto, das um die Welt ging: Eine junge Frau sitzt am Straßenrand, mitten in einer dichten Menschenmenge, und zieht sich glückselig lächelnd die soeben erstandenen Nylons an. Passanten schauen ihr zu, voller Verständnis. Es ist kein Tag wie jeder andere.
Noch im gleichen Jahr wurde auf der Weltausstellung in New York das erste Kostüm aus Nylons gezeigt. Dann zog die Faser in den Krieg: Da sie sich für Fallschirme, Tropenzelte, Segelflugschleppseile, Wagendecken und Reifenverstärkungen als unersetzlich erwies, wurde die gesamte Produktion für militärische Zwecke eingezogen. Zur gleichen Zeit und zu gleichen Zielen wurde in Deutschland Perlon eingesetzt.

Um Geld für die Rüstung zu sammeln, zog die amerikanische Filmschauspielerin Betty Grable ihre Nylons aus: Bei einer Versteigerung kamen sie für 40.000 Dollar unter den Hammer.

Ein Bild, das um die Welt ging: auf der Bordsteinkante werden die soeben erstandenen Nylons glückselig über die Beine gestreift.

HISTORIE

In den Kriegsjahren kam das Stopfei zu Ehren: Strümpfe waren Mangelware.

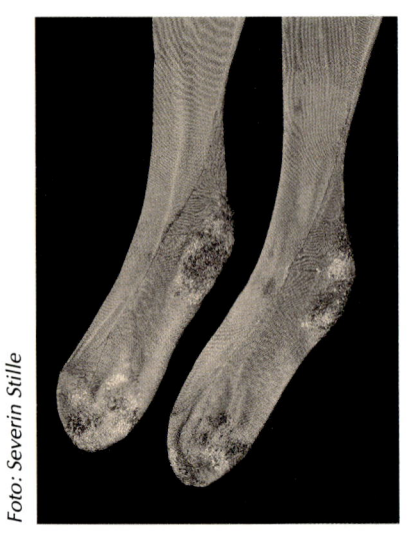

Foto: Severin Stille

Braune Schminke als Ersatz

Der Zweite Weltkrieg verwandelte in Deutschland alle Modefreuden in Sorgen; Strümpfe wurden zur Mangelware. Sämtliche Rohstoffe wurden für den Krieg eingezogen. So gingen die Frauen im Sommer mit nackten Beinen und waren heilfroh, wenn sie zum eleganten Kleid ein paar Söckchen auftreiben konnten. Im Winter kam der gute alte Wollstrumpf wieder zu Ehren: es wurde gestrickt, daß die Nadeln nur so klapperten.

Dann kam die Zeit der Kleiderkarten; Strümpfe gab es nach Gewicht, bis 80 Gramm fünf, über 80 Gramm acht Punkte. Die "deutsche Hausfrau" wurde zum Sparen an allen Enden gemahnt: so erwachte mit der Wollsocke auch das Stopfei zu neuem Leben. Hatten Zehen und Hacken allzu große Löcher hinterlassen, wurde aus einem anderen Kleidungsstück ein Füßling genäht und an den noch intakten Schlauch gebastelt. Solche Füßlinge, "Strumpfretter" genannt, gab es auch fertig zu kaufen, aus derbem dunkelbraunen Zwirn, der zu jedem Strumpfrumpf zu passen hatte, garantiert unverwüstlich.

Perlon trat, obwohl schon vor dem Krieg entdeckt, erst in den Nachkriegsjahren modisch in Erscheinung: auch von Nylons konnten die Frauen nur träumen. So malten sie sich denn Strumpfnähte aus schwarzem Augenbrauenstift auf die Waden und rieben sich die Beine mit brauner Schminke ein.

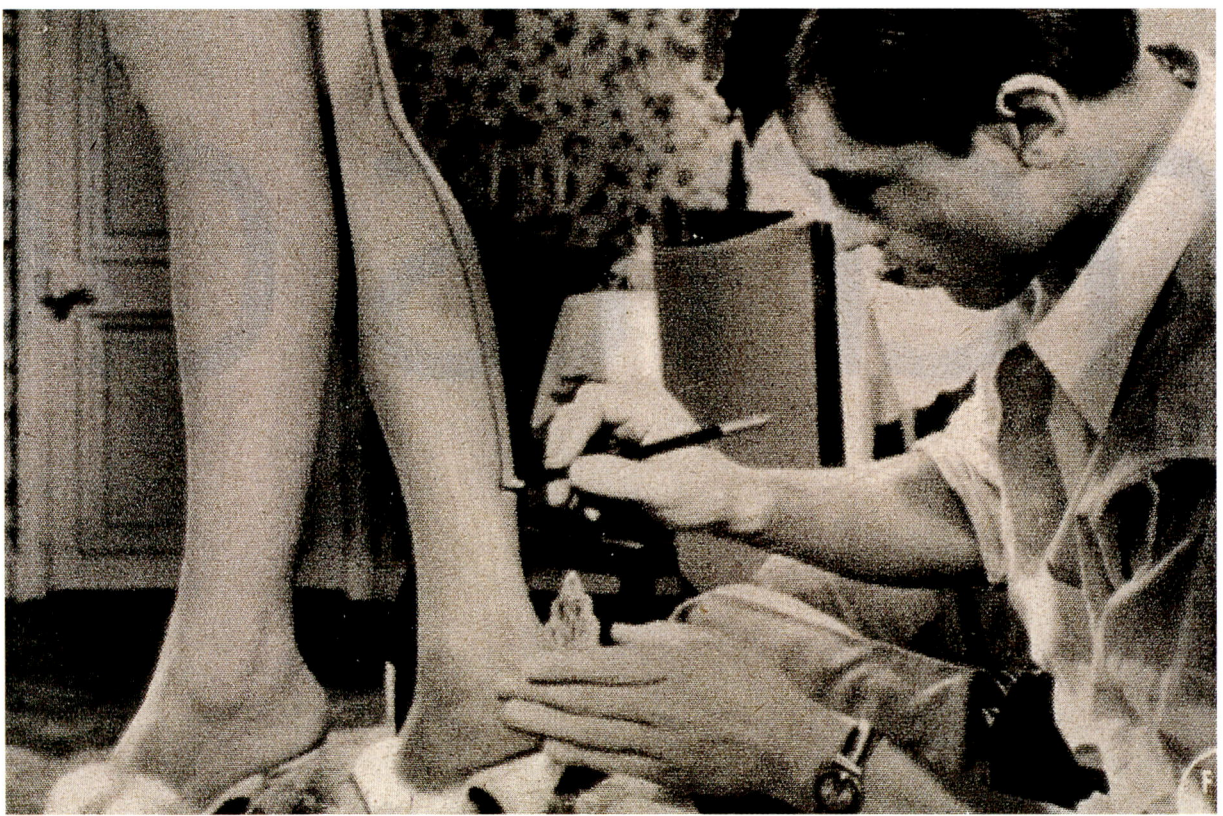

Als die Frauen von Nylons nur noch träumen konnten, ließen sie sich von starker Hand eine schnurgerade Naht mit dem Augenbrauenstift auf die Waden zaubern.

Je größer der Mangel, desto einfallsreicher der Ersatz: "Strumpfzauber" nannte sich die braune Schminke, mit der das Wiener Wäschehaus Palmers seinen Kundinnen über die strumpflose Zeit hinweghalf (ganz oben).

War der Beinling noch heil, aber das Fußstück verschlissen, kam der "Strumpfretter" zum Einsatz: die Füßlinge wurden einfach an das obere Teil angenäht.

HISTORIE

Nachkriegszeit und Neubeginn

Bei Kriegsende gab es im Westen Deutschlands nur drei Cottonmaschinen - und auch die waren reparaturbedürftig. Die gesamte deutsche Feinstrumpfbranche war in Sachsen und im Sudetenland angesiedelt. Nach und nach wanderten die enteigneten Strumpffabrikanten und mit ihnen Tausende von Fachkräften in den Westen ab und machten sich daran, eine neue Industrie aufzubauen.

Immense Einsatz- und Risikobereitschaft waren jetzt gefragt, Initiative und Improvisationskunst. Man stand vor dem Nichts, es fehlte an allem. Auch die Fabrikanten der Cottonmaschinen saßen in Mitteldeutschland, und so fehlte der wichtigste Vorlieferant. Man half sich mit Importen alter Webstühle aus den Vereinigten Staaten, die zum Teil erst zwei Jahrzehnte zuvor von Chemnitz über den Ozean verschifft worden waren.

Der Wiederaufbau begann nach der Währungsreform. Es war die große Stunde der Unternehmerpersönlichkeiten, die bereit und imstande waren, aus dem Nichts heraus etwas zu schaffen. Ohne die Solidarität der Einzelhändler, die für die Errichtung neuer Produktionsstätten Kredite zur Verfügung stellten - gegen die Zusage späterer Belieferung - hätten viele von ihnen jedoch nicht wieder neu anfangen können. So begann Edwin Rössler von Ergee 1949 mit einem geliehenen Startkapital als Vorkasse gegen spätere Lieferungen. Julius Kunert, der mit seinem Bruder Heinrich in Warnsdorf in der damaligen Tschechoslowakei die größte Feinstrumpffabrik Europas besessen hatte, baute im Allgäu neu auf. Werner Uhlmann, der den väterlichen Betrieb im sächsischen Auerbach verlassen hatte, gründete in Lippstadt die Uhli-Werke. Hermann und Ernst Bahner, Inhaber des traditionsreichen, bereits im Jahr 1741 gegründeten Hauses Elbeo, kehrten dem Oberlungwitzer Stammhaus 1949 den Rücken und begannen neu in Mannheim und Augsburg. Ihrer Initiative ist der Bau erster Cottonmaschinen bei Böhringer in Göppingen mitzuverdanken.

Nach dem Wiederaufbau ließ der Erfolg nicht lange auf sich warten. 20 Millionen Frauen träumten von Nylons - der Nachholbedarf war groß. Ende der 40er Jahre noch kauften die deutschen Frauen zwei bis drei Paar Strümpfe im Jahr, Ende der 50er bereits acht Paar.

Die Branche mit der Luxus-Aura

Bis zu zwölf Mark wurden 1950 für ein Paar Feinstrümpfe bezahlt. Das ließ, obwohl die Preise für synthetische Fasern beträchtlich waren, hohe Gewinnspannen für die Unternehmer zu. Das Wirtschaftswunder kam ins Rollen. Die Strumpfbranche war von einer Aura des Reichtums und des Luxus umgeben, die magnetisch anzog. Unternehmer aus anderen Bereichen sattelten um, weil sie sich hier größere Profite versprachen.

Es wurde immer mehr produziert, immer weiter investiert in die teuren Cottonmaschinen. Gegen Mitte der 50er Jahre warnten erste Stimmen vor einer Überproduktion. Nicht alle der neu in die Branche gewechselten Unternehmer hatten genügend kaufmännische und fachliche Kenntnisse. Viele Fabrikanten glaubten, daß es vorab keine Sättigung geben könne. Wenn die deutsche Frau acht Paar im Jahr verbrauchte, die Amerikanerin aber zwölf,

Nylons besitzen: ein Synonym für Lebensfreude. Der immense Nachholbedarf brachte den Strumpf-Boom ins Rollen.

Sie waren maßgeblich mitbeteiligt am Wiederaufbau der Strumpfindustrie in Westdeutschland: Hermann und Ernst Bahner/elbeo (oben), Edwin Rössler/Ergee und Julius Kunert.

HISTORIE

48

ließ das weitere Steigerungsraten erhoffen. Die Glücksritter unter den Fabrikanten nahmen erhebliche Kredite auf und expandierten immer weiter. Hohes Kapital war erforderlich. Eine Cottonmaschine kostete in den 50er Jahren 280.000 Mark. Es wurde den Unternehmern leicht gemacht. Von den Banken, von den staatlichen Instanzen mit Bürgschaften und Krediten.

Es wurde immer offensichtlicher, daß die Kapazitäten weit über die Nachfrage hinausgewachsen waren. Mit einer Exportrate von 4,5 Prozent war auch vom Ausland nicht viel zu erhoffen.

Abgang eines Modelieblings: In den 50ern noch war die Naht mit Stilferse modern, Anfang der 60er Jahre verliebten sich die Frauen in die neuen Nahtlosen.

Rechts: Eine der letzten flachwirkenden Cottonmaschinen Anfang der 60er Jahre: Als der nahtlose Strumpf die Mode eroberte, wurden die teuren Anlagen im Handumdrehen zu Schrott.
Unten: Auf den neuen Rundstrickmaschinen wurden die Nahtlosen als Schlauch gearbeitet.
Beide Aufnahmen entstanden in den Feinstrumpfwerken Esda im Erzgebirge.

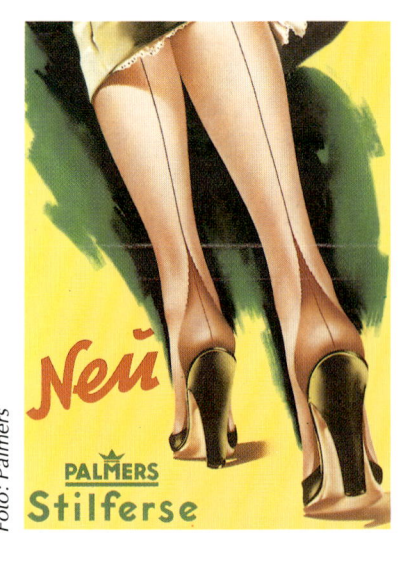

Mit Naht, ohne Naht - und schließlich die Strumpfhose

Dann kam der nahtlose Strumpf und machte alles noch schwieriger. Über Nacht wurden praktisch sämtliche Cottonmaschinen zu Schrott.

Die neuen Rundstrickautomaten, auf denen die Nahtlosen als Schläuche hergestellt wurden, brauchten nur ein Viertel der Zeit, die für die Herstellung des Cottonstrumpfes notwendig war. Zudem waren sie mit 150.000 Mark wesentlich preiswerter. Aber die Banken waren vorsichtig geworden, gewährten Kredite, wenn überhaupt, nur mit beträchtlichen Sicherheiten. Das war die Zeit, in der viele Unternehmen bankrott gingen.

Es war damals ein großes Risiko, auf die Nahtlosen zu setzen. Wenige Jahre zuvor hatten bereits einige Fabrikanten versucht, sie zu lancieren, stellten die Produktion aber schnell wieder ein, als niemand kaufte. 1958 rechnete man noch mit der Koexistenz beider Arten eher denn mit einem Siegeszug der Nahtlosen, deren Anteil sich auch in den Vereinigten Staaten vorerst auf nur 30 Prozent eingependelt hatte. Die Frankfurter Allgemeine Zeitung schrieb im September 1958, es sei "noch keineswegs bewiesen, daß bei den nahtlosen Strümpfen das Heil der Strumpfindustrie" liege. Zwar rechne man damit, daß der Anteil der Nahtlosen von seinerzeit 20 noch auf 30 oder auch auf 50 Prozent steigen könne, jedoch sei hier "jede Prognose ein Wagnis, da der nahtlose Strumpf bislang noch eine Modeer-

HISTORIE

Darin waren sich Ende der 50er Jahre Industrie und Handel einig: "Nur schlanke und gutgeformte Beine" sollten auf die Naht verzichten.

scheinung" sei. Weiter hieß es, Produzenten und Händler seien sich "darüber einig, daß sich der nahtlose Strumpf vorwiegend für schlanke und gutgeformte Beine" eigne, allen anderen verleihe denn doch "die Naht eine gewisse Form und vor allem: Sex-Appeal". Damals ahnte man noch nicht, daß eine weitere Neuigkeit sich soeben angekündigt hatte: 1958 wurde in Frankreich die erste Feinstrumpfhose fabriziert. Sie brauchte noch ein paar Jahre und den Minirock, um im Triumph die Mode zu erobern.

Mit Naht oder ohne - die Überkapazitäten blieben und der Preiskampf wurde gegen Ende der 50er Jahre immer härter. Jetzt wurde oftmals schon unter Selbstkosten verkauft, die Preise waren die gleichen wie schon zwanzig Jahre zuvor. Markenstrümpfe für 1,95 Mark waren keine Seltenheit. Die Zahl der Strumpffabriken, die in der großen Zeit Anfang der 50er Jahre noch bei über 150 gelegen hatte, war Ende des Jahrzehnts auf 110 geschrumpft. Bis in die 80er Jahre sollte sich nur ein Dutzend retten.

Esda: Die Kombinate im Osten Deutschlands

Ganz anders - und in mancher Hinsicht doch auch wieder ähnlich - liest sich die Nachkriegsgeschichte aus ostdeutscher Sicht. "Nach dem Zusammenbruch des Faschismus standen auch die Arbeiterinnen und Arbeiter der Auerbacher, Thalheimer und Oberlungwitzer Strumpffabriken vor der scheinbar nie zu lösenden Aufgabe, die Produktion wieder in Gang zu bringen", heißt es in dem 1968 in Ost-Berlin erschienenen Band "Von Lee bis Esda". Zur Wiedergutmachung für die während des Krieges in der Sowjetunion angerichteten Schäden waren etliche Betriebe demontiert worden. Mit den verbliebenen Maschinen, Geräten und Materialresten planten die Arbeiter, denen "die Kapitalisten davongelaufen" waren, den Neuanfang. Anfangs realisierten "viele Werktätige noch nicht, welch große Wende im gesellschaftlichen und politischen Leben eingetreten war; sie verhielten sich dementsprechend - abwartend, skeptisch, abweisend." Aber: "Die Betriebsparteiorganisationen wuchsen und scheuten weder Zeit noch Mühe, alle Werktätigen zu einer besseren und freiwilligen Arbeitsdisziplin zu erziehen, soziale Erleichterungen zu schaffen und die noch völlig unzureichenden Produktionsbedingungen zu verbessern."

Auch im Osten Deutschlands fehlten Näh-, Kettel- und Spulmaschinen sowie Antriebsmotoren. Nach der Losung "Erst mehr arbeiten, dann besser leben" setzten auch jenseits der deutsch-deutschen Grenze die Menschen ihre Kräfte ein.

Foto: Ergee

In den Hoch-Zeiten der Strumpfindustrie zählten die Kombinate in der ehemaligen DDR bis zu 18.000 Mitarbeiter, etwa ebensoviel wie im Westen Deutschlands. "Eintüten" war hüben wie drüben Frauenarbeit. Die Aufnahme entstand in den 60er Jahren in den Werken der Esda.

HISTORIE

Am 1. Januar 1965 vereinigten sich die rund 30 Betriebe des Erzgebirges zum VEB Feinstrumpfwerke Esda (Erzgebirgische Strümpfe für Damen) Thalheim. Der damit seinerzeit größte Textilbetrieb in der damaligen DDR mit seinen Zweigwerken in Auerbach, Meinersdorf, Dorfchemnitz, Oberlungwitz und Lichtenstein zählte 1968 rund 5.500, in den besten Zeiten Mitte der 80er Jahre bis zu 15.000 Mitarbeiter - das war in etwa die gleiche Zahl wie im Westen Deutschlands. Mit Ausnahme der Betriebe in Thüringen ist bis heute die gesamte Strumpffabrikation der Ex-DDR in einem Radius von 30 Kilometern im Erzgebirge angesiedelt. Produziert wurde überwiegend für den Inland-Bedarf, 40 Prozent gingen in den Export, vor allem in die Sowjetunion, aber auch an die Massenanbieter in Westdeutschland (Kontingent bis 1989: 60 Millionen Strumpfhosen im Jahr). Mit dem Fall der Mauer begann der langsame Übergang in die private Wirtschaft. Ende 1992 waren bereits zwei Drittel der Betriebe reprivatisiert, ein Drittel befand sich noch unter Treuhand-Aufsicht. Die Zahl der Beschäftigten war auf etwas mehr als 4.000 geschrumpft. Nicht zuletzt auch dank der Ansiedlung von Zweigbetrieben westdeutscher Hersteller wurden zu dieser Zeit jedoch bereits 35 Prozent der gesamtdeutschen Strickstrumpfproduktion in den neuen Bundesländern erstellt.

Der New Look und die Hautfarben

Ende der 40er Jahre, während in Deutschland Mangel an allem herrschte, schwang Paris sich schon wieder zu neuen Modetaten auf. Christian Dior diktierte den New Look; überall in Europa begannen die Frauen, sich die Schulterpolster herauszutrennen und die Rocksäume zu verlängern. Im Winter 1948 - hierzulande befaßte man sich mit der Währungsreform - ließ Dior aus Amerika zart getönte Nylonstrümpfe in den verschiedensten Farben kommen. Zu jeder seiner Kreationen wurde den Strümpfen in winzigen Mengen ein anderer Farbton beigemischt, so daß nur ein Schimmer von Lindgrün, Bordeauxrot oder Marineblau zu erahnen war. Bald gab es in Paris wieder rauschende Feste, und Dior schmückte die Nylons für seine Abendroben mit Pailletten. Nach wie vor trug die Pariserin auch Seidenstrümpfe. In Deutschland dominierte der Perlonstrumpf aus einheimischer Produktion den Markt. 1954 kamen die ersten nahtlosen Feinstrümpfe, die erst langsam, dann immer schneller den Nahtstrumpf verdrängten.

Nach dem New Look brachte Dior die Bleistift-Linie, die H-Linie, die Y-Linie, die A-Linie, die Pfeil-Linie und die Maiglöckchen-Linie. Sie alle fanden ein Echo in der Modewelt, und jede dieser Stilrichtungen kam mit schlichten hautfarbenen Strümpfen am besten zur Geltung. Letztere wurden nun nicht mehr am Korsett befestigt, sondern, dem Verlangen nach leichten und bewegungsfreundlichen Dessous entsprechend, an zierlichen Hüftgürteln mit angearbeiteten Straps.

In den 50er Jahren war der Nachholbedarf für die schönen Dinge des Lebens überall in Europa groß, und Nylonstrümpfe verkörperten den Luxus schlechthin - auch wenn es nur "Ersatz"-Nylons waren: steife Perlons oder die stumpfen Kräuselkrepp-Strümpfe aus dehn-

Unter den schwingenden Röcken des New Look hatten die Strümpfe nur eines zu sein: Hauchzart und transparent.

Foto: Kunert

barem Stretchgarn. Teenager trugen den Petticoat dazu und schwärmten für Brigitte Bardot. Wer intellektuelle Ambitionen hatte, hielt es mit den Pariser Existenzialisten und ahmte die stets schwarzgewandete Juliette Greco nach, deren blickdichte schwarze Strümpfe immerhin eine ernstzunehmende Alternative boten.

Welche Sehnsüchte Nylons zu wecken imstande waren, schildert Filmemacherin Helga Sander-Brahms in dem nostalgisch diese Epoche beleuchtenden Band "Perlonzeit": "Irgendwann um die Konfirmationszeit gab es die ersten Perlonstrümpfe. In einem knisternden Päckchen, auf dem schöne Frauenbeine abgebildet waren, die sich umeinander ringelten wie zwei geknickte und vielfach ausgebeulte Schlangen. Man mußte das Päckchen vorsichtig aufmachen, am besten mit Handschuhen, denn immer hatte man an der Hand ein Stückchen harte Haut oder einen gerissenen Nagel... Die Perlonstrümpfe sahen an den Beinen nicht aus wie an den gemalten Beinen auf dem Päckchen und nicht wie an den Beinen der Filmstars in den Illustrierten. Sie glänzten zu sehr und waren zu hart, sie warfen Beulen und Falten am Knie, vorn die Beule, in der Kniekehle die Falten. Man streckte die Beine aus und versuchte sie so zu stellen, daß die Knie eingedrückt waren und die Fesseln schmal wirkten, aber es half nur wenig. 'Kälberknie', sagte meine schöne Tante mitleidig und drehte sich auf ihren hohen Absätzen". Und über jene fleißigen Hände, die die Strümpfe wieder herrichteten, wenn denn die Haut an den Händen rissig oder der Fingernagel rauh gewesen war, sagt die Regisseurin: "Es gab Frauen, zu denen man die schönen Strümpfe brachte, wenn sie Laufmaschen hatten, und die nahmen dann die Laufmaschen auf. Meist in Heimarbeit. Das war etwas, was man gut machen konnte, wenn man zuhause kleine Kinder hatte. So sah ich bei meinen Strumpflieferungen jedes Mal ein Stück schreiende, jammernde, schimpfende Wirklichkeit durch den Haustürspalt, an dem ich mein Päckchen abgab und abholte, ich sah die müden Frauen, an deren Füßen noch ein Krabbelkind hing, während sie meine Münzen entgegennahmen. Mein bißchen Taschengeld, für das ich eigentlich Bücher kaufen wollte. Aber nein, lieber die Strümpfe besitzen, dies Stück knisternde Erotik an den Beinen. Ein Mann müßte darüber streichen, ein Mann müßte einen begehren für diese schönen Beine, so hieß es in den Illustrierten und im Kino. Ja, eigentlich müßten die Männer pfeifen, wenn man in diesen schönen Strümpfen vorüberging, und pro Tag müßte man einen Heiratsantrag bekommen, wenn man keine Versagerin sein wollte...".

Sioux-, Haut- und Fleischfarben: eine kleine Auswahl aus dem großen Angebot der Beigetöne in den 50er Jahren.

Die "Swinging Sixties" und die Strumpfhose

"Mittelalterliche Rüstung, geschmacklose Panzer, grausige Schlotterlinge, abstoßende Scheußlichkeiten, ungeeignet für jegliche Art von Annäherungsversuchen": so beurteilten die italienischen Männer das einmütig gehaßte Kleidungsstück in einer Umfrage der Zeitschrift "Donna". Der Protest der Männerwelt gegen die "Strümpfe bis zur Taille", die so offensichtlich die Bewegungsfreiheit der Frauen begünstigen, nicht aber die Augen erfreuen, war sofort laut und deutlich. Es änderte nichts.

HISTORIE

In ihren ersten Anfängen war die Strumpfhose tatsächlich ein plumpes Monster. Sie war aus Kräuselkrepp gearbeitet und damit zwar elastischer, aber stumpf und weitaus weniger transparent als Nylon. Rührte ein allzu spitzer Fingernagel daran, gab es keine Laufmaschen, sondern Rißstellen, an denen sich das Gespinst zusammenzog. Das führte dazu, daß die Strumpfhosen länger getragen wurden, als es dem Auge des Betrachters wohl tat. Auch nicht gerade elegant war das Höschenteil in der sogenannten Pagenform, das genauso gearbeitet war wie die damaligen Unterhosen, nämlich ohne Beinausschnitt. Auch die Paßform ließ zu wünschen übrig. Meist hing der Zwickel auf halber Oberschenkelhöhe. Dennoch waren die Frauen begeistert und freuten sich an der neuen Bewegungsfreiheit.

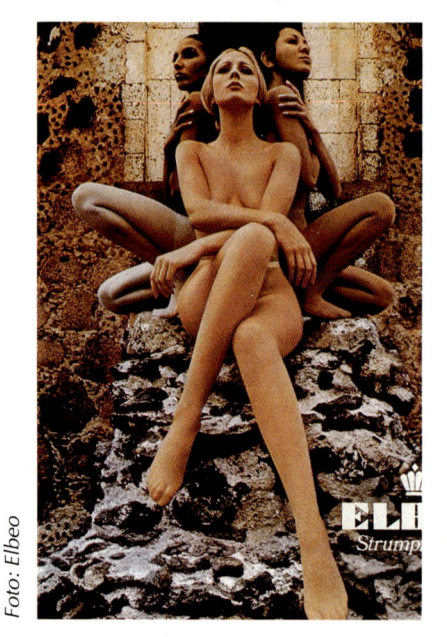

Die Modegeschichte der 60er Jahre ist geprägt von der Erfindung der Strumpfhose; nie hätte der Minirock sich durchsetzen können ohne sie.

Ende der 50er Jahre bereits waren in den Boutiquen der Londoner Kings Road die ersten schenkelkurzen Fähnchen aufgetaucht. Mary Quant brachte im Sommer 1963 eine ganze Kollektion mit Miniröcken, von denen einige in der Zeitschrift "Vogue" abgebildet wurden und sofort ein großes Echo auslösten. In Paris verhalf André Courrèges dem Minirock zum Durchbruch. Das war im Winter 1963, und spätestens jetzt wurde klar, daß der neue Look nur mit Hilfe der Strumpfhose den ersten Frost würde überleben können.

Ende der 60er Jahre setzte die Strumpfhose sich endgültig durch: Die Frauen waren begeistert von der neuen Bewegungsfreiheit.

Foto: Elbeo

Vom Konsum- zum Modeartikel

Noch 1966 wurden in Deutschland fast 600 Millionen Strümpfe und nur 17 Millionen Strumpfhosen verkauft. 1968, im Jahr der Studentenrevolten und Kulturproteste, explodierte die Nachfrage. Fünf Jahre später hatte sich das Blatt gewendet: Da standen 560 Millionen Strumpfhosen gegen 96 Millionen Paar Strümpfe.

Mit den 60ern wurde der Feinstrumpf vom unabänderlich in Fleischfarben angebotenen Luxus- oder Konsumartikel zum modischen Accessoire. Der Ruf nach Farben wurde endlich erhört. 1967 waren Feinstrümpfe in Rot, Blau, Grün, Gelb oder Flieder zu haben, in Pastellen oder Schockvarianten. Zwar wurden sie von den Frauen zunächst nur zögerlich angenommen - aber das Eis war gebrochen, die Alleinregierung der rosa-beigen Hülle vorbei.

Zu guter Letzt machte in den 60ern die Herrensocke von sich reden. Nicht etwa, weil sie sich zur besonderen Zierde aufgeschwungen hätte, sondern - weil die Frauen sich weniger Arbeit machen wollten: Seit der Einführung synthetischer Materialien sollte Kleidung vor allen Dingen praktisch sein, und das hieß in erster Linie: gut zu waschen und schnell zu

Triumph der hellen Töne: Ende der 60er und bis in die späten 70er Jahre hinein reichte die Palette der bevorzugten Farben von Kalkweiß bis Apricot.

Foto: Kunert

HISTORIE

trocknen. Das galt auch für die Strümpfe. Die Helanca-Socke, schon seit 1952 auf dem Markt, fand großen Anklang. Allerdings währte die Freude nicht lang, eine scheußliche Begleiterscheinung machte ihr den Garaus: sie müffelte.

Häkelstrümpfe: Die letzten "Oldies" vor Beginn der Neuzeit
Der Auftakt der 70er Jahre stand im Zeichen der Hippie-Ära. Auf die Jugendproteste der 60er folgte die Zeit des Ausprobierens neuer Lebensformen, der Blick nach Indien und Nepal brachte die wallenden Gewänder aus Kathmandu nach Deutschland. Drunter lugten nackte Beine in Jesus-Latschen hervor: Frauen wollten ihrer inneren, nicht der äußeren Reize wegen geliebt werden. Wenn die Temperaturen es verlangten, wurden Strumpfhosen schlichtester Machart gekauft, die es mittlerweile für einsfünfundneunzig auch im Lebensmittelhandel gab. Auch Kniestrümpfe aus Feinstrumpfmaterialien waren akzeptiert, unter den langen Kleidern blieben die häßlichen Einschnitte ins Fleisch unterhalb des Knies zum Glück versteckt. Zur Jeans gefielen junge Frauen wie auch Männer sich in himmelblauen Söckchen.

A propos Männer. Nachdem sich die Synthetik-Socke der 60er als zwar pflegeleicht, aber unangenehm zu tragen entpuppt hatte, nahmen nun wieder die Naturfaseranteile zu. Die Füße konnten aufatmen. Reine Synthetik-Strümpfe gab es nur noch im Billig-Kaufhaus. Dafür bereitete sich die weiße Baumwollsocke auf ihren großen Auftritt vor: Mehr als ein Jahrzehnt lang, bis in die 90er Jahre hinein, führte sie ein gehätscheltes Leben als Partner von Jeans ebenso wie des konservativen Flanellanzugs. Sie war das Symbol des sportlich-dynamischen Aufsteigertyps, provokant-lässiges Erkennungszeichen für Werbeleute und Freiberufler. Das Establishment rümpfte natürlich die Nase: der Bankdirektor grenzte sich durch dunkle Strümpfe ab, immer bis zum Knie hoch: undenkbar, daß beim Übereinanderschlagen der Beine die behaarten Waden zu sehen gewesen wären.

Zurück zu den Frauen. Parallel zum Look der Blumenkinder entwickelte sich die Elefantenhosen-, Plateausohlen- und Knautschleder-Kultur, unter Mini-, Midi- und Maxiröcken schauten Mitte der 70er zumeist Strümpfe in kalkigem Weiß (Spötter: "Fischlaich"-Strümpfe) hervor. Auch Muster, die sich seitlich an den Beinen hochschlängelten, waren gefragt; ferner Op-Art Dessins in schrillen Farben, Pünktchen-, Spitzen-, Lurex- und Goldlamé-strümpfe.

Regelrecht geliebt von den Frauen wurden Häkelstrümpfe: in allen nur erdenklichen Farben, Qualitäten und vor allem in einer reichen Musterauswahl. Sie waren Vorboten eines höchst ereignisreichen Jahrzehnts, das mit dem Einsatz revolutionärer Materialien und einer hochspezialisierten Computertechnologie ganz neue Mustermöglichkeiten erschloß. Mit den 80er Jahren beginnt die Neuzeit der Strumpfmode.

Nachdem der Damenstrumpf ein halbes Jahrhundert lang nichts anderes als möglichst zart und transparent zu sein hatte, läutete der Häkel-Look in den 70ern eine neue Ära ein: Muster kamen wieder.

Foto YSL

MODE
NEUZEIT

MODE

Bein frei - für die neue Masche

"Jahrhundertelang bemühte man sich verzweifelt darum, die Leute davon zu überzeugen, daß sie keine Körper haben. Heute ist alles darauf ausgerichtet, sie systematisch von ihrem Körper zu überzeugen". Was der französische Schriftsteller Jean Baudrillard einst bemerkte, gilt für die Beine ganz besonders.

Die Mode hat die Beine wiederentdeckt, hat sie unter den langen Hosen und den nicht immer allzuviel kürzeren Rücken der vergangenen Jahre hervorgeholt. Die zweite Miniwelle in den späten 80er Jahren schenkte den Frauen unendliche Beinfreiheiten. Dafür waren - und sind auch noch heute - Evas Töchter bereit, einiges auszugeben.

Während die deutschen Frauen im Jahr 1958 etwa acht Paar Strümpfe verbrauchten, legen sie sich heute 20 Paar jährlich zu. Das ist etwa genauso viel wie der Jahresbedarf der Amerikanerin und deutlich weniger als der der Italienerin, die auf 26 Paar kommt. Den niedrigsten Verbrauch hat die Französin mit 17 Paar per anno. Auch die Engländerin ist sehr angetan von schönen Beinkleidern, nicht zuletzt deshalb, weil ihre königliche Vorzeigefrau mit gutem Beispiel vorangeht: In den ersten neun Jahren ihrer Ehe mit Prinz Charles hat Lady Diana 11.475 Dollar für Strümpfe ausgegeben. Das macht pro Monat 180,62 Mark.

Samtbommel und Brilli-Naht
Weiblicher Phantasie und deren Realisierung werden seit Jahren zunehmend weniger Grenzen gesetzt. Die Technik steht auf ihrer Seite. Sie läßt zu seidiger Wirklichkeit werden, was immer das Frauenherz an reizvoll-verwegener Masche begehrt.

Mal setzen die Designer auf Farbe, mal hat die Qualität, mal das Detail oberste Priorität. Seit der Erfindung der Nylons sind schon mannigfaltige Musterungsmöglichkeiten entstanden: Allover und Filetmuster, Netzwerk, Ausbrenner und Matt-/Glanzeffekte. Es gibt Straps-Imitationen und Radlerhosen-Optiken, rückwärtige Schnüreffekte oder echte Perlen auf der Naht. Es bammeln Bommeln von den Fesseln oder Trotteln vom Rist. Es werden Lingerieeffekte verwirkt oder echte Seidengarne mitverarbeitet. Auch Doubleface-Strümpfe und Lurexgewirke fallen in die hohe Kunst des Strümpfemachens.

Die Muster sprechen für sich: Beispiele von elbeo, Collection M, Hudson, elbeo und Collection M (von oben nach unten).

Foto: Doré Doré

Streifen auf Netzfond (Yves Saint-Laurent).

Foto: YSL

Foto: Le Bourget

Le Bourget bringt Kunstwerke auf die Beine.

Foto: Wolford

Aufregende Seitenansichten präsentiert Wolford mit transparentem Glitterstreifen.

MODE

Muster wie aus 1001 Nacht: Hudson bringt sie auf die Leggings.

Animalische Sanftheit mit Netz präsentiert elbeo.

Leggings, die bis zu 300 Mark kosten. Collection M hatte sie im Programm.

Foto: Hudson

Foto: elbeo

Foto: Collection M

Je anspruchsvoller die Dessins, desto höher klettern die Preise. Preziosen kosten auf einmal zwischen 80 und 200 Mark.

Strümpfe, ehemals ein lower-interest-Artikel, sind zum festen und aufregenden Bestandteil der Bekleidung geworden. Frau hat ein etwas preiswerteres Teilchen für den Alltag und hüllt sich am Abend in sündhaft teures Gewirk. Es gibt plötzlich wieder Anlaßstrümpfe.

Die Lust auf Leggings

Im Winter '91/92 erobert ein Artikel die Top-Charts, der ehemals "fußlose Strumpfhose" hieß und dann als "Leggings" Karriere machte. Leggings gab es bedruckt und uni, hochfarbig, in Jacquardmustern, mit Pailetten, Bordüren oder Stickereien besetzt. Die Materialien waren Samt, Gestricke oder Trikotstoffe. Leggings kosteten 20 oder 300 Mark. Sie verschafften den Strumpfabteilungen Umsatzsprünge bis 50 Prozent Plus, wurden aber auch von den Bekleidungsfirmen euphorisch aufgegriffen. Diese hatten einen Heimvorteil, da sie zu den Leggings die passenden Oberteile dazuliefern konnten und dieser Teil des Sortiments in den Bekleidungs-Abteilungen (samt Umkleidekabine) zu finden war.

Das mit den fehlenden Oberteilen haben die Strumpfleute nicht lange auf sich sitzen lassen. Bodys, Catsuits, Bustiers und Stretchminis, vielfach der Aktiv-Sportmode entlehnt, wurden den Strumpfkollektionen angegliedert. Bis zu dem Zeitpunkt, als die Importe ins Uferlose stiegen, als Leggings massenweise auf Wühltischen zu finden waren und als sich jede dralle Konfektionsgröße mit den praktischen Beinkleidern dekorierte; da reduzierte sich das Leggingsdasein wieder auf das normale Maß. Es gab erst einmal heftige Abschriften und in den Strumpfabteilungen kehrte wieder der Alltag ein.

MODE

Das Liebesspiel der Osterhasen

Mit der Möglichkeit, per Computer Muster herzustellen, eröffneten sich für Mann, Kind und Frau völlig neue Beinfreiheiten. Die Männer haben von dieser technischen Innovation das dekorativste Stück abbekommen. Sie, deren Fesseln ehemals nur dezente Fischgräten-, Melangen- oder Doppelzylinder-Muster zierten, gehen jetzt mit Polka-Dots, Pfingstrosen oder eingestrickten James-Dean-Köpfen, die farbenfroh unter dem Hosenumschlag herausschauen, auf die Straße.

Von jeglichen Zwängen befreit, kam alles auf die Socke, was der liebe Gott erlaubt oder verboten hat. Jene Beinkleider nannten sich dann Fun- oder Fashion Socks und trugen Markennamen wie "Up to date", "Wilde Style" oder "No Comment".

Mit der Entwicklung der computergesteuerten Maschinen und deren Einsatz in der Industrie begann eine neue Socken-Ära, die dem Handel interessante Umsätze lieferte. Socken waren auf einmal "in" und wurden unter Youngsters ein begehrter Geschenkartikel. Unter den Top-Ten der Zeitgeist-Zeitschrift "Tempo" standen die peppigen Beinkleider auf Platz 8 der Artikel, die am liebsten geklaut werden. Gleich hinter Computern, Designer-Anzügen und Spirituosen.

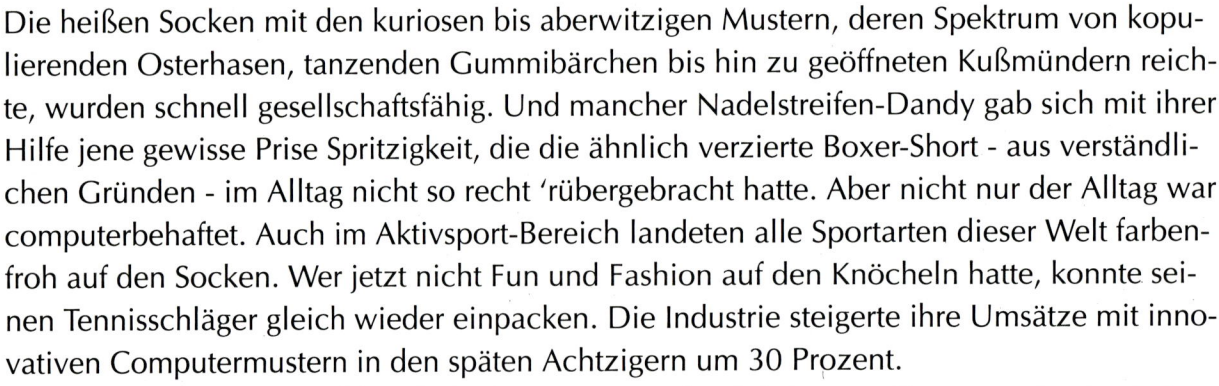

Computersocken mit Antirutsch-Effekt, Ewers.

Foto: Ewers

Die heißen Socken mit den kuriosen bis aberwitzigen Mustern, deren Spektrum von kopulierenden Osterhasen, tanzenden Gummibärchen bis hin zu geöffneten Kußmündern reichte, wurden schnell gesellschaftsfähig. Und mancher Nadelstreifen-Dandy gab sich mit ihrer Hilfe jene gewisse Prise Spritzigkeit, die die ähnlich verzierte Boxer-Short - aus verständlichen Gründen - im Alltag nicht so recht 'rübergebracht hatte. Aber nicht nur der Alltag war computerbehaftet. Auch im Aktivsport-Bereich landeten alle Sportarten dieser Welt farbenfroh auf den Socken. Wer jetzt nicht Fun und Fashion auf den Knöcheln hatte, konnte seinen Tennisschläger gleich wieder einpacken. Die Industrie steigerte ihre Umsätze mit innovativen Computermustern in den späten Achtzigern um 30 Prozent.
Aber es ging nicht nur wild und "fun"-artig zu. Auch edel-dezente Krawattendessins haben sich nach der anfänglichen Musterungsorgie in den Sortimenten fest etabliert. Mit der Beimischung von Elasthanen, dank derer die Socke nicht mehr rutscht, erlangten die Beinkleider schließlich die endgültige Reife.

Als die Computer kamen
Es ist erst zehn Jahre her, da wurden Strumpfmaschinen noch mit der Kette mechanisch gesteuert, um Muster mit Stiften zu setzen. Viele Stunden mühseliger Arbeit waren notwen-

Er gehört zu den kreativen Italienern, seine Spezialität sind schrille Strümpfe: Emilio Cavallini

Foto: Cavallini

Muster wie gemalt von Martin Pedersen

Der französische Strumpfhersteller Achile macht mit originellen Mustern Furore.

Foto: Gaby Krier

dig, um zum Beispiel Größenveränderungen vorzunehmen. Der erste Schritt in die Zukunft der Computersocke war das automatische Eingeben der Größe. Ab sofort gab es - zumindest hier - keine Verlustzeiten mehr. 1983 wurde auf der textiltechnischen Messe ITMA der Prototyp einer Strickmaschine vorgestellt, deren Computer eine elektronische Auswahl des gewünschten Dessins vornimmt. Die Zeit der limitierten Muster, die nur über Trommel und Stifte gelöst werden konnten, war vorbei. Mit dieser Neuerung wurde auch erstmals eine große Farbauswahl möglich.

Im Jahr 1987 hatten die Maschinen dann auch kein Getriebe mehr. Der Computer steuert alles - auch die Geschwindigkeit. Der neue Maschinentyp reduziert sich jetzt auf den Strickkopf der alten mechanischen Strickmaschine. Um diese Maschine zu programmieren, sitzt der Arbeiter am grafischen Computer. Hier wird das System übernommen, das Dessin entwickelt, programmiert und gleichzeitig der Strumpf in Länge und Größe eingeteilt.

Foto: ICI

INDUSTRIE-PROFILE

Kunert, Immenstadt:
Bilanz-Cocktail nach Öko-Art

Am 2. Mai 1991 stellte die Kunert AG, Europas größter Strumpfhersteller, die Ergebnisse der ersten firmeninternen Öko-Bilanz vor: ein bemerkenswerter Schritt für die Strumpfbranche, sowohl in puncto Ökologie als auch in puncto Marketing. Neben Kunert hatte zu diesem Zeitpunkt als einziges europäisches Unternehmen die Schweizer Fluggesellschaft Swiss Air eine Öko-Bilanz zu bieten.

Wenn man die Vita des Immenstädter Unternehmens Revue passieren läßt, so markieren fünf Meilensteine dessen erfolgreichen Werdegang.
Angefangen hatte alles in den 20er Jahren, als Kunert als erster Strumpfhersteller die verführerisch glänzende Kupfer-Kunstseide der Firma Bemberg verwendete. 1966 sorgte "Chinchillan" für den zweiten Popularitätsschub und Anfang der 70er Jahre wurde die Produktion im Ausland in Gang gesetzt. Zwischendurch kam noch die Schachtelpackung des Tochterunternehmens Hudson und last but not least dann die Öko-Bilanz.

Als vor 20 Jahren die getrennte Müllsammlung bei Kunert eingeführt wurde, hatte das keine ökologischen Gründe, sondern finanzielle: Die Abfälle wurden weiterverkauft. Ernsthafte Gedanken über Energieverbrauch und Rohstoffressourcen machte sich der Strumpfhersteller erstmals während der Ölkrise. Konkrete Maßnahmen folgten in den 80er Jahren. Da wurde ein Umweltschutzbeauftragter eingestellt. Erste Aktion: die Installation von Wärmerückgewinnungsanlagen.

Ein Auszug aus der Verpackungsstatistik der Öko-Bilanz von Kunert. Durch diese Form der Erhebung wurden systematisch ökologisch bedenkliche Artikel eliminiert. So konnten 176 Tonnen Verpackungsmaterial durch die Umstellung auf dünneres Papier eingespart werden. PVC wurde durch Polypropylen und Polyäthylen ersetzt. Der Anteil an Recycling-Papier konnte auf 90 Prozent erhöht werden. Kunert hat sich nach dieser Analyse zum Ziel gesetzt, die Verpackungsvielfalt um 20 Prozent zu reduzieren und Mehrfachpacks einzuführen.

VERPACKUNGS-VERBRAUCH

Art	Gewicht in t	Stückzahl in Mill.	Sortenvielfalt
	1086,6	113,3	1212
Wickelkarten	893,9	–,–	35
Inserts	–,–	101,6	22
Faltschachteln	456,4	38,8	33
und Zuschnitte			63
Kassetten	185,8	3,8	7
Beinmiederboxen	4,5	0,09	13
Polybeutel (PP)*	58,2	16,5	70
Folien-Rollen	319,5	153,4	90
Banderolen	5,1	8,5	170
Plastikhaken (PP)*	17,0	18,9	19
Etiketten	113,5	247,0	1184

*Polypropylen

Statistik: Kunert

Sie sparten der Firma jährlich 1,7 Millionen Liter Heizöl. Nach der Umstellung von Schweröl auf Leichtöl konnte der Schwefeldioxid-Ausstoß um 75 Prozent reduziert werden. Der Fuhrpark wurde mit asbestfreien Bremsbelägen und Katalysatoren ausgerüstet. Rainer Michel, Vorstandsvorsitzender von Kunert, tat das nicht nur aus betriebswirtschaftlichen Gründen: "Wir leben in einer Gegend, wo andere Urlaub machen; da bekommt man ein ganz anderes Umweltbewußtsein".

Der Kunert Öko-Bericht wurde nicht nur von der Presse begeistert aufgenommen. Unter den Unternehmen, die der

INDUSTRIEPROFILE

Kunert plant den neuen Lifestyle-Auftritt. Die Marke bekommt ein Facelifting. Hier ein Foto aus der neuen Serie Sommer `93.

Präsident des Bundesverbandes der deutschen Industrie auszeichnet, bekamen die Immenstädter als einzige Vertreter der Textilbranche den Preis des zweiten Umweltwettbewerbs. Hinter dem Öko-Bericht steckt eine umfassende Öko-Betriebsbilanz, die die gesamten ökologisch relevanten Prozesse, Stoffe und Bestände des Unternehmens nach einem Input-Output-Schema darstellt. Alle am Fabriktor ein- und ausgehenden Stoffe werden erfaßt, vom Zettelkasten bis zum Haftgummi. Ziel dieses Controllings ist es, nach dem ökologischen "TÜV" auch ökologische Schwachstellen festzustellen und Gegenmaßnahmen einzuleiten.

So können zwar die LKW-Transporte aus Zeitgründen noch nicht auf die Schiene verlegt werden, dafür wurden z.B. alle Farben mit Verdacht auf Karzinogenität eliminiert. Das gilt ebenso für chromhaltige Farbstoffe, wie zum Beispiel Schwarz, die die Abwässer belasten. Allerdings ist das Öko-Schwarz nicht so brillant. "Aber solange es ökonomisch vertretbar ist, nehmen wir dieses Schwarz", so Michel. Ausnahme sind allerdings die Microfasern. Hier muß mit den herkömmlichen Farbstoffen gearbeitet werden.

Zur Erstellung der Öko-Bilanz wurde eine 15-köpfige "Arbeitsgruppe Ökologie" aus Nachwuchskräften der unterschiedlichsten Unternehmensbereiche gegründet, die sich ein Jahr lang in die Zuordnung und Erfassung der rund 80.000 Artikel einarbeitete. Das zukünftige zentrale Thema heißt: Wasser. Michel stellt sich einen Kreislauf vor, bei dem das Wasser nach jedem Verarbeitungsprozeß wieder gereinigt werden und daher immer mit dem gleichen Wasser gearbeitet werden kann. Die herausgezogenen Schlacken werden verbrannt. Visionen hat der rührige Immenstädter genug. "Wir stehen, was die Entwicklung der Öko-Ideen betrifft, erst mittendrin". Den Anspruch auf Vollständigkeit erhebt Michel allerdings nicht. "Ein Öko-Engel wird ein Industriebetrieb nie sein".

Rainer Michel, der in der Firma Kunert vom Maschinenschlosserlehrling zum Vorstandsvorsitzenden aufstieg. Mit der Öko-Bilanz hat der gebürtige Allgäuer visionäre Zeichen gesetzt.

Die Kunert AG in Immenstadt machte mit ihren Marken Kunert, Hudson, Yves Saint Laurent, Burlington und Silkona (für den Nichtfachhandel) im Jahre 1991 etwa 679 Millionen Mark Umsatz. In Italien arbeitet man zudem noch mit der Marke Arwa. Das Unternehmen unterhält Produktionsbetriebe in Tunesien, Marokko, Portugal, Ungarn und Griechenland, wo 6.100 Mitarbeiter beschäftigt sind.

INDUSTRIEPROFILE

Nur die GmbH, Rheine:
Nylons zwischen Nudeln und Nutella

Mit einer Pipeline von 22.000 Distributionsstellen und 300 Leuten im Außendienst ist die Nur die GmbH in Rheine mit ihren Marken "Nur die", "Opal" und "Bellinda" eine der größten deutschen Außendienstorganisationen im Lebensmittelhandel.

Wo andere hinwollen, sind sie schon da. Mit einer flächendeckenden Distributionspolitik ist "Nur die" der Platzhirsch in den Lebensmittelregalen von Rewe, Tengelmann, Metro oder Spar. Das ist eine stramme Leistung, zumal inzwischen 47 Prozent des Gesamtvolumens aller Strumpfprodukte im Lebensmittelhandel landen. Was sich hier allerdings auf ein bis zehn Metern Präsentationsfläche und bei Quadratmeter-Umsätzen bis zu 8.800 Mark abspielt, ist ein knallhartes Geschäft.

Einer, der sich hier seine Meriten verdient hat, ist Claus Vatter, Chef der Vatter-Holding in Schongau. Vatter übernahm 1987 die Schulte Dieckhoff GmbH in Rheine mit den Marken "Nur die" und "Opal" und ergänzte sie mit seiner Marke "Bellinda". Alle drei Marken machen zusammen etwa 400 Millionen Mark Umsatz im Nichtfachhandel und werden jeweils über separate Außendienste vertrieben.

Foto: Sauerbier

Claus Vatter: "Weltweit sinkende Strumpfumsätze prägen derzeit das Bild der Branche. Das liegt mitunter daran, daß es im Vergleich zu früher wesentlich bessere und haltbarere Qualitäten gibt. Das bedeutet, noch stärker am P.O.S. aufzutreten".

Das No-nonsens-Konzept

Das Geheimnis des schnellen Lagerumschlags in den Großmärkten heißt "Rack-Jobbing mit Full-Service". Festangestellte Außendienstler und freie Mitarbeiter sind täglich mit Tausenden von Strümpfen unterwegs, um in einem Rhythmus von einer bis vier Wochen die einzelnen Verkaufsaggregate zu versorgen.

Kleinere Handelseinheiten werden vom Lager der Mitarbeiter direkt versorgt, bei den Großen im Handel und denen mit der breiteren modischen Präsenz - das sind etwa 1.000 Adressen - wird mit mobiler Datenerfassung (MDE) gearbeitet. Hier speichert der Außendienstmann mit einem Minicomputer die Aufträge und gibt sie an den Zentralrechner durch. Die Ware wird sofort komissioniert und versandt. Fehlen wichtige Strümpfe und sind sie nicht mehr ab Lager verfügbar, können sie innerhalb von drei Wochen produziert und wieder ins Regal geschoben werden.

"Das Service-System ist unsere Stärke", sagt Vatter: ein durchdachtes, komplexes, aber auch sehr kostenaufwendiges Unterfangen. "Wir sind nämlich keine Anbieter von Strümpfen, sondern wir bieten ein System".

INDUSTRIEPROFILE

Das bedeutet, die modische Verantwortung für das Regal zu übernehmen; es bedeutet aber auch, Verantwortung für das zu tragen, was hängenbleibt. Mode ist hier genauso verderblich wie Butter und Obst. Das erfordert kürzeste Reaktionszeiten und kurzfristige Entscheidungen.

Innerhalb des Strumpfsystems sind je nach Größe des Geschäfts bis zu 200 Artikel in Strick und Fein untergebracht. Das reicht von hochmodischen Drucken über ausgefeilte Computermuster bis hin zu Satin Sheers. Die Durchschnittspreise der Feinstrumpfhosen liegen bei 3,25 Mark. Erfolgreichster Einzelartikel ist mit 24 Millionen Stück pro Jahr die "Supersitz" von Nur die. Die Umsätze hängen aber weitestgehend von der Menge der Verkaufsstellen ab, wobei die durchschnittliche Lagerdrehung pro Jahr bei sechs liegt, sich je nach Produkt aber bis zu 23 steigen kann.

Was die Plazierung der Strümpfe betrifft, so findet sie generell zwischen den Lebensmitteln statt. Hier fühlt man sich wohler als bei den Textilien. Verständlich, denn die Frequenz bei Food ist wesentlich höher; allerdings gibt es auch weniger Platz. Optimal sind die Nylons nicht wie früher gegenüber der Fleischabteilung, sondern eher in Kosmetiknähe plaziert.

> Strumpfwaren sind mit einem Absatzvolumen von 2,2 Milliarden Mark eine feste Größe im Textilmarkt. 47 Prozent des Gesamtvolumens setzt der Lebensmittelhandel um, im Feinbereich liegt der Anteil bei 54 Prozent. Der Markt ist aber nicht nur vom Volumen her interessant; wichtiger sind die Ertragschancen. Die Umsatzrendite des Handels liegt je nach Geschäftstyp zwischen 21,4 und 23,4 Prozent. Wenn man von Zeitschriften absieht, so werden solche Umschläge von Non-Food-Leuten selten erreicht.

Foto: Nur die

Nicht nur mit Feinstrümpfen hat sich "Nur die" einen Namen gemacht. Auch Stricksocken gehören in das umfangreiche Sortiment.

INDUSTRIEPROFILE

Ergee, Sonthofen:
Take a walk on the wild sock

Es gibt limitierte Auflagen für Kunstdrucke und Füllhalter. Auch bei Porzellantellern und Armbanduhren gehen oft nur begrenzte Mengen in den Verkauf. Daß man auch Socken in eingeschränkter Menge erfolgreich verkaufen kann, beweist Ergee mit seiner Serie "Limited Edition".

Am Anfang war das Küken. Jenes kuschelweiche Schmusetier, das allen Strumpffreunden unter "Ergolan" ein Begriff ist und hinter dem sich supersofte Acrylfasern verbergen. Knapp zwanzig Jahre danach geht Ergee mit einer anderen Verkaufstaktik in die Offensive: limitierte Socken. Natürlich sind es nicht irgendwelche Socken, sondern solche, die französische Comiczeichner entworfen haben. Und das lange vor Eurodisney. Ted Benoit, Serge Clerc, Floc'h, Walter Minus, Yves Chaland und Pierre Clement heißen die vier, die für die reduzierte Auflage von 100.000 Stück zeichnen und auch die passenden Postkarten dazu liefern.

Das Thema wird von Saison zu Saison immer wieder neu und äußerst intelligent ausgeklügelt. Mal geht es um die wichtigsten Entdeckungen der Menschheit, mal um den ersten Mann auf dem Mond. Dazu gibt es witzige Stories in unterhaltsamen Prospekten, die ein bißchen mehr als die computergestrickten Muster verraten, und für die Freaks - Schallplatten. Neben den limitierten Strümpfen gibt es noch die Socken der Marke "Wild Style". Auch hier wird haarscharf am Zeitgeist gestrickt. Da tanzt Beethoven zum Hip Hop, oder Wittgenstein fliegt philosophierend durch den Weltraum. Bei der Gestaltung dieser Serie arbeitet die englische Firma Vivid mit, die normalerweise Plattencovers und Videos produziert.

Postkarte von Ted Benoit für Ergee.

Die drei Brüder aus dem Hause Ergee: Axel, Andreas und Dominique Rössler.

Fotos: Ergee

INDUSTRIEPROFILE

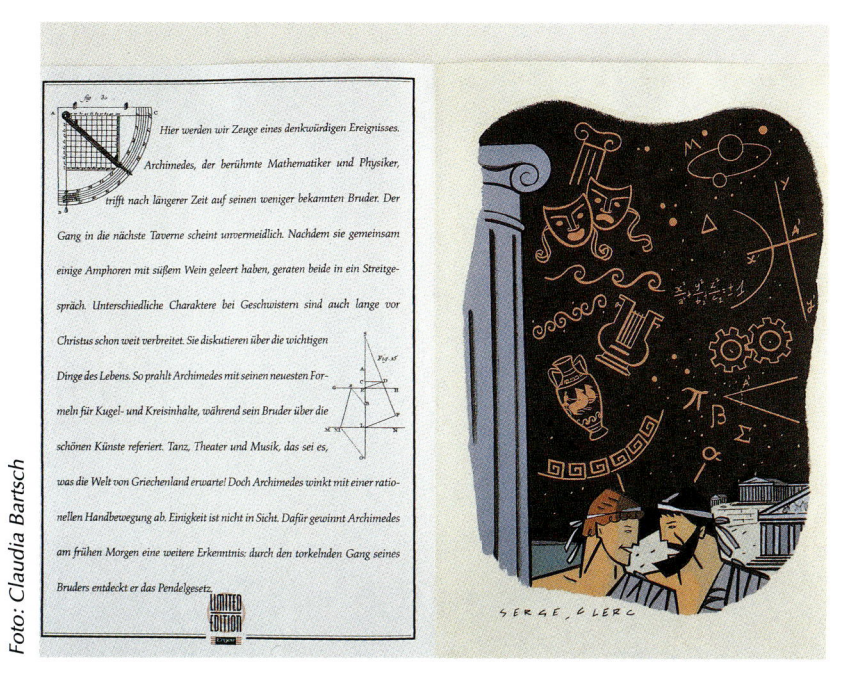

Foto: Ergee

Foto: Claudia Bartsch

Last but not least hat Ergee mit "R.G.'s American Classics - The foot's best friend" der drögen alten Grobstricksocke eine Wiedergeburt beschert. Dazu gehört selbstverständlich auch das Comic-Etikett auf Recyclingpapier, das allen Unisex-Socken eigen ist.

Ergee ist ein traditionelles Familienunternehmen, dessen Wurzeln, wie die der meisten alteingesessenen Strumpfstricker, bis nach Sachsen reichen. Mit der Entwicklung des ersten halterlosen Strumpfes in den Jahren 1952/53 und den flankierenden Werbekampagnen kam auch die Publicity. Mit der Faser "Ergolan", die 1964 zum Einsatz kam, folgte der große Durchbruch für das Sonthofener Unternehmen. Mit diesem Artikel hat man fast 15 Jahre lang etwa zwei Drittel des Strickumsatzes gemacht. Als die Naturfasern immer stärker wurden, mußte man sich daher besonders intensiv um eine Marktanpassung kümmern. Der nächste Renner für Strick hieß "Soft & Dry", eine Naturfasermischung.

Inzwischen ist die Kollektion auf viele Zielgruppen zugeschnitten, und es wurde 1991 ein griffiges Verkaufsförderungs- und Marketing-Konzept auf die Beine gestellt: Kinospots, Plakatwände und eine breit angelegte Printwerbung mischten den alten Auftritt auf. Mit "Basics" und "Only You" für den Feinstrumpfbereich sollen auch Karrierefrauen und Teenies aktiviert werden.
Neben der Strick- und Feinkollektion für den Fachhandel wird "Top Star", die Nichtfachhandelskollektion, geführt. Das Unternehmen macht mit 4.000 Mitarbeitern und ausländischen Produktionsorten in Österreich, der Schweiz, Sri Lanka und Malaysia 340 Millionen Mark Umsatz. Etwa 60 Prozent des Umsatzes werden mit Strickstrümpfen und Kinderartikeln gemacht.

Archimedes brauchte noch keine Socken, er lieferte aber dem Comiczeichner Serge Clerc die Anregungen für seinen Entwurf. Mit diesen unterhaltsamen Broschüren begleitet Ergee die Socken-Serie "Limited Edition".

Foto: Ergee

1991 gingen die "Basics" an den Start. Eine Microfaserqualität, die mit ICI entwickelt wurde.

INDUSTRIEPROFILE

Falke, Schmallenberg: Kennen Sie Striggings?

Mit einer breiten Lizenzpalette und vielen differenzierten Produktideen zeigen die Schmallenberger, daß sich neben der Marke Falke auch noch andere Namen verkaufen lassen. Mit Designernamen haben sich schon viele die Finger verbrannt. Falke am wenigsten. "Wir sind der zweitälteste Lizenznehmer", sagt Franz-Otto Falke, "und verstehen unser Handwerk".

Neben "Christian Dior" - einer der ersten Lizenzmarken für Fein- und Strickstrümpfe, die bereits seit 1953 in Falke-Händen ist - gibt es seit 1985 die typischen Ausstatter-Socken von Boss, seit 1989 die bunten Family-Socken von Esprit und seit 1991 die avantgardistischen Socken mit den ausgefallenen Farben von Kenzo.

Franz-Otto Falke: "Wir sind der zweitälteste Lizenznehmer und verstehen unser Handwerk".

"Das Lizenzgeschäft ist nicht ganz einfach", räumt Franz-Otto Falke ein. Man muß es langsam aufbauen, und die Preise lassen sich nicht so beliebig hochsetzen wie man es normalerweise bei Designerkleidung tun kann. Auch spricht der Lizenzgeber gerne mit, und das muß nicht von großem Absatznutzen für den deutschen Markt sein. Hinzu kommt das komplizierte Vertriebssystem, weil manche Marken sowohl vom Falke-Außendienst als auch vom Außendienst der Lizenzgeber oder - wie bei Esprit - von den Shops direkt verkauft werden.

Die Falke-Gruppe mit 400 Millionen Mark Umsatz im Jahr 1991 und einem Marktanteil von knapp 7 Prozent macht 65 Prozent dieser Umsätze mit Strümpfen. Auf gestrickte Oberbekleidung entfallen 13 und auf den Garnsektor 22 Prozent. Im Strumpfsortiment verkauft Falke rund 80 Prozent der Fertigung unter seinem eigenen Namen. Die Lizenzen liegen bei 20 Prozent, wobei die Dior-Lizenz europaweit ausgebaut werden soll. Bei der Strickbekleidung dominieren die Lizenzmarken Boss und Kenzo mit 70prozentigem Anteil.

Das Strumpf-Sortiment besteht aus vielen Artikelpersönlichkeiten, die sich anfangs für Strick, später dann auch für den Feinbereich durchgesetzt haben. So zum Beispiel die Modelltypen "Bristol", "Naturrein", "Ass", Run", die "Po-Strumpfhose", "Seidenglatt" oder "Micromagic". Diese konsequente Marketingpolitik brachte den Falken 1976 den Marketingpreis ein.

"Striggings" tauften sie später alles Grobegestrickte rund ums Bein. Im Herbst 1992 wurde dieser Begriff zum Synonym für den ganzheitlichen Strick-Look: Maschen von Kopf bis Fuß.

INDUSTRIEPROFILE

71

Foto: Falke

"Striggings" nannte Falke modische Maschen, die im Winter 1992 einen ganzheitlichen Strick-Look von Kopf bis Fuß auslösten. Der Begriff ist von Leggings abgeleitet, die im Jahr zuvor für sensationelle Umsätze sorgten.

INDUSTRIEPROFILE

Großer Auftritt der Mannequins: Die Wolford-Show in New York. Gezeigt werden hier "Kunst-Strümpfe", bei denen die Malerin Theres ihren schnellen Strich hinterlassen hat. Alle Artikel sind handbemalt.

Wolford, Bregenz:
Maschen der Meisterklasse

Wolford hat sich mit kompromißlosem Qualitätsanspruch, visionärem Mode-Feeling und internationaler Ausrichtung in der Beletage der Strumpfhersteller positioniert. Für die Bregenzer bleiben, über alle Nationalitätskonflikte hinweg, schöne Beine im Zeitgeist der 90er Jahre.

"Wolford will natürlich sein ohne Kargheit, schön sein wie die Venus von Tizian und modern wie die Wiener Werkstätten, stets offen gegenüber allen Veränderungen bleiben, solange sie nicht 'aktiv-sportlich und asketisch' bedeuten". – Nein, asketisch sind sie nicht, die seidenweichen Beinkleider, die mit dem verführerischen Lüster oder dem aufregenden Muster, das sich wie zufällig aus dem Schuh schlängelt. Bei Wolford ist man als Strumpfträgerin ganz Frau und meistens der Mode eine Nasenlänge voraus.

Das Selbstverständnis, mit dem sich das Unternehmen heute definiert, hat nicht immer bestanden. Fritz Humer, Vorstand der Wolford AG, mußte mit seinem Team viel Kärrnerarbeit dafür leisten.

Mit der Gründung der AG im Jahre 1988 und dem neuen Aufsichtsrat kam für ihn auch der Startschuß, strikter ins Markengeschäft einzusteigen. Das war vorher nicht der Fall, da das Kontraktgeschäft noch in den 70er Jahren mit 60prozentigem Anteil die Basis des Unternehmenskonzepts ausmachte. Inzwischen ist man, inklusive des Filialisten Palmers mit sei-

Tiffany-Glaskunst auf Strümpfen, Wolford 1991.

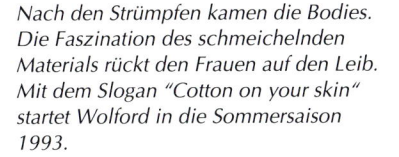

Nach den Strümpfen kamen die Bodies. Die Faszination des schmeichelnden Materials rückt den Frauen auf den Leib. Mit dem Slogan "Cotton on your skin" startet Wolford in die Sommersaison 1993.

Fotos: Wolford

nen 102 Wäsche- und Dessousgeschäften, bei 40 Prozent Handelsmarkenanteil angelangt. Marke bedeutet für Humer Marktbesitz, und diese Denke hat sich bewährt. Heute gehören die Bregenzer Strumpfmacher zu den Glücklichen, die ihre Umsätze allein in Deutschland und Frankreich im Jahr 1991 verdoppeln konnten, die in guten Fachgeschäften hoch gehandelt werden, und deren Strümpfe die Frauen zum Schwärmen bringt. - Auch wenn sie dafür etwas tiefer in die Tasche greifen müssen.

Die großen Designer wie Claude Montana, Christian Lacroix, Katherine Hamnet oder Helmut Lang statten ihre Schauen mit Strümpfen aus Bregenz aus, und für Thierry Mugler entwickelte Wolford eine eigene Kollektion. Insgesamt machte das Unternehmen im Jahre 1991 mit 1.250 Mitarbeitern etwa 170 Millionen Mark Umsatz.

Den Grund für den Erfolg des Unternehmens sieht Humer, ein frankophiler Wiener, in der Beweglichkeit, dem harmonischen Miteinander, dem Produkt-Know-how und der internationalen Ausrichtung. "In der Welt von Wolford wird an den Maschinen, in den Showrooms und an den Verhandlungstischen der Kunden die gleiche Sprache gesprochen". Wichtig ist für ihn der Auftritt am Point of Sale. "Hier sind kompromißlose Botschaften wichtiger als Medienkampagnen".

All dem vorgelagert ist die Qualität der Strümpfe. Neue Maschinen werden erst von hauseigenen Technikern auf die speziellen Anforderungen umgerüstet, ehe sie die hauchzarten Beinkleider produzieren. Es werden gemeinsam mit Lieferanten Farbmittel oder Weichmacher entwickelt und alle Produkte werden, ehe sie das Haus verlassen, von Hand geprüft. Vielleicht liegt darin, neben Provenienz und Garnmischung, das Geheimnis des Wolford Strumpf-Feelings.

Fritz Humer: "Bei Wolford wird an den Maschinen, in den Show-Rooms und an den Verhandlungstischen der Kunden die gleiche Sprache gesprochen".

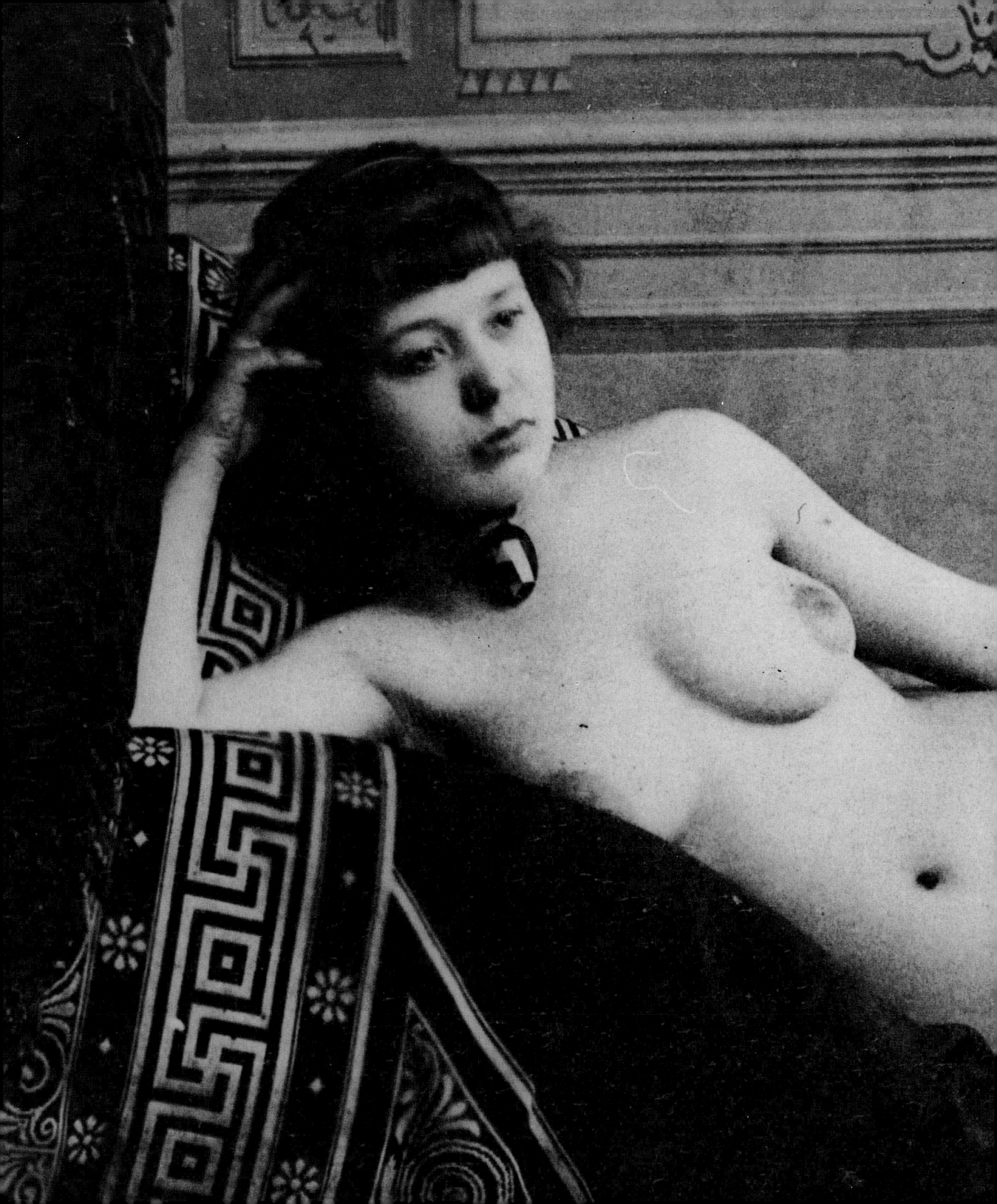

EROTIK

Fotoarchiv Ellen Maas

Nachtigall, ick hör Dir strapsen

Die "Waffen der Frau" stecken in knisterndem Seidenpapier. Sie umschließen die Schenkel mit Spitzenbordüren und sind verlockend transparent. Mal kokett, mal erbarmungslos. Seit der Vertreibung aus dem Paradies lassen sich Evas Töchter ein bißchen mehr als Äpfel einfallen. Die Klaviatur der erotischen Verführung beherrscht die Straps-Trägerin am besten. Ihr virtuoser Umgang mit diesen Winzigkeiten hat schon manchen Betrachter um den Verstand gebracht.

Eine Untersuchung des Instituts für Interdisziplinäre Sexualforschung in Hamburg brachte es auf den Punkt: 21 Prozent der Männer schauen zuerst auf die Beine, ehe ihr Blick mehr oder minder unauffällig zu Busen, Augen oder Po abwandert. An den Beinen einer Frau entzünden sich Männerphantasien. Beine verraten Rasse, Temperament und signalisieren erotische Bereitschaft.

Eduard Fuchs, Kunsthistoriker und wortgewaltiger Bein-Fetischist, machte schon zu Beginn des 20. Jahrhunderts keinen Hehl aus seiner Anbetung derselben wie auch der zugehörigen Strümpfe und Strumpfbänder. Bei seiner Beschreibung der weiblichen Dessous im allgemeinen und des Strumpfes im besonderen verfiel er in wortgewaltiges Schwärmen: "Auf diese Weise (d.h. durch das Tragen von Strümpfen) wird jede Frau zu einem einzigen erotischen Gedicht voll flammender Glut gewandelt. Und dieses Gedicht, ob es nun pompös oder diskret, stolz, bewußt oder schlicht dem Manne entgegenstrebt, verkündet stets das eine und obendrein nur dieses: In diesen Fluten unterzutauchen ist die höchste Wonne, die das Erdenglück dem Manne bescheren kann".

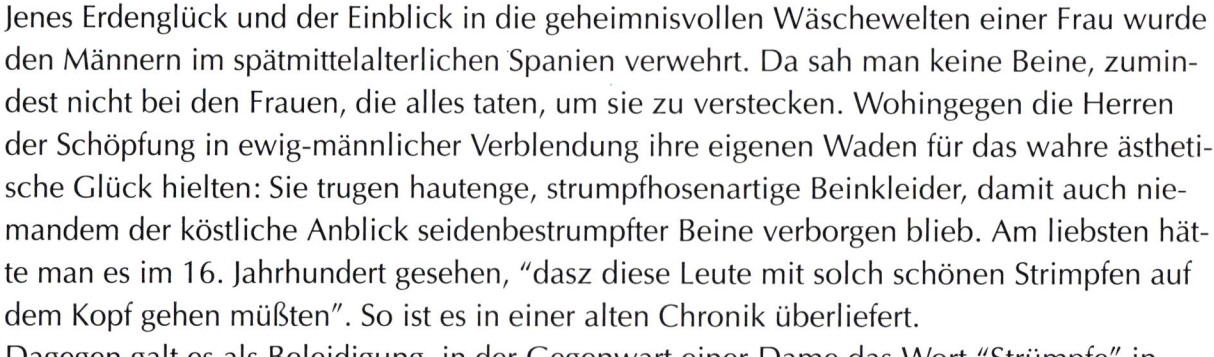

Jenes Erdenglück und der Einblick in die geheimnisvollen Wäschewelten einer Frau wurde den Männern im spätmittelalterlichen Spanien verwehrt. Da sah man keine Beine, zumindest nicht bei den Frauen, die alles taten, um sie zu verstecken. Wohingegen die Herren der Schöpfung in ewig-männlicher Verblendung ihre eigenen Waden für das wahre ästhetische Glück hielten: Sie trugen hauteng, strumpfhosenartige Beinkleider, damit auch niemandem der köstliche Anblick seidenbestrumpfter Beine verborgen blieb. Am liebsten hätte man es im 16. Jahrhundert gesehen, "dasz diese Leute mit solch schönen Strimpfen auf dem Kopf gehen müßten". So ist es in einer alten Chronik überliefert.
Dagegen galt es als Beleidigung, in der Gegenwart einer Dame das Wort "Strümpfe" in den Mund zu nehmen. Hier waren die Sitten strenger. Daß das Bein zu den bevorzugten erotischen Attraktionen des weiblichen Körpers gehört, war auch für unsere Vorfahren aus dem 17. Jahrhundert kein Geheimnis. Aus dieser Zeit stammt der Ausspruch: "Eine Königin

Foto: Das goldene Zeitalter des Bordells (Heyne)

Schleifchen um die Knie: Pariser Prostituierte um 1900 in werbender Positur

EROTIK

Foto: Gerbe

hat keine Beine". Der Zeremonienmeister des spanischen Königshauses wies damit voller Empörung den französischen Botschafter zurecht, der Isabella von Kastilien ein Paar Seidenstrümpfe als Präsent überreichen wollte.

Die großen Damen Spaniens hatten fast 200 Jahre lang keine Beine. Sie ließen Fußklappen herunter, die ihre Füße verbargen, sobald sie aus der Sänfte stiegen, und sie verriegelten ihre Schlafzimmer, wenn sie sich morgens die Strümpfe anzogen. Da war Königin Elisabeth I. von England schon fortschrittlicher. Sie gab ein Vermögen für gestrickte, schwarzseidene Strümpfe aus und genoß es, sich und ihre Verehrer damit zu verwöhnen.

Siedepunkt Oberschenkel: Spitzenbordüren auf dem Haftrand der Halterlosen knüpfen an die Tradition der Strumpfband-Erotik an.

EROTIK

Nicht selten verfangen sich die Männer in verführerischem Netzwerk.

Foto: Ergee

Netz bedeutet Männerfang

Warum sich Männer einst häufig zu Kniefällen hinreißen ließen - völlig zufällig, versteht sich - ist uns heute klar. Auf diese Weise konnten sie zumindest einen spärlichen Einblick unter das raschelnde Taftwerk der knöchellangen Röcke erhaschen. Sich dieser Neugier bewußt, sandten die Frauen der gehobenen Stände denn auch via Beinkleid diverse Signale aus: Anker oder Vergißmeinnicht, auf der Fessel eingestickt, galten als Symbol der Treue; das Spinnennetz signalisierte die Bereitschaft zum "Männerfang", und wollte eine Dame andeutungsweise zu verstehen geben, daß sie verliebt war, versuchte sie zu ermöglichen, daß der Angebetete einen Blick auf die schnäbelnden Tauben auf ihrem Strumpf erhaschte.

Auch unsere Urgroßmütter waren, wenngleich verbal beherzter, noch recht gschamig. "Eines Abends", schreibt Friedrich Salomo Karauss mit Blick auf die Schamhaftigkeit der Damen um das Jahr 1900, "fühlte sich die Frau etwas zeitiger als gewöhnlich strümpfig, und sie gestand ihrem Gatten, was sie wünsche". Womit wieder einmal der Strumpf als Aufforderung zum Tanz herhalten mußte.

Ein Strumpfband macht Karriere

Dann gab es noch das Strumpfband, jenes Teufelswerk oder Liebespfand, dessen geheimnisvoller Mythos sich durch die Jahrhunderte zog. Goethe würdigte dieses Requisit der Verführung mit sehnsuchtsvoller Poesie. "Der Liebsten Band und Schleife rauben, halb mag sie zürnen, halb erlauben, Euch ist es viel, ich will es glauben und gönn' Euch solchen Selbstbetrug: Ein Schleier, Halstuch, Strumpfband, Ringe sind wahrlich keine kleinen Dinge - allein mir sind sie nicht genug".

Strumpfbänder brachten immer schon die Männer aus der Fassung. Adlige Damen hielten es sorgsam versteckt. Die Mädchen aus dem Volk waren da großzügiger. Ihnen schaute mancher Künstler, so sieht man es in frühen Werken, gelegentlich unter den Rock.

"Honi soit qui mal y pense", rief im 14. Jahrhundert der englische König Edward III., als seiner Geliebten, der Gräfin von Salisbury, beim Tanz das Strumpfband aufging und sich, am Boden liegend, den Augen der ebenso skandalgierigen wie schadenfrohen Festgesellschaft darbot: Ein Schelm, wer Schlechtes dabei denkt. Der Vorfall bot den Anlaß für die Gründung des Strumpfband- bzw. Hosenbandordens 1348, der höchste britische Orden. Das zur Tracht der Ritter gehörende "Hosenband", ein schmales blaues Samtband mit der goldenen Inschrift "Honi soit qui mal y pense" wird seitdem von den Herren zur Kniehose unter dem linken Knie, von den Damen am linken Oberarm getragen.

Das Strumpfband sorgte immer wieder für spaltenfüllende Schriftwerke. Die englische Zeitschrift "Spectator" empfahl 1712 ihren tugendhaften Leserinnen, vor dem Schaukeln

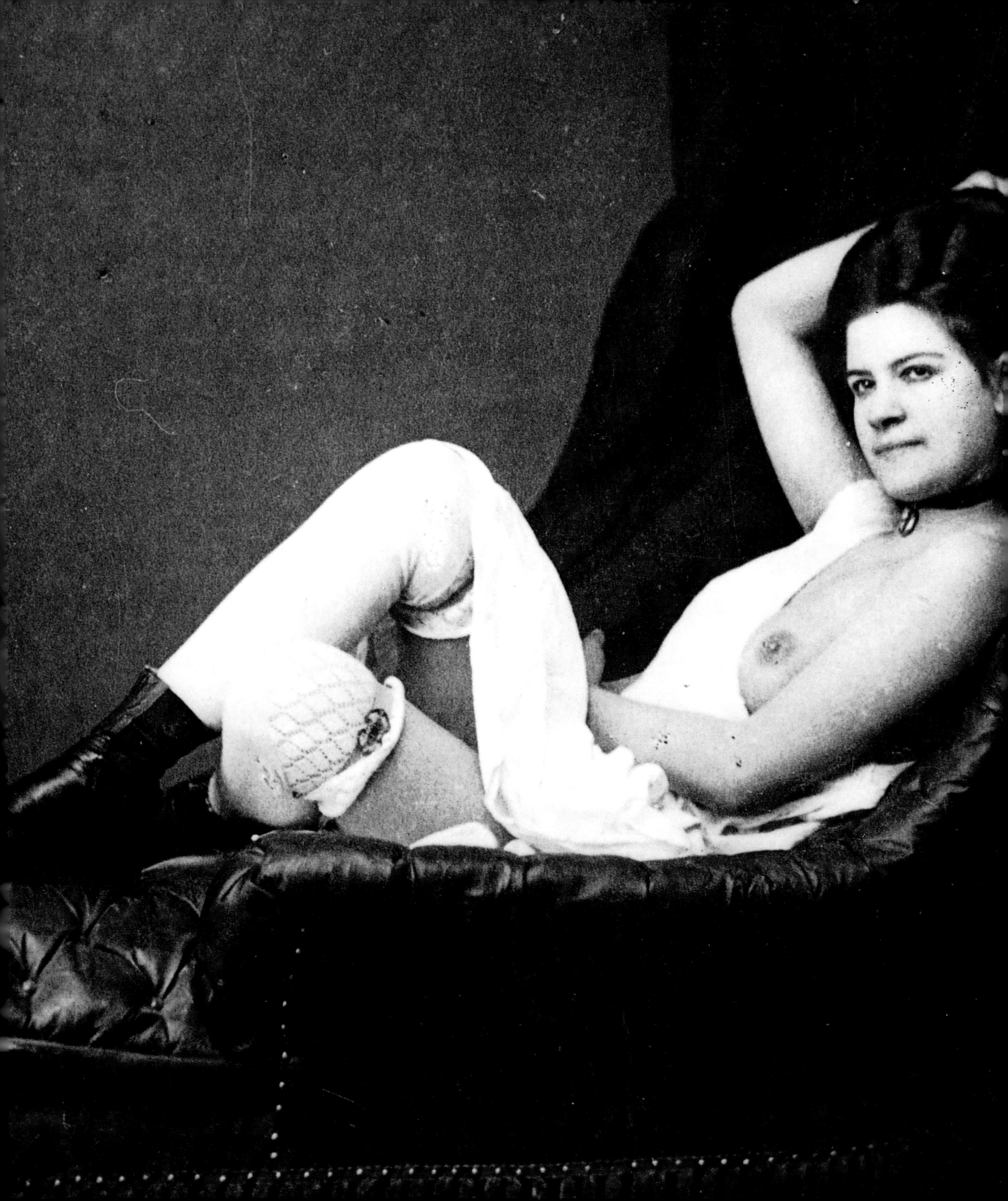

EROTIK

Foto: Platino, Barcelona

die Röcke mit dem Hutband des Begleiters zusammenzubinden, "so he cannot tell the colour of her garters": damit er nicht etwa einen Blick auf die Farbe ihrer Strumpfbänder erhaschen könnte.

Mit dem Cancan verblaßte der Reiz
Die Faszination jeglicher Dessous lag schon zu Pharaos Zeiten in der Tatsache, daß sie verborgen waren. Wie ein Keulenschlag traf es dann die vielen harmlosen Voyeure, als 1840 der Cancan in Mode kam und eine öffentlich-provozierende Zurschaustellung des Intimen vor johlenden Männerköpfen stattfand. Auf einmal betrog man die heimlichen Genießer um den Reiz des Verbotenen und Versteckten.
Später sorgten die Strapse für ein weiteres Kapitel der Dessousgeschichte. Jene Erotik-Beschleuniger, die heute von 83 Prozent aller deutschen Männer als das animierendste Accessoire bezeichnet werden. Noch verrückter auf Straps & Co. sind die Engländer, deren Anteil an Strapsfetischisten bei 87 Prozent liegt.
Nach dem ersten Weltkrieg gab es noch eine weitere erotische Facette: die "Strümpfe mit Taille". Das waren solche mit einer zierlichen Hochferse, die an der schmalsten Stelle des Fesselumfangs, also in Taillenhöhe der Fesselpartie, abschließt. Die Strumpftechniker schlüpften erstmals in die Rolle des beinmodellierenden Bildhauers.

Die Strumpfnaht: einst notwendiges Übel, bietet sie heute Zündstoff für erotische Phantasien (links).

Es muß nicht immer strapsig sein: wo hauchzartes Gespinst das Bein umschließt, haben auch Strumpfhosen ihren Reiz (unten).

Nastassja Kinski in "Marias Lovers", 1983.

Nahtstrümpfe, Netzstrümpfe und Strumpfhalter bilden seit jeher die glorreichen Drei, an denen sich Männerphantasien entzünden. Fleischfarbene Nylon-Kniestrümpfe, verstärkte Oberteile mit Beinansatz und Stützstrümpfe alter Prägung sind dagegen die berühmten "Abturner".

Strapsstrümpfe waren bis in die 60er Jahre eine Selbstverständlichkeit. Alle trugen sie. Die Mutter, die Tante und die Freundinnen. Einen Strumpf mit Strapsen festzuhalten war genauso alltäglich, wie sich die Haare zu toupieren. Es gab ja auch keine Alternativen. Als dann die praktische Strumpfhose auf den Markt kam, war es aus mit dem unpraktischen Ritual des Anstrapsens. Durch die Strumpfhose, verbunden mit dem Einzug der Miniröcke, durfte immer häufiger gezeigt werden, welche mehr oder minder begnadeten Beine in ihr steckten. Jetzt wurde aber auch eingepackt, gepanzert und gestrafft. Die Männer mußten sich nicht nur durch Strumpfhosen und Sloggis, sondern auch durch knallharte Hüft- und Büstenhalter, durch Hüftmieder oder Korseletts arbeiten. Das erotische Auskleiden endete nicht selten in einem schweißtreibenden Handgemenge.

Erst in den 80er Jahren haben sich die Frauen wieder der alten Reize besonnen. Da gab der Latin Lover Marcello Mastroiani die Parole aus: "Das wirkliche Sexempfinden wird erst durch die Handbreit rosa Haut kultiviert, die zwischen Strumpf und Slip sichtbar wird". Das hat die Frauen ermutigt. Der Straps, im modernen Gewand, ist wieder da.

Dienstmädchen-Spiele zu dritt. Straps und Strümpfe spielen mehr als eine Nebenrolle.

Foto: elbeo

Foto: Fogal

Rosa Fleischeslust im nixengrünen Beinkleid: Mit dem sinnenfrohen Gemälde von Sandro Chia hat Fogal 1987 seine Einkaufstüten bedruckt.

Mit der neuen Generation von Halterlosen schließen sich Erotik und Bewegungsfreiheit nicht mehr aus. Bis zur Erfindung des rutschfesten Gummirands hatten Frauen sich stets für das eine oder andere zu entscheiden. Legionen von Männern litten unter dem Anblick von Strumpfhosen.

Domina um die Jahrhundertwende: Die Strenge reizt mit Straps und strafft mit strenger Pose.

Hier reckten sich makellose Beine in die Höhe.

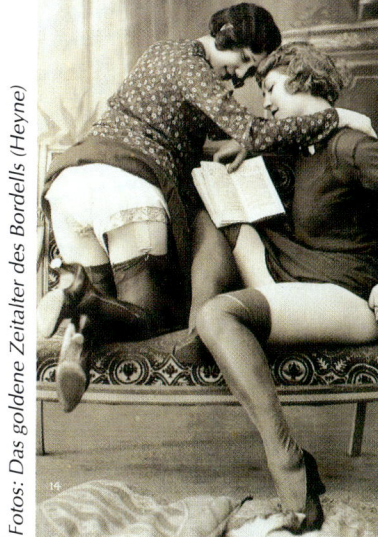

Foto: elbeo

Fotos: Das goldene Zeitalter des Bordells (Heyne)

Lesestunde im Freudenhaus: Strümpfe im Profi-Einsatz.

EROTIK

84

Sinnliches, fotografiert von Wolford.

Foto: Ergee

Spitzendessin am Oberschenkel: Strumpfhose von Ergee.

Sie gilt als Style-Leader der Erotik-Branche und hat einen Bekanntheitsgrad von 98 Prozent: Beate Uhse. Hier neckisches Strumpfwerk aus dem 100-Seiten-Katalog.

Foto: Beate Uhse

EROTIK

Foto: Platino

Ein Paar Schenkel in extravaganter Pose: Seit Mitte der 80er Jahre wendet die Werbefotografie sich zunehmend unverblümt an das erotische Auge des Betrachters.

Als Tutti Frutti kam

In den frühen Neunzigern sorgte dann die Fernsehsendung "Tutti Frutti" für regen Strumpfabsatz. Die deutsche Nation sah strippende Frauen in halterlosen Strümpfen über die Fernsehschirme flimmern. Über Nacht waren die "Halterlosen" der Verkaufsschlager im Handel. Der Haftrand am mehr oder minder transparenten Polyamidstrumpf trat das Erbe der koketten Jarretière an. Die Strumpfhersteller waren beglückt, die Nylons mit dem selbsthaltenden Gummiabschluß wurden seitdem dankbar aufgenommen und modisch immer raffinierter.

Was jedoch die höheren Weihen des verführerischen Auftritts betrifft, da hält sich die Kennerin an die alte Tradition des Anstrapsens - und das in Schwarz.

Aber auch die Farbe Weiß hat Anhänger: für sie wirkt die auf diese Weise signalisierte Unschuld wie ein Aufputschmittel. Schon 1820 wußte ein sozialphysiologisch orientiertes Werk mit dem griffigen Titel "Eros" von den Qualitäten des weißen Damenstrumpfs zu berichten: "Vermögens seiner Elastizität umschließt er die Wade und den Fuß so genau, daß die schöne, üppig schwellende Form dieser Teile in sanfter Rundung sich ausspricht, und auf das Auge und so weiter einen sehr angenehmen, ja sogar bisweilen bezaubernden Eindruck zu machen versteht. Dunkle und schlotternde Strümpfe bewirken gerade das Gegenteil".

Nicht weniger genüßlich geht es in der Wäschefibel "Drunter und drüber" zur Sache: "Die Frau mit Strapsen spürt das Gummi auf dem nackten Fleisch ihrer Schenkel und um ihre Taille. Sie denkt daran, wenn sie läuft und wenn sie sich hinsetzt. Manche Liebhaber von bestrumpften Frauenbeinen sind besonders für das leise Rascheln empfänglich, das zwei Beine verursachen, die beim Gehen gegeneinander reiben. Andere wiederum empfinden eine Frau, die sich mit einer Laufmasche auf die Straße traut, als erotische Provokation". Im obengenannten Buch heißt es dazu: "Dieser aufrechte und beunruhigende Riß entspricht in ihrer (d.h. der Männer) Vorstellung einer Einladung zur dringenden und theatralischen Vergewaltigung: "Nimm mich, aber sofort."

Foto: Wolford

ABC

DAS ABC DER STRÜMPFE

Von Argyle bis Zwickel

Foto: Arlington

Argyle-Socken für die ganze Familie von Arlington.

Argyle
Intarsiendessin nach Art des gleichnamigen schottischen Clans. Die farblich kontrastierenden Rhomben werden von Spezialmaschinen so gearbeitet, daß auf Vorder- und Rückseite die gleiche Farbe zu sehen ist. Die verschiedenen Farben werden an den Außenkanten des Rhombus mit der Nachbarfarbe verbunden, im Gegensatz zum normalen Jacquard-Muster, bei dem die Nachbarfarben meist auf der Rückseite in gebundener oder loser Form mitlaufen. Bekannt für ihre typischen Argyle-Muster wurde besonders die amerikanische Firma Burlington, aus der die deutsche Firma Arlington firmierte, heute eine hundertprozentige Tochter von Kunert, Immenstadt.

ABS-Socke
Rutschfeste Socken für Kinder und Erwachsene. Sie haben eine spezielle Beschichtung auf der Sohle und sind ideal ohne Schuhe zu tragen. Der Begriff ABS, abgeleitet von Anti-Blockier-System im Kraftfahrzeugbereich, stammt von der Sockenfirma Sterntaler. Inzwischen wurde diese Abkürzung zum Gattungsbegriff für Stoppersocken.

Foto: Crönert

Rutschfeste oder auch ABS-Socken sind ein tolles Winterthema für die Kinder.

Baumwolle
Ihre Eigenschaften machen sie zum wichtigsten Basismaterial für Strümpfe und Socken: Sie ist luftdurchlässig und saugfreudig, kann etwa 40 Prozent ihres Gewichts an Wasser aufnehmen, nimmt Körperfeuchtigkeit schnell auf, ist außerordentlich reißfest, besonders im Naßzustand, und von Natur aus mottenecht. Spitzenqualitäten sind zum Beispiel die ägyptische Mako- und die amerikanische Louisiana-Baumwolle. Gekämmte und supergekämmte Baumwolle ist besonders fein und gleichmäßig beschaffen. Ein Veredlungsverfahren, das die Baumwolle besonders hochwertig macht, ist das Mercerisieren, wodurch das Garn mehr Glanz und Farbegalität bekommt. Durch das Beimengen von Elasthanen, zum Beispiel Core-spun, gibt man Baumwollgarnen dauerhafte Elastizität und verbindet die hautsympathischen Vorzüge der Faser mit guter Paßform.

DAS ABC DER STRÜMPFE

Cashmere
Eine sehr edle Faser vom Haar der Cashmereziege, die nicht sehr strapazierfähig ist, jedoch sehr angenehm auf der Haut. Socken mit Cashmereanteilen sind besonders wärmend. Um die Strapazierfähigkeit zu erhöhen, wird die Faser mit anderen Materialien gemischt, bevorzugt mit Polyamid.

Chemiefasern
Man unterscheidet zwischen Chemiefasern auf pflanzlicher Basis, das ist insbesondere die aus Holzzellstoffen gewonnene Viskose, und Chemiefasern aus vollsynthetischen Rohstoffen, denen die Basismaterialien Erdöl und Kohle zugrunde liegen. Von den vollsynthetischen Chemiefasern werden in der Strumpffabrikation vor allem eingesetzt: Polyamide wie Nylon, Elasthane wie Lycra, ferner Polyacryl und Polyester.

Chinchillan
Ein texturiertes Garn von Kunert, das 1964 entwickelt wurde und zwei Jahre später auf den Markt kam. Hier werden mono- und multifile Polyamidgarne für die unterschiedlichsten Trageansprüche veredelt. Schwerpunkte liegen bei glatten Stretch-Garnen. Neu ist die Texturierung von Microfasern zu Chinchillan-Micro. Feinstrümpfe mit Chinchillan sind transparent und glänzend, glatt und elastisch.

Computermuster
Sind auf Maschinen hergestellt, die über eine elektronische Mustereinrichtung verfügen. Damit sind äußerst vielfältige und besonders bildhafte Musterungen möglich.

Buntstiftfarben für computergemusterte Kindersöckchen.

Foto: Martin Pedersen

DAS ABC DER STRÜMPFE

Denier/decitex

Das auf jeder Strumpfpackung erscheinende Kürzel steht für Gewicht und Stärke des verarbeiteten Garnes. Dabei sind Denier (den) und Decitex (dtex) zwei verschiedene Maßeinheiten für dieselbe Sache. 22 dtex bedeutet: 10.000 Meter vom Garn wiegen 22 Gramm; 20 den bedeutet: 9.000 Meter vom Garn wiegen 20 Gramm. Je niedriger die dtex/den-Zahl, desto feiner und transparenter die Strumpfhose. Das bisher mögliche Denier-Minimum liegt bei 5 den. Strumpfhosen mit 60 den sind blickdicht.

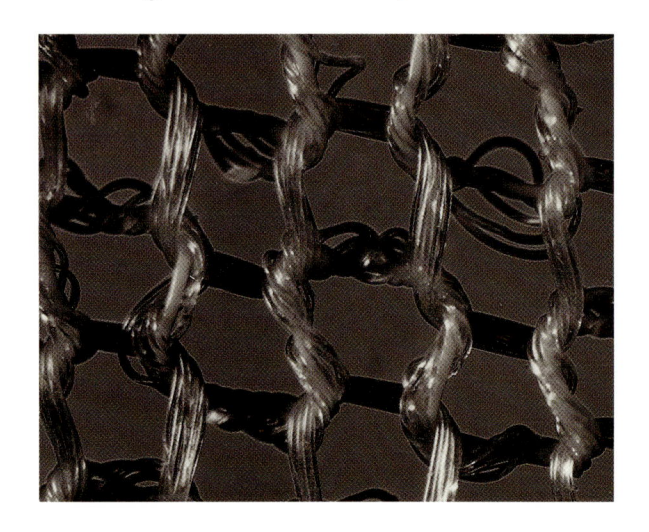

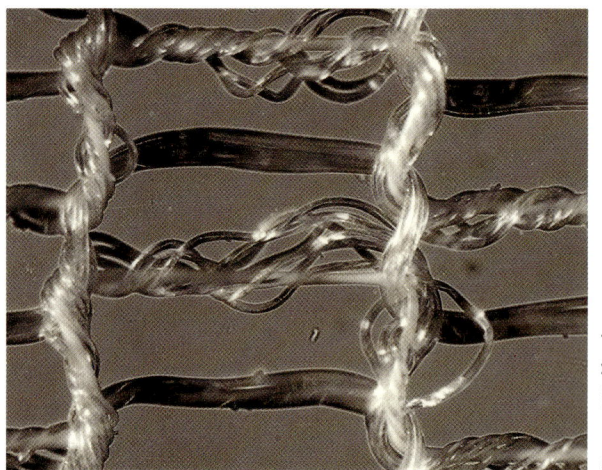

Foto: Hudson

Je transparenter ein Strumpf, desto höher die Maschenanfälligkeit. Das Minimum liegt bisher bei 5 den.

Fotos: Wolford

Unabhängig von der Denier- beziehungsweise Decitex-Stärke werden Strümpfe und Strumpfhosen zwecks besserer Paßform im Fesselbereich enger (links) und im Schenkelbereich weiter (rechts) gestrickt.

Diam's

Vom französischen Strumpfhersteller DIM entwickelte preisaggressive Feinstrumpfartikel, teils mit Lycraanteil, die in einer teebeutelartigen Verpackung angeboten und weltweit vertrieben werden. Die Verpackung verfügt über eine Öffnung, so daß der Strumpf als Griffprobe fühlbar ist.

Elasthan

Der allgemeine Oberbegriff für elastische Fasern (die meistens mit dem Nylonfaden gemeinsam verarbeitet werden).
Das bekannteste Elasthan ist Lycra. Sinn und Zweck der Elasthane: Sie sorgen für Glanz, Elastizität und Haltbarkeit. Das Wort "Elasthan" setzt sich aus der Bezeichnung "elastisches Polyurethan" zusammen.

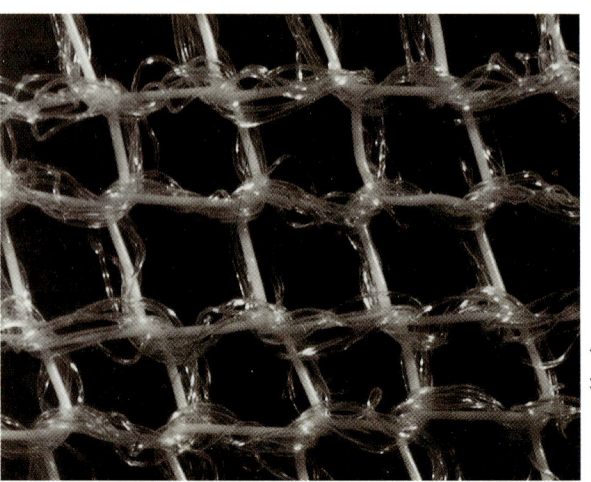

Foto: Haus

Diam's - der "Teebeutel" mit Griffprobe von DIM.

Eine glatte Kräuselgarnware unter dem Mikroskop, bei der in jeder dritten Reihe ein Schußfaden aus Elasthan eingestrickt wurde.

Foto: Wolford

DAS ABC DER STRÜMPFE

Ergolan
Ein 1964 von Ergee herausgebrachtes Polyacryl-Garn für federweiche, flauschige Strickware. Du Pont lieferte eine Zwei-Denier-Acrylfaser, die Spinnerei Lohs entwickelte daraus ein extrem weiches Garn. Zunächst hieß es Ergora, später aus wettbewerbsrechtlichen Gründen Ergolan. So heißt es noch heute. Markenzeichen ist das Küken.

"Eurocolor"
Seit 1961 tagt jeweils einmal pro Saison ein Gremium von Strumpfherstellern aus elf europäischen Ländern und wählt einen auf die allgemeinen Modetendenzen abgestimmten Neutralton aus. Diese Farbe wird in allen elf Ländern unter ein und demselben Namen auf den Markt gebracht.

1961 wurde die erste Eurocolorfarbe gewählt. Sie hieß "Apricot".

Foto: Ergee

Die Faser Ergolan - mit dem Küken als Sympathiefigur - wurde 1964 entwickelt.

DAS ABC DER STRÜMPFE

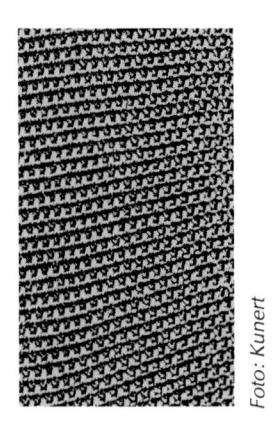

Eine Filetstruktur. (Foto: Kunert)

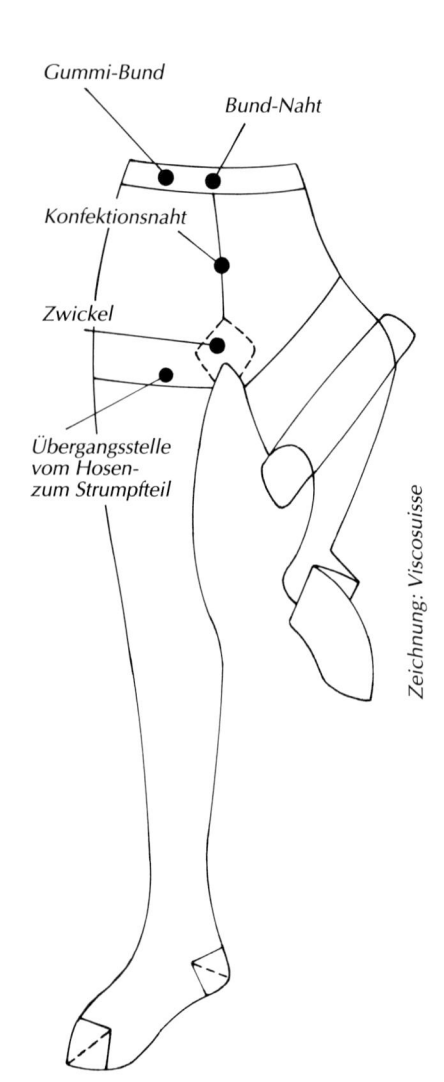

Kritische Stellen einer Strumpfhose. Hier ist sorgfältige Verarbeitung erforderlich. (Zeichnung: Viscosuisse)

- Gummi-Bund
- Bund-Naht
- Konfektionsnaht
- Zwickel
- Übergangsstelle vom Hosen- zum Strumpfteil

Filetmuster
Dabei erfolgt der Mustereffekt durch Übertragen bestimmter Maschen auf eine der benachbarten Nadelmaschen.

Figurformendes Höschenteil
Strumpfhosen mit einem eingestrickten, figurformenden Höschenteil, das auch mit "Control Top" bezeichnet sein kann. Sie sind ideal unter schmalen Kleidern, insbesondere für Frauen mit Problemzonen um Hüfte und Bauch.

Flachnaht
Sie wird für elastische Unterwäsche und Strümpfe eingesetzt, weil man dadurch beim Annähen von Spitzen, Borten oder Rändern keine abstehenden Nahtkanten sieht und sie vor allem nicht aufträgt. Man nennt Flachnaht auch Flatlocknaht.

Füßlinge
Durch die Schuhmode und die heißen Sommer wieder neu entdeckter Strumpfartikel, der im geschlossenen Schuh nicht sichtbar ist und den Fuß vor Blasen schützt.

Geformt/Ungeformt
Geformte Strumpfhosen erhalten in einem gesonderten Herstellungsprozeß die Silhouette eines Beines. Nach dem Färben werden sie über eine vorgegebene Form gezogen, die durch Hitze fixiert wird. Ungeformte Strumpfwaren haben diese Spezialbehandlung nicht durchlaufen; ihre Beine haben - bis sie das erste Mal getragen werden - keine sichtbar ausgeprägte Beinform.

Gekettelte Spitze
Eine Spitze, die nicht einfach abgenäht wird, sondern bei der jede einzelne Masche vom Kettelfaden erfaßt wird. Dazu müssen die Maschen auf einem Nadelkranz aufgefädelt werden.

Gerippt
Doppelflächige Ware, bei der zwischen den rechtsgestrickten Rippen Linksmaschen stehen. Bei Bezeichnungen wie 5:2 bilden fünf Maschen die Rippe, zwei sind linksgestrickt.

"Gesamtmasche"
Abkürzung für den Gesamtverband der Deutschen Maschenindustrie e.V. in Stuttgart: Interessenvertretung der Maschen-, Mieder- und Strumpfindustrie in wirtschafts- ebenso wie marktpolitischer Hinsicht. Die Hersteller von Damenfeinstrümpfen sind in einem gesonderten Fachkreis zusammengeschlossen.

Glanz
Die Intensität des Glanzes wird im wesentlichen vom Hauptgarn einer Strumpfhose bestimmt; in der Regel ist es Nylon.

Gummilose Strümpfe
Sie sind für Verbraucher geeignet, die keine Abschlußgummis bei den Socken ertragen können. Durch eine spezielle Rippkonstruktion, meist 2:2, wird eine gewisse Rutschfestigkeit erreicht. Gummilose Artikel gibt es inzwischen auch in modischen Ausführungen.

Helanca
Ist das eingetragene Warenzeichen der Rhodia AG, Freiburg, für aus synthetischen Fäden hergestellte Kräuselzwirne oder -garne. Man nimmt das Garn für Bekleidungstextilien und insbesondere für Feinstrumpfartikel. Auch als Mischanteil bei gestrickten Strümpfen kommt die Faser zum Einsatz. Die fertigen Erzeugnisse sind elastisch, haben eine gute Paßform, sind haltbar und haben einen weichen Griff.

Hochferse
Früher sorgte sie für mehr Halt im Schuh. Dann haben sich daraus verschiedene Arten von Zierhochfersen wie Kubaferse oder Pyramidenferse entwickelt. Vor Erscheinen des nahtlosen Strumpfes 1955 waren Naht- und Zierhochfersen Inbegriff der Eleganz. Zweifellos machen sie das Bein optisch schlanker.

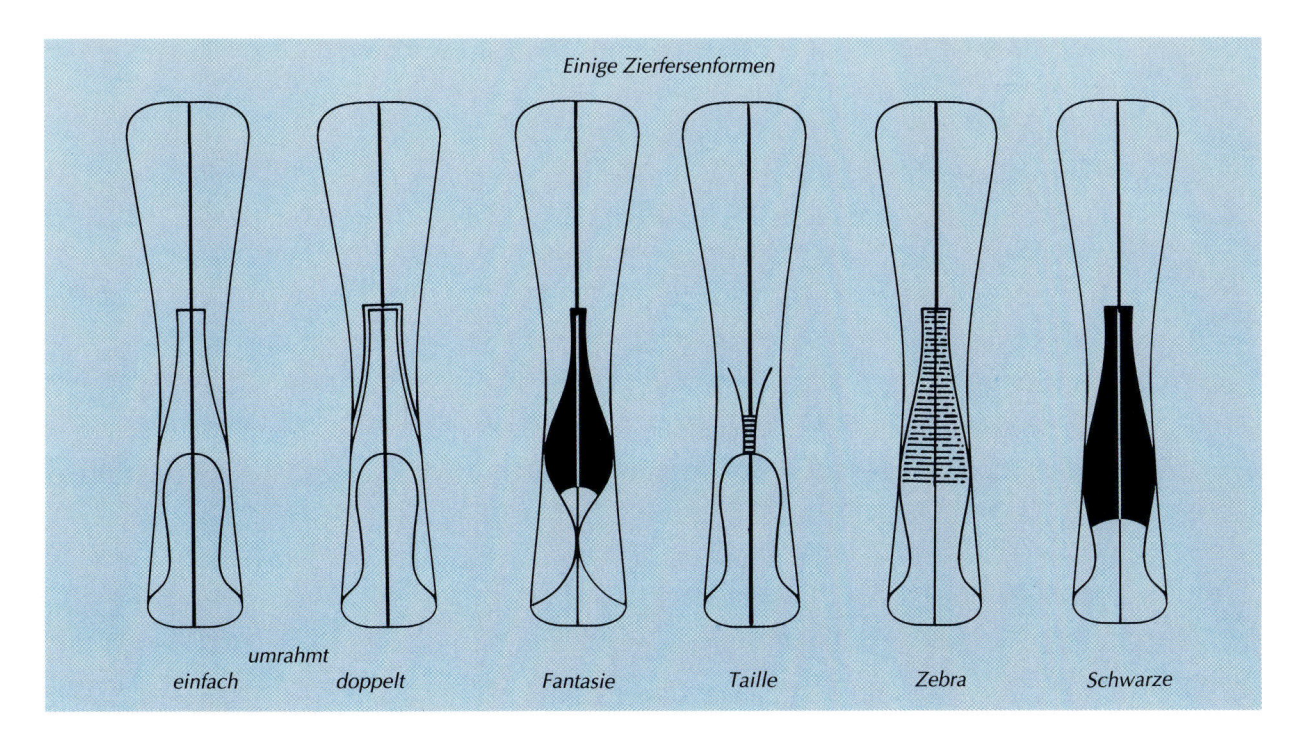

Einige Zierfersenformen

| einfach | umrahmt doppelt | Fantasie | Taille | Zebra | Schwarze |

DAS ABC DER STRÜMPFE

Krepp
Sammelbegriff für alle textilen Flächengebilde, die durch überdrehte Garne (Crepe), Bindungs- (Sablé) oder Prägeeffekte (Gaufre) ein körniges, narbiges Oberflächenbild erhalten.

Laufmaschenstop
Eine aus nebeneinanderliegenden Maschen bestehende Schutzzone, die der Vermeidung von Laufmaschen dient. Laufmaschen können sich dann nur bis zu dieser mehr oder minder sichtbaren Zone bilden.

Lingerie Tops
Strumpfhosen mit eingearbeiteten Höschen, die ebenso aufwendig wie hochwertige Wäsche gestaltet sind.

Leggings
Fußlose Strumpfhosen, die in allen Qualitäten, Musterungen und Drucken Anfang der 90er Jahre ihren großen Durchbruch hatten. Der Trend kam aus der Strumpfbranche und wurde auch von den Bekleidungsherstellern aufgegriffen. Mit den elastischen Leggings kamen auch Bodies und Catsuits aus den gleichen Materialien.

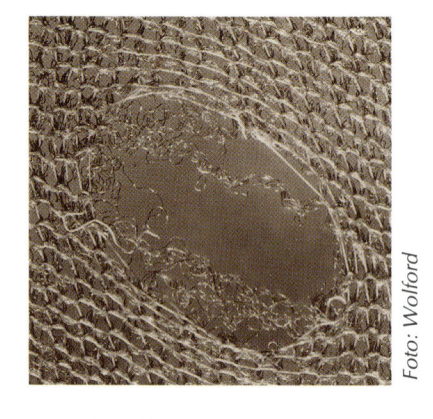

Die Mikroaufnahme zeigt es im Großformat: Hier hat ein Fingernagel ein Loch in den Feinstrumpf gerissen.

Foto: Wolford

Leggings mit Herz und viel Farbe (ganz links).

Als die Leggings kamen, fühlte sich die Industrie zu kühnen Musterungen aufgerufen.

Foto: Collection M

Foto: elbeo

DAS ABC DER STRÜMPFE

Lycra-Sensations

"Es gibt zwei Arten Socken auf der Welt..." schrieben einst die Werbeleute von Du Pont: Socken ohne und Socken mit Lycra. Die einen rutschen und die anderen sitzen. Viel flächendeckender als bei den Socken hat Lycra den Tragekomfort bei den Feinstrümpfen beeinflußt. Jene saßen dank des von Du Pont geschützten Wundergummis auf einmal glatt, es gab keine Fältchen mehr, keine Fadenzieher, keine Beulen - und der Strumpf hielt länger. Frau hatte mehr Halt, in der Hose einen leichten Stützeffekt- und im Winter, trotz eleganter Optik, ein wärmendes Beinkleid. 1988 lagen die Anteile der Strümpfe, die Lycra enthalten, noch bei 13 Prozent, 1990 bei 20 Prozent und 1992 bei 37 Prozent. In den USA und Japan enthalten bereits 50 Prozent der verkauften Strumpfwaren Elasthanfasern.

Elasthanfasern (elastisches Polyurethan) werden von unterschiedlichen Faserlieferanten angeboten: nur Du Pont jedoch hat 1959 Lycra entwickelt und den Namen geschützt.

Lycra ist die bekannteste unter den Elasthanfasern. Sie kann immer wieder gedehnt werden, ohne - wie es bei Gummi der Fall ist - ihre Elastizität zu verlieren. Sie ist praktisch unsichtbar und wird niemals allein verarbeitet, sondern nur mit anderen Fasern wie Nylon, Baumwolle oder Wolle. Schon ein geringer Anteil der Faser sorgt für Paßform und Komfort.

Für die Strumpfherstellung benutzt man nacktes und umwundenes Lycra (Core-Spun). "Nacktes Lycra" ist transparent und wurde nicht mit einem anderen Garn umwunden, während "umwundenes Lycra" so aussieht wie das Garn, das es umschließt - ohne jedoch die elastische Lycra-"Seele" einzubüßen. Im Gegensatz zu Gummi können Elasthangarne thermofixiert werden.

900fach vergrößert: Lycra 20 den.

L'Eggs
Die amerikanische Firma Sara Lee, weltweit der umsatzstärkste Strumpfhersteller, brachte in den 70er Jahren eine Strumpfhose in eiförmiger Schachtel auf den Markt. "L'Eggs" werden heute noch sehr erfolgreich verkauft.

Lilly Put
Hudson entwickelte 1973 die erste Automatenschachtel. Sie kam unter dem Namen "Lilly-Put" auf den Markt und wird heute noch erfolgreich verkauft. Es ist eine halbgeformte, texturierte Strumpfhose in Anfangspreislage.

Lycra
Handelsname für Elasthangarne der Firma Du Pont. Lycra kam 1960 als erste große Elasthanfaser auf den Markt und hält nach wie vor weltweit die dominierende Stellung. Zunächst für Miederwaren eingesetzt, folgten später Badekleidung, Sportswear und Strümpfe (vgl. Kasten).

DAS ABC DER STRÜMPFE

Ein Modell aus der Microfaser-Serie "Micromagic" von Falke.

Melangen
Das zu verstrickende Material wird im Kammzug oder in der Flocke, das heißt noch vor dem Spinnprozeß, verschieden eingefärbt. In der Mischung ergeben zum Beispiel 40 Prozent Weiß- mit 60 Prozent Schwarz-Anteil einen leicht gesprenkelten Graueffekt.

Mercerisieren
Nach einer Erfindung im Jahr 1844 von Johann Mercer benanntes Veredlungs-Verfahren, bei dem Baumwolle durch Behandlung mit Natronlauge ein dauerhafter Glanz verliehen wird. Die Faser wird gestreckt und somit glatter, dichter und fester; das Aufnahmevermögen für Farbstoffe verbessert. Mercerisierte Baumwollen haben einen edlen Glanz (Lüster).

Microfasern
Für gewebte Textilien schon seit Jahren im Einsatz, für die Maschen- und damit auch die Strumpfindustrie erst 1990 entdeckt. Die extreme Feinheit sorgt für sehr weiche, samtige Strümpfe. Echte Microfasern sind sehr feinfilamentig (unter 1 den Filamentstärke) und haben eine sehr hohe Filamentzahl pro Faden. Die ersten Microfasern für Strümpfe, mit einem Denier Filamentstärke, wurden von ICI entwickelt.

Eine stark vergrößerte Microfaser.

Micro-mesh
ist eine Strickart mit Fangmaschen, die das Laufen von Maschen vom Po zur Spitze erschwert. Dabei arbeiten drei Nadeln eine Masche, die vierte bildet den Fadenhenkel. In der nächsten Reihe wird der Henkel um eine Nadel versetzt, so daß nach vier Reihen alle Nadeln mit einem Henkel versehen sind.

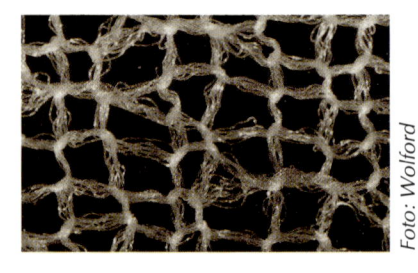

Kräuselgarn in Micro-mesh-Bindung.

Modekreis e.V.
Plattform der deutschen Hersteller von Markenstrumpfwaren im Rahmen des "Gesamtmasche"-Verbandes; wirkt auf den Handel durch Mode- und Marktinformationen, auf die europäische Industrie im Rahmen der halbjährlichen Eurocolor-Tagungen.

Nylon
1938 wurde die Chemiefaser von Du Pont in den USA entwickelt. Das Monopol der Seidenraupe schien mit dieser Erfindung gebrochen. Der Begriff entwickelte sich aus "No run", also "keine Laufmaschen". Nylon wird für Strümpfe, Wäsche und Oberbekleidung verwendet und vielfältig veredelt, zum Beispiel für Helanca. Nylon 6,6 wie auch Nylon 6

DAS ABC DER STRÜMPFE

Foto: Du Pont

Da soll sich noch einer auskennen: In den 50er Jahren gab es weit über hundert Nylonsorten.

Mit blickdichten Strumpfhosen hielt auch Farbe Einzug in die Mode.

fallen in die Gruppe der Polyamide unter den vollsynthetischen Fasern. Sie sind im wesentlichen den Eigenschaften der Naturseide nachempfunden, besitzen aber hohe Reißfestigkeit, hohe Bruchdehnung, hohe Fadenegalität und gute Scheuerfestigkeit. Ferner eine gute Anfärbbarkeit.

Opaques
Blickdichte Strumpfhosen und Strümpfe werden auch als Opaques bezeichnet. Sie sind häufig aus Baumwolle, Acryl oder Mischungen aus Nylon.

Overknees
Grobe winterliche Strümpfe mit oder ohne Fuß, die man meist über der Strumpfhose trägt. Sie schließen über dem Knie ab.

Perlon
Eingetragenes Warenzeichen für Polyamidspinnfasern, die Professor Paul Schlack 1938 erfunden hat. Perlon für Strümpfe ist weitgehend vom europäischen Markt verschwunden, da die Konkurrenzfaser Nylon aufgrund des höheren Schmelzpunktes besser texturierbar ist.

Satin Sheers
Von Du Pont geschütztes Warenzeichen für Beinbekleidung mit Lycraanteilen. Es sind transparente, faltenfrei sitzende und leicht blutkreislaufunterstützende Feinstrumpfhosen mit Perlglanzeffekt. Sie haben eine besondere Haltbarkeit und sind in oberen Preislagen angesiedelt.

Foto: Doré Doré

Foto: elbeo

Edler Lüster durch Satin Sheers.

Seide
Vor der Erfindung von Nylon war Seide das edelste Material für Strümpfe. Jetzt kommen seltener Seidenmischungen zum Einsatz, weil die Faser zu teuer, empfindlich und unelastisch ist. Um den Image-Begriff "Seide" für Strümpfe zu erhalten, aber auch um den angenehmen Griff zu kultivieren und mehr Gebrauchstüchtigkeit zu erzeugen, beginnt man Lycra mit Seidengarn zu umspinnen. Seidenraupen werden seit alters her vor allem in China und Indien gezüchtet. Die aus Eiern erbrütete Raupe des Maulbeerspinners wird in Zuchtkästen gehalten und auf durchlöchertem Papier mit frischen Blättern des Maulbeerbaumes gefüttert. Nach etwa 20 bis 40 Tagen sind die Raupen verpuppungsreif: die in den Kokons sitzenden Tiere werden durch heißen Dampf getötet. Durch Abhaspeln des Kokons wird der Seidenfaden gewonnen; pro Kokon etwa 800 Meter. Mehrere Seidenfäden werden, je nach benötigter Stärke, zu einem verarbeitungsfähigen Faden gezwirnt.

Sandalettfuß/Sandalettferse
Fuß oder Ferse sind so transparent gehalten wie das Bein, also im Zehenbereich und/oder an der Ferse nicht verstärkt. Zum Tragen in Sandaletten, offenen Abendschuhen oder Slingpumps gedacht.

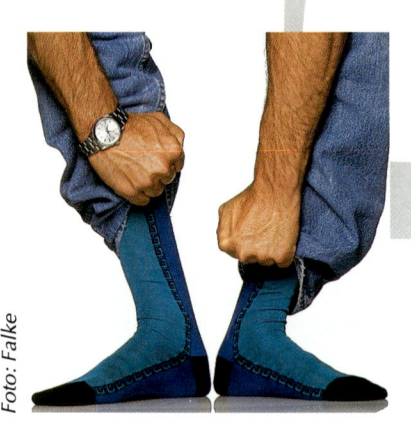

Schaftlänge
Entsprechend der Schaftlänge wird zwischen Kurzsocken (15 cm), Fesselsocken (29 cm), Wadenstrumpf (38 cm) und Kniestrumpf (über 50 cm) unterschieden.

Foto: Falke

Hier darf kein Stückchen Haut blitzen: Der korrekt gekleidete Herr trägt Schaftlängen, die bis unters Knie reichen.

Shoppersocken
Rustikale Kniestrümpfe, die im Fesselbereich enger gestrickt sind, so daß der loser gestrickte und etwas längere Schaft in "geshoppter", lässiger Form zur Socke herunterrutscht.

Schnittware
Aus Meterware hergestellt. Besonders Leggings werden aus Schnittware angefertigt.

Skinny Mini
War die erste Edelausführung einer Strumpfhose in der Schachtel, die Bi herausgebracht hat. Die halbgeformte Strumpfhose aus Stretch kam 1988 auf den Markt.

Stützstrümpfe und -strumpfhosen
Strumpfhosen und Strümpfe mit Elasthananteilen (Lycra), die an speziell verstärkten Stellen Druck auf das Bein ausüben und dadurch den Blutkreislauf anregen. Es gibt sie in verschiedenen Stärken (Stützklassen), je schwächer die Venen, desto stärker die Stützklasse. Für Frauen, die den ganzen Tag auf den Beinen sind und ihre Muskulatur lediglich unterstützen möchten, gibt es sehr transparente Komfortstrumpfhosen.

DAS ABC DER STRÜMPFE

Tactel-Microfasern:
Dich erkenn' ich mit verbundenen Augen

Mit dem zweiten Aufguß der Minimode Anfang der 90er Jahre überschlugen sich die Hersteller im Wettlauf um die schönsten Muster. Da wurde gestrickt und plattiert, filetiert und coloriert, gedruckt und vernetzt, was die Maschinen hergaben.

Nach diesem Musterungsrausch sollte das Klassische wieder an Bedeutung gewinnen. Mit der Rückkehr zur Klassik kamen aber auch neue Qualitäten und mehr Unis ins Spiel. Die Industrie bemühte sich, noch seidigere, noch softigere und noch blickdichtere Strümpfe auf den Markt zu bringen. Jetzt gab es auf einmal sinnliche Nylons und wahre Strumpfgefühle. Frau machte die Augen zu und griff nur noch blind in ihre Strumpfschublade. Was sich am schönsten anfühlte, hatte gewonnen.

Eine Faser hat zu diesem neuen Feeling besonders verholfen: die Microfaser.

In der Bekleidungsmode gab es diese Faser schon einige Jahre zuvor, für die Strümpfe hat man sie erst etwas später entdeckt - aber dann mit Macht. "Micromagic", "Mythos", "Velvet de Luxe" oder "Caressima" heißen die Strümpfe, die dank Microfaser eine besondere Softness haben, oder - setzt man die Faser für blickdichte Strümpfe ein - besonders leicht und temperaturausgleichend sind.

Der Faserhersteller ICI, Pionier für Polyamide (Nylon), bietet als einziger eine Marken-Microfaser unter dem Namen "Tactel" an. Während normalerweise bei Tactel ein Faden aus bis zu 46 Filamenten besteht, ermöglicht die neue Microfaser-Technologie von ICI, einen Faden aus 102 Microfilamenten herzustellen. Bei vergleichbarer Garnstärke bedeutet das doppelte Feinheit. Ein einzelnes Micro-Filament kann demnach bis zu 60mal feiner sein als ein menschliches Haar, oder anders ausgedrückt: 10.000 Meter wiegen weniger als ein Gramm.

Softness mit Microfasern. Foto: ICI

Striggings
Ein von Falke kreierter Name für einen Strick-Look, der am Bein beginnt und sich über den gesamten Körper ziehen kann. Passend zur gestrickten Legging, die das Basisteil der Strigging-Mode ist, werden Shopper- oder Umschlagsocken zu einem ganzheitlichen Strick-Outfit kombiniert.

Tactel
Eingetragenes Warenzeichen der ICI für eine Familie von Bekleidungsfasern auf Basis von Polyamid 6,6. Durch Glanz und die besonders feinen Filamente sind viele modische Varianten zu realisieren. Tactel wird zu Maschen- oder Webware verarbeitet, ist pflegeleicht und atmungsaktiv, so daß die Wärme- und Feuchtigkeitsregulation erhalten bleibt. ICI hat als europäischer Produzent relativ früh mit der Produktion von feinkapillarigem Filamentgarn begonnen (vgl. Kasten).

Texturierte Garne
Darunter versteht man speziell behandelte Chemiefasern, die durch verschiedene Formen der Kräuselung zusätzliche Qualitäten erhalten, insbesondere Elastizität und Bauschigkeit. Die daraus gefertigten Strümpfe zeichnen sich auch durch erhöhte Wärmehaltung, weichen Griff und Luftdurchlässigkeit aus.

Titer
Maßeinheit zur Bestimmung von Filamenten. Die Angabe erfolgt in tex oder -> dtex. Man unterscheidet zwischen Einzel- und Gesamttiter (beispielsweise ein Faden besteht aus zehn Filamenten zu 1,2 tex = Gesamtstärke 12 dtex).

Umstandsstrumpfhose
Spezialstrumpfhose mit besonders dehnbarem oder mit Hilfe von Knöpfen verstellbarem Vorderhöschen, das werdenden Müttern Komfort und Bewegungsfreiheit garantiert.

Velvet de Luxe
Die erste Strumpfhose mit Microfaseranteil, die 1988 von Wolford auf den Markt gebracht wurde. Sie zeichnet sich durch einen besonders samtigen Griff aus.

Verstärkt/Unverstärkt
Besonders strapazierte Stellen wie die Fußspitze, die Ferse oder das Höschenteil werden durch zusätzlich eingestricktes Nylon haltbarer. Unverstärkte Strumpfhosen sind von der Taille bis zur Zehenspitze transparent.

Hier ist alles unverstärkt.

Foto: Bellinda

DAS ABC DER STRÜMPFE

Der Faserquerschnitt zeigt deutlich die differenzierte Struktur der Merinowolle (links) im Unterschied zur minderwertigen Struktur der Kreuzschurwolle (rechts). Foto: DFV

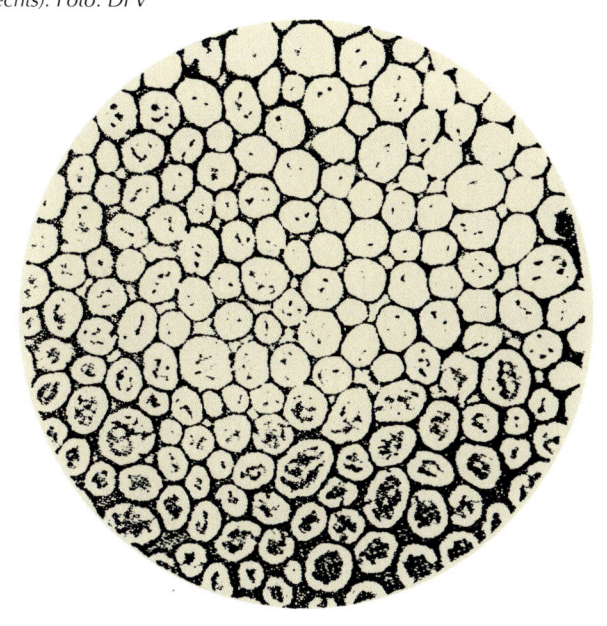

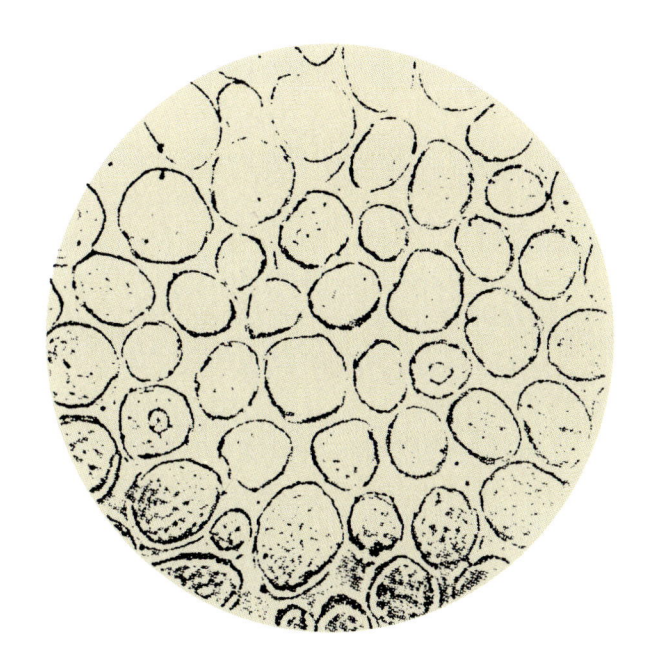

Wolle

Die Merinowolle, das Haarkleid des Merinoschafes, ist in der Strumpf-Strickerei die am häufigsten verbreitete Faser für hochwertige Artikel, weil sie mit besonderer Bauschkraft ausgestattet ist ("Super 100"). Diese Wollfasern zeichnen sich durch die gleichmäßige Länge des Haares, die Feinheit und die Struktur aus. Da die Wolle als einzige Faser zum Verfilzen neigt, sind Antifilzausrüstungen zwar üblich, erfordern aber sehr viel Feingefühl vom Wollgarnhersteller, da die geschuppte Oberfläche der Faser leicht verklebt. Verbreitete Beimischungen zu Wolle sind in der Strickstrumpfindustrie Baumwolle, Chemiefasern, Seide oder Cashmere. Zugabe von Elasthanen (Lycra) sorgen für einen perfekten Sitz. Das Wollsiegel-Gütezeichen - Internationales Wollsiegel - ist eine besondere Auszeichnung und wird weltweit nach einheitlichen Prüfnormen verliehen. Nur erstverarbeitete Wolle, die den entsprechenden Qualitätsanforderungen entspricht, wird mit dem Wollsiegel ausgezeichnet.

Zwickel

Rautenförmige Einsätze aus Baumwolle oder anderen luftdurchlässigen Materialien. Sie sind in den Schritt von Strumpfhosen eingenäht, um mehr Bewegungsfreiheit und optimale Paßform zu gewährleisten.

WARENKUNDE

Von der Faser bis zur Folie: So entsteht ein Feinstrumpf

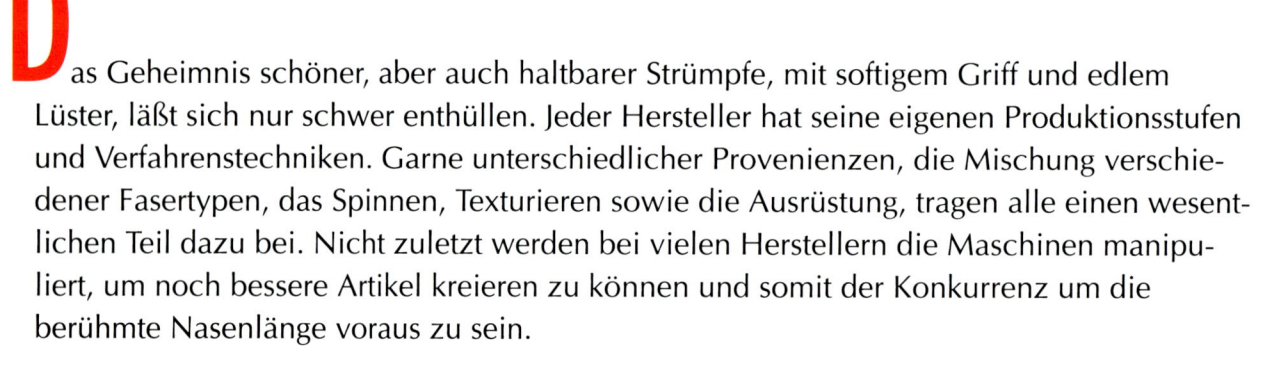

Das Geheimnis schöner, aber auch haltbarer Strümpfe, mit softigem Griff und edlem Lüster, läßt sich nur schwer enthüllen. Jeder Hersteller hat seine eigenen Produktionsstufen und Verfahrenstechniken. Garne unterschiedlicher Provenienzen, die Mischung verschiedener Fasertypen, das Spinnen, Texturieren sowie die Ausrüstung, tragen alle einen wesentlichen Teil dazu bei. Nicht zuletzt werden bei vielen Herstellern die Maschinen manipuliert, um noch bessere Artikel kreieren zu können und somit der Konkurrenz um die berühmte Nasenlänge voraus zu sein.

1. Spinnen

Der Begriff bezeichnet jenes traditionsreiche Verfahren, bei dem durch ständiges Verstrecken, Parallel-Legen und nachfolgendes Drehen aus natürlichen Fasern oder Flocken ein Faden gewonnen wird. Die Basis des Feinstrumpfes sind jedoch nicht natürliche, sondern synthetische Fasern. Wichtigstes Basismaterial ist die Familie der Nylonfasern; dazu gehört, als prominente Tochter sozusagen, Polyamid (Nylon 6,6). Das Verfahren zur Herstellung von Chemiefasern ist der Seidenraupe abgeschaut: Eine flüssige Spinnmasse wird durch Düsen gedrückt, aus denen gespinstfeine, theoretisch "endlose" Fäden, die sogenannten Filamente, austreten. Bis zu 200 Bohrungen befinden sich in einer Lochplatten-Düse. Die Fäden werden in der Luft abgekühlt und sogleich mit großer Geschwindigkeit auf Garnwickel aufgerollt, die einige Meter unterhalb der Spinndüse angebracht sind; Spinngeschwindigkeit und Garnaufwicklung müssen exakt aufeinander abgestimmt sein. Ein Faden besteht aus bis zu 100 einzelnen Filamenten. Im selben oder in einem weiteren Arbeitsgang werden die Fäden restverstreckt. Das macht sie elastischer und zugleich reißfester. In dieser Hinsicht sind Polyamidfasern den Naturfasern überlegen; auch ihre enorme Scheuerfestigkeit, ihr geringes Gewicht, ihre Knitterresistenz und gute Färb- und Formbarkeit machen sie zum idealen Ausgangsmaterial für Feinstrümpfe. Polyamid wird aus dem Rohstoff Erdöl gewonnen beziehungsweise aus dessen Spaltprodukten, die in einem komplizierten Verfahren von den großen Chemie-Konzernen zu Granulat verarbeitet und an die Spinnereien geliefert werden.
In den Spinnereien wird das Granulat zu Garn verarbeitet.

2. Texturieren

Darunter fallen alle speziellen Verfahren zur Verbesserung der textilen Eigenschaften endloser Chemiefasern. Bei Strümpfen geht es vor allem um die Erhöhung von Elastizität, Ge-

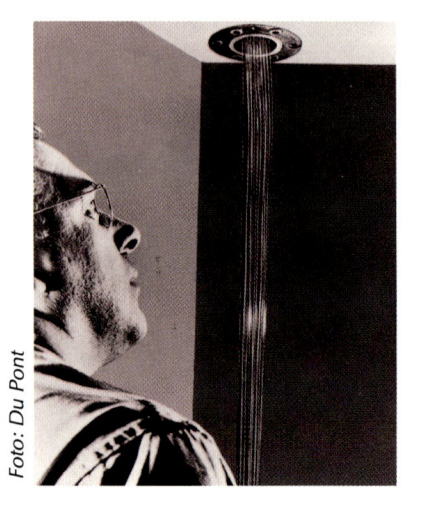

Foto: Du Pont

Die geschmolzene Nylon-Masse wird unter Druck durch die Spinndüsen gepresst. Die so entstandenen Fäden erstarren an der Luft und werden aufgespult.

WARENKUNDE

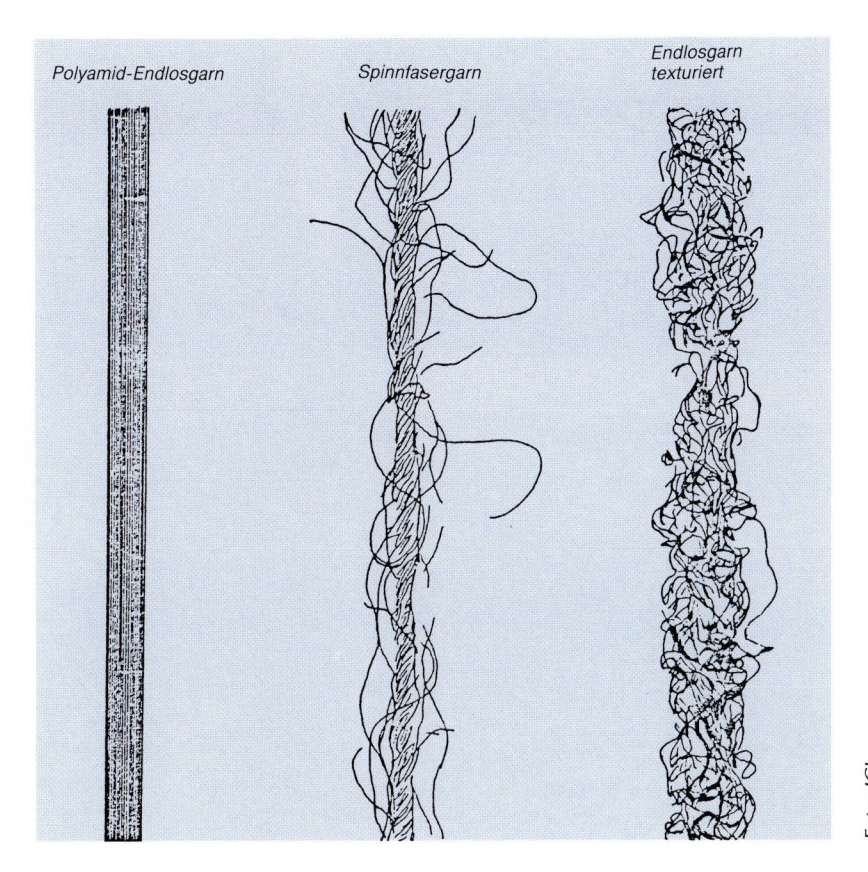

Das Ausgangsgarn für die Texturierung ist ein glatter Endlosfaden, bestehend aus mehreren Kapillaren (links).

Spinnfasergarn wird aus Fäden mit bestimmter Stapellänge zusammengedreht. Man sieht deutlich lose Faserenden (Mitte).

Das texturierte Endlosgarn zeigt einen bauschigen, voluminösen Charakter und ist hochelastisch (rechts).

Ein Blick in die Faserproduktion von ICI.

schmeidigkeit, Bauschfähigkeit, Wärmehaltung und Feuchtigkeitsableitung. Bei den verschiedenen Texturier-Verfahren werden insbesondere die thermoplastischen Eigenschaften von Polyamid genutzt, also ihre Fähigkeit, unter Hitzeeinwirkung bestimmte Formen anzunehmen. Die dabei entstehende Kräuselung des Fadens bleibt auch nach dem Kaltwerden erhalten. Die Art der Kräuselung ist ebenso wichtig wie ihre Beständigkeit.
Viele Strumpfhersteller verfügen über eigene Texturierwerke, weil sie einen größeren Einfluß auf diesen wichtigen Veredlungsschritt haben wollen: auch hier liegt das Geheimnis einer optimalen Strumpfqualität, die die einzelnen Anbieter voneinander unterscheidet. So gelang zum Beispiel Kunert eine besonders interessante Texturierung mit Chinchillan.

3. Umwinden

Von großer Bedeutung ist das Umwinden nach dem Texturieren beziehungsweise Verstrecken. Dabei wird ein Faserkern, auch Seele genannt, aus Elasthanen mit Natur- oder Chemiefasern umwunden. So werden die angenehmen Trageeigenschaften zum Beispiel der Baumwolle oder Wolle aufgewertet durch Dehnbarkeit. Grundmaterial der Elasthane ist Polyurethan, das mit untexturiertem oder texturiertem Nylon umwunden wird. Auch bei Elasthanen - das "Gummi der 90er Jahre" könnte man vereinfacht sagen - gibt es verschiedene Varianten, so daß man wiederum von einer Faser-Familie sprechen kann. Deren berühmteste Tochter heißt: Lycra.

WARENKUNDE

Ein Blick in den hochtechnisierten Strick-Saal von Golden Lady, Italien. Hier müssen die Temperatur (25°C) und die Luftfeuchte (60°) immer konstant sein.

4. Stricken

Bei einer durchschnittlichen Geschwindigkeit von 800 bis 1200 Umdrehungen pro Minute werden für eine Strumpfhose etwa fünf bis sechs Kilometer Garn verbraucht, das sind bis zu zwei Millionen Maschen.

Ein weißer Schlauch, der sogenannte Rohling, ist das erste Ergebnis bei der Herstellung einer Strumpfhose. Moderne Hochleistungs-Rundstrickmaschinen brauchen etwa zwei Minuten zur Fertigung eines solchen Schlauches samt Sohle, Ferse, Spitze, Bein- und Oberteil inklusive Gummibund.

Besonders leistungsstarke Strumpfautomaten kommen bei einer 24-Stunden-Tagesproduktion auf etwa 700 Strumpfhosen. Dabei handelt es sich dann allerdings um ausgesprochene Konsumware. Möchte man hochwertige Strümpfe mit raffinierten Fasermischungen und anderen Besonderheiten herstellen, wird die Maschine von hochspezialisierten Technikern entsprechend manipuliert und ihre Tourenzahl gedrosselt; anspruchsvolle Garne würden die Belastungen einer extrem hohen Geschwindigkeit nicht aushalten.

Eine wesentliche Rolle beim Strickprozess spielen einerseits die Fadenspannung vom Cops zum Automaten, andererseits das Raumklima im Stricksaal: die konstante Luftfeuchtigkeit

WARENKUNDE

Die moderne Technik macht`s möglich. Ein Stricker überwacht heute 40 bis 80 Maschinen.

Foto: Falke

von etwa 60 Prozent und Temperaturen um 25 Grad sind wichtige Voraussetzungen für einen hochwertigen Strumpf mit korrekter Paßform. Ist zum Beispiel die Temperatur zu niedrig, wird der Faden strohig und die Strumpfhose in der Fertigung möglicherweise zu lang. Steigen Temperatur und Luftfeuchtigkeit, wird der Faden weich und die Beine könnten - wenn der Techniker seine Maßvorgaben einhält - zu kurz ausfallen. Aufgrund des festen, unveränderbaren Durchmessers des Strickzylinders auf den Maschinen und der damit gebundenen Nadelanzahl muß mit unterschiedlich festen Strickmaschen gearbeitet werden, damit man der Anatomie des Beines gerecht wird. So wird der Oberschenkelbereich lockerer und der Fesselbereich fester gestrickt. Diese Festigkeitsdifferenzen sind entscheidend für die Paßform. Rundstrickware hat bei einer 400-nädligen Maschine durchgehend vom Gummirand bis zur Spitze 400 Maschen je Reihe. Nach dem Stricken wird die Ware meistens im sogenannten Autoklaven vorgedämpft; das geschieht mit heißem Dampf. Zweck dieser Behandlung ist das Relaxieren, also das "Entspannen" des Garns, das während des Aufspulens auf Copse und während des Strickvorgangs stark gedehnt und beansprucht wird. Der Effekt ist ein klares, regelmäßigeres Maschenbild. Nach dem Vordämpfen ist ein Strumpf auch einfacher zu nähen.

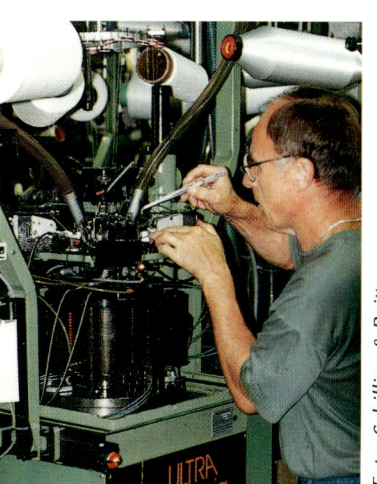

Moderne Strickautomaten verlangen Präzisionsarbeit.

Foto: Schilling & Reitter

WARENKUNDE

Auf diesen Metallbeinen werden die Strümpfe mit heißem Dampf in ihrer Form fixiert.

5. Nähen

Der nächste Schritt ist das Nähen der Zehenspitze und die Konfektionierung, das heißt das Zusammenfügen von zwei Beinen zur Strumpfhose. In der Mehrzahl der Strickereien geschieht das mittlerweile vollautomatisiert.
Das Ketteln der Spitze - anstelle einer einfachen Naht - ist im Feinstrumpfbereich selten geworden, weil allzu arbeitsaufwendig und deshalb teuer.

6. Färben und Ausrüsten

Nach dem Stricken der Rohlinge werden diese gedämpft; dadurch werden die Maschen stabilisiert und die Ware wird für die weiteren Verarbeitungsstufen, insbesondere das Nähen, unempfindlicher. Die gedämpften und genähten Strumpfartikel werden in Säckchen verpackt und in eine Färbemaschine eingebracht. Es gibt Trommelfärbemaschinen, Färbepaddeln, statische Packfärbeapparate oder Packtrommelfärbemaschinen. Außerdem stehen Spritzfärbemaschinen zur Verfügung. Überwiegend werden Säurefarbstoffe verschiedener Echtheitsgruppen für die Färbung eingesetzt. Nach dem Färben kommt bei dunkleren Tönen noch eine Nachbehandlung zur Echtheitsverbesserung in Frage. Als letzter Gang in der Färbemaschine wird ein Weichmacher zur Griffverbesserung und Spannungselastizität aufgebracht. Dann erfolgt die Ausrüstung, wobei die Strumpfartikel über Stahlbügel oder Aluformen mit Dampf ihre Form erhalten.

7. Endkontrolle

Vor dem Verpacken wird das fertige Teil noch einmal auf der Leuchtplatte auf Fehlerlosigkeit überprüft. Insgesamt entfallen fast 30 Prozent der gesamten Produktionskosten auf die zahlreichen Qualitätskontrollen in den verschiedenen Arbeitsphasen. Die Verpackung in Deckblatt und Folie, das Auszeichnen mit Etiketten und die Bündelung erfolgen bei normaler Serienware voll-, bei sehr hochwertiger Ware halbautomatisch.

WARENKUNDE

107

Foto: Kunert

Hier werden die Strumpfhosenteile zusammengenäht und weitertransportiert.

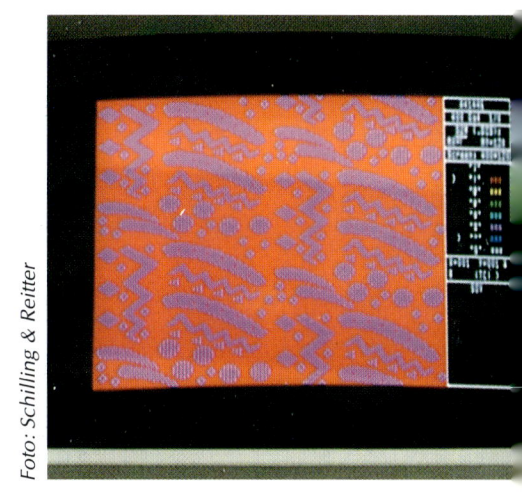

Foto: Schilling & Reitter

Alle Strick-Dessins werden heute mit modernen Computern entworfen und erfaßt.

Foto: Golden Lady

Die gedämpften und genähten Feinstrumpfartikel werden in Säckchen verpackt und in einer Färbetrommel gefärbt. Dunkle Farben bekommen anschließend noch eine Echtheitsverbesserung.

SPORTSTRÜMPFE

Ein As im Schuh

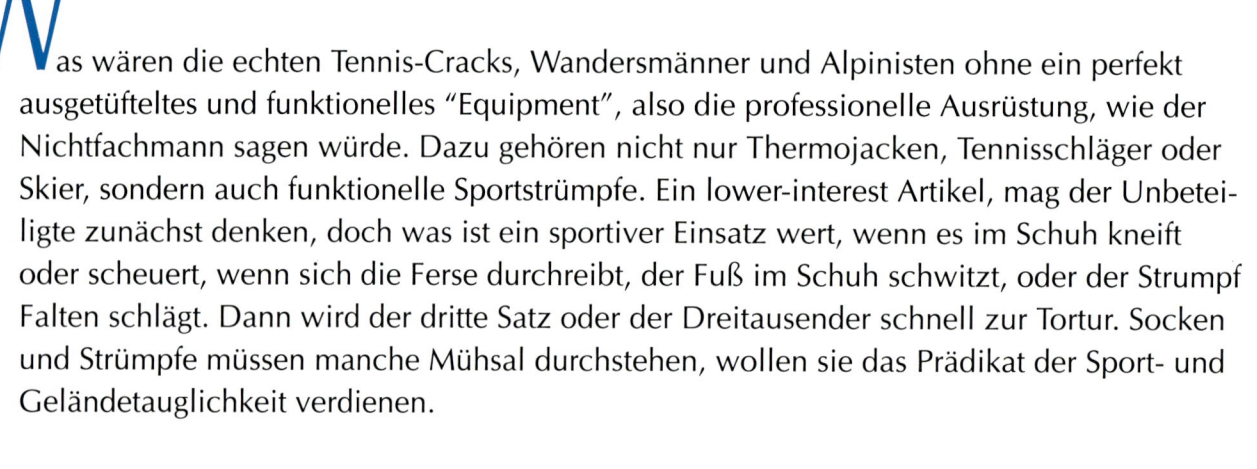

Was wären die echten Tennis-Cracks, Wandersmänner und Alpinisten ohne ein perfekt ausgetüfteltes und funktionelles "Equipment", also die professionelle Ausrüstung, wie der Nichtfachmann sagen würde. Dazu gehören nicht nur Thermojacken, Tennisschläger oder Skier, sondern auch funktionelle Sportstrümpfe. Ein lower-interest Artikel, mag der Unbeteiligte zunächst denken, doch was ist ein sportiver Einsatz wert, wenn es im Schuh kneift oder scheuert, wenn sich die Ferse durchreibt, der Fuß im Schuh schwitzt, oder der Strumpf Falten schlägt. Dann wird der dritte Satz oder der Dreitausender schnell zur Tortur. Socken und Strümpfe müssen manche Mühsal durchstehen, wollen sie das Prädikat der Sport- und Geländetauglichkeit verdienen.

Sportstrümpfe gibt es seit vielen Jahren und in jeder Preislage: vom Massen- bis zum Markenprodukt. Aber die ausgefeilten technischen Finessen, die heute einen guten Strumpf in puncto Gebrauchstüchtigkeit ausmachen, haben sich erst in den letzten Jahren so perfekt entwickelt. Nicht zuletzt deshalb, weil das Angebot der Massenanbieter ständig zunimmt und die Hersteller hochwertiger Sportstrümpfe einem riesigen Exportvolumen aus Billiglohnländern gegenüberstehen.

Von den 20 Millionen Tennissocken, die 1991 über die deutschen Ladentheken gingen, stammen etwa 80 Prozent von "No Name"-Anbietern. Das heißt die Markenhersteller bemühen sich in einem knallharten Preiskampf um Anteile. Bei Billigpreislagen von 1,99 Mark für ein Paar Socken, die in sämtlichen Vertriebsformen auftauchen, kann man nur noch mit bestem Verarbeitungskomfort dagegenhalten. Die namhaften Produzenten haben es getan und nutzen vielfach "stille Verkäufer", um diese Infos weiterzugeben – also kleine Informationsbroschüren an der Strumpfverpackung.

Es gibt inzwischen mannigfaltige Sportarten und für viele auch die passenden Socken. Die drei Säulen aber, auf denen dieser Markt basiert, sind "Tennis", "Ski" und "Wandern". Tennis ist der unübersichtlichste Bereich, weil es hier keine genaue Abgrenzung zwischen Aktivsport und Sportswear gibt. Fast 70 Prozent aller Tennissocken werden – nicht nur von der vielbemühten Turnschuhgeneration – nach wie vor zu Jeans getragen.

Ohne Schweiß und Falten
Um sich stärker von den "No Names" abzuheben, visieren die Markenhersteller ganz gezielt die Aktiv-Sportler an. Sie tun es, um diese Verbraucher mit kompetenten Programmen zu überzeugen. Das Wissen um die Gebrauchstüchtigkeit der Strümpfe ist bei den Leuten, die sie tragen ebenso wie im Handel vielfach zu dürftig. Meist wird nur zum passenden Dress kombiniert. Echte Sportfans haben ihre Erfahrungen mit schmerzhaften Bla-

Plüschsohlen in den Strümpfen sorgen für den optimalen Feuchtigkeitsausgleich. So kommt der Fuß auch beim Aufstieg zum Dreitausender nicht ins Schwitzen.

Foto: Silvy

Foto: Hudson

Mit steigender Freizeit bleibt mehr Zeit für den Sport. Tennissocken von Hudson.

Foto: Falke

Comic-Socken, wie hier von Falke, passen zu Sport und Freizeit.

sen bezahlt und wissen jetzt, worauf es ankommt. Oberstes Gebot aller Sportstrümpfe ist: Sie müssen faltenfrei sitzen, extrem scheuerfest sein und den Fuß trocken halten.
Bei manchen Sportarten hat die Socke noch etwas mehr zu leisten. Tennissocken sollten zum Beispiel bei Sprung und Stop stoßdämpfend wirken. Sie haben deshalb einen weichen Frotteefuß oder eine Frotteesohle. Ferner verstärkte Hochfersen oder Spitzen, um die belasteten Fußzonen doppelt zu schützen. Frottee oder Plüsch (zwei Begriffe für die letztendlich gleiche Sache) wird deshalb verwendet, weil das Material besonders gut Feuchtigkeit aufnehmen kann und den Fuß trocken hält. Das ist um so wichtiger, je geringer die Wasserdampf-Durchlässigkeit des Oberschuhes ist.

SPORTSTRÜMPFE

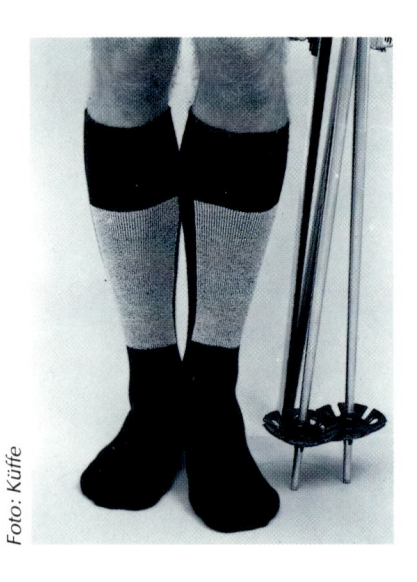

Nicht nur das Skilaufen erfordert Perfektion; auch die Socke, hier von Küffe, muß den sportlichen Anforderungen genügen.

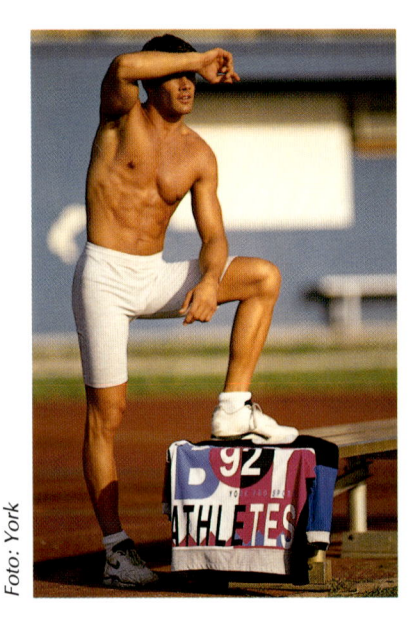

Foto: Küffe

Foto: York

Es gibt für jede Sportart das passende Beinkleid: Von der Tennissocke bis zum Trekking-Strumpf.

Kochfest sollten die Tennissocken sein und aus reiner Baumwolle. Es gibt inzwischen auch antibakteriell ausgerüstete Strümpfe. Weiße Strümpfe sind hier problemlos. Sorgen machen die farbigen Strümpfe, weil sie oft bei der Wäsche ausbluten. Die Hersteller hochwertiger Artikel haben das mit kochfester Färbung (Indanthren) im Griff. Dieses Verfahren ist allerdings auch teurer. Farbige Billigsocken sind selten indanthrengefärbt und daher auch nicht kochbeständig. Darüber hinaus werden Beinkleider der einfachen Art – im Gegensatz zur stabilen Zweizylinderware der anspruchsvolleren Markenleute – vielfach im preiswerteren Einzylinderverfahren hergestellt und sind deshalb nicht so strapazierfähig. Auch der Einsatz von Elastomeren für perfekten Sitz ist eher bei den teuren Socken zu finden. Bundhosenstrümpfe nutzt normalerweise der Wandersmann für seine Zwecke. Da hochalpines Bergsteigen und Trekking inzwischen zu den aufsteigenden Sportarten der Avantgarde gehören, steigen auch die Ansprüche an diesen Artikel. Sowohl in Sachen Funktionalität als auch bei der Mode. Bundhosenstrümpfe sollen die Waden warmhalten, Feuchtigkeit von der Haut abtransportieren und Druck sowie Scheuerstellen am Schuh polstern. Ideal ist hier das sogenannte Sandwichverfahren: die Verwendung von zwei Naturfasern, die so verarbeitet werden, daß die eine – Wolle – außen liegt und die andere – Baumwolle – innen. Das wirkt besonders temperaturausgleichend und wärmend.

Schienbeinschutz für die Empfindlichen

Bei den Langlauf-Strümpfen, die wie die Wandersocken auch über das Knie reichen sollten, kommt es auf eine glatt gestrickte schneeabweisende Außenseite sowie auf schnelltrocknende Materialien an (meist Wollmischungen). Wichtig für den Tragekomfort ist wieder der Frottee- oder Plüschfuß sowie ein weiterer Abschlußgummi, damit nichts rutscht. Diese Polsterung sorgt für eine bessere Schweißaufnahme. Eine Qualität, die für diese Zwecke auch benutzt wird, heißt Dunova. Sie saugt die Feuchtigkeit nicht auf, sondern transportiert sie an die frische Luft.

Daß Yannick Noah so dynamisch und kraftvoll auftreten kann, verdankt er nicht nur seinen Schuhen. Auch die Socke macht´s.

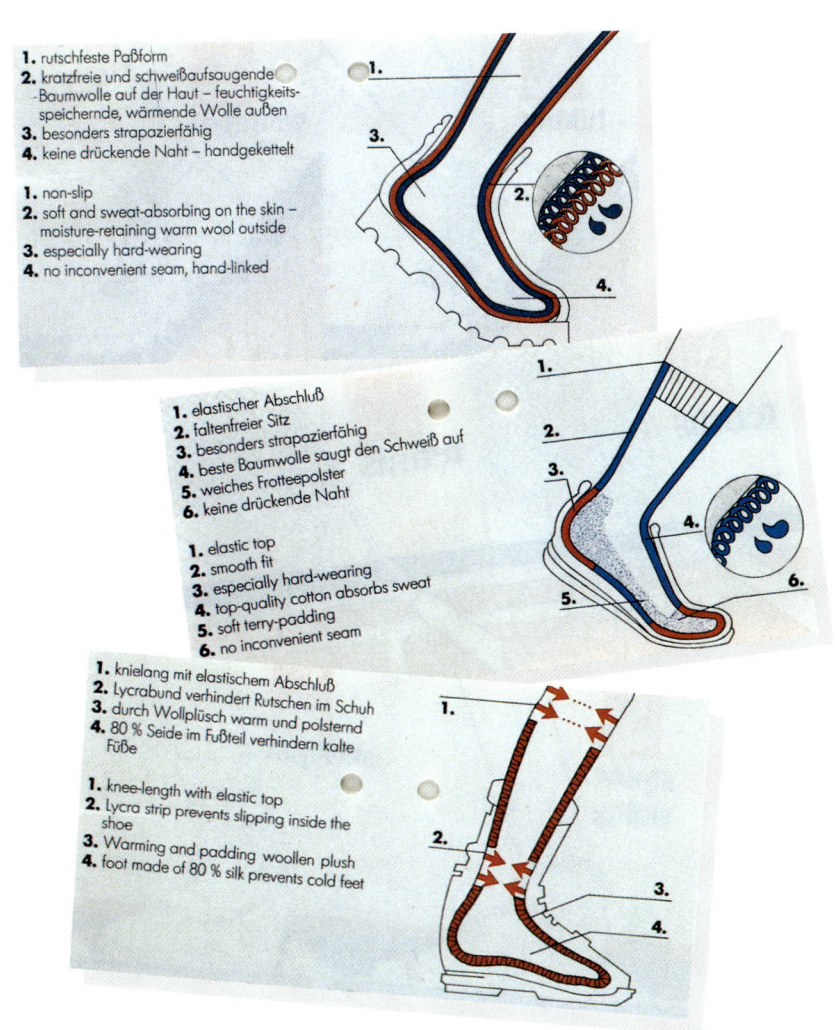

1. rutschfeste Paßform
2. kratzfreie und schweißaufsaugende -Baumwolle auf der Haut – feuchtigkeitsspeichernde, wärmende Wolle außen
3. besonders strapazierfähig
4. keine drückende Naht – handgekettelt

1. non-slip
2. soft and sweat-absorbing on the skin – moisture-retaining warm wool outside
3. especially hard-wearing
4. no inconvenient seam, hand-linked

1. elastischer Abschluß
2. faltenfreier Sitz
3. besonders strapazierfähig
4. beste Baumwolle saugt den Schweiß auf
5. weiches Frotteepolster
6. keine drückende Naht

1. elastic top
2. smooth fit
3. especially hard-wearing
4. top-quality cotton absorbs sweat
5. soft terry-padding
6. no inconvenient seam

1. knielang mit elastischem Abschluß
2. Lycrabund verhindert Rutschen im Schuh
3. durch Wollplüsch warm und polsternd
4. 80 % Seide im Fußteil verhindern kalte Füße

1. knee-length with elastic top
2. Lycra strip prevents slipping inside the shoe
3. Warming and padding woollen plush
4. foot made of 80 % silk prevents cold feet

Die Sportstrümpfe für den alpinen Skilauf müssen die Füße warm und trocken halten. Dafür ist reine Wolle prädestiniert, weil sie etwa 40 Prozent Feuchtigkeit aufnehmen kann, ohne die Haut auszukühlen. Diese angenehme Eigenschaft der Wolle wird durch zusätzliche Frottee- und Plüschsohlen noch verstärkt. Damit ist der Fuß auch gegen Druckstellen des Stiefels geschützt. Bei Luxusartikeln wird bis zu 80 Prozent Seide im Fußteil verarbeitet, weil diese ein optimales Fußklima schafft.

Für empfindliche Schienbeine gibt es ganz spezielle Polster-Socken, die an dieser Stelle mit einer zusätzlichen Plüsch-Verstärkung ausgestattet sind.

Nicht nur die technischen Finessen sorgen für hundertprozentige Funktionalität eines Sportstrumpfes. Verarbeitungskriterien sind ebenso wichtig. Ketteln ist zum Beispiel eine sehr aufwendige Methode, um den Strumpf an der Spitze zu schließen: Die Nähte werden flach und tragen nicht auf, können also weder reiben noch scheuern. Nähen oder auch "Blindketteln" ist die preiswerte Art, eine Strumpfspitze zu schließen. Das Problem dabei ist, daß die Naht härter und wulstig ist. Das verhindern manche Hersteller allerdings, indem sie diese Naht nur in Verbindung mit Plüschverarbeitung einsetzen.

Jeder Sportbereich, ob Wandern, Tennis oder Skilaufen, erfordert unterschiedliche Funktionstüchtigkeiten der Strümpfe. Drei Beispiele zeigen, auf welche Zonen es bei diesen Sportarten ankommt. Skizzen von Falke.

STÜTZSTRÜMPFE

Strammer Schenkeldruck

Zugegeben, der Begriff ist nicht gerade geeignet für erotische Träumereien. Stützstrumpf, das klingt nach Sanitätsfachhandel, Venenleiden und Gebrechen. In den Ohren einiger Strumpfhersteller aber ist der Begriff süße Musik. Denn mit der zunehmenden Verfeinerung der Materialien in den letzten Jahren hat sich der Kreis potentieller Kundinnen enorm erweitert. Zu den Frauen mit Beinproblemen, die eine stärkere Stützwirkung nötig haben, gesellen sich jetzt all jene, die den angenehmen und belebenden Massageeffekt eines Strumpfes mit lediglich leichtem Kompressionsdruck zu schätzen wissen. Das sind vor allem Frauen, die beruflich viel auf den Beinen sind: Verkäuferinnen, Krankenschwestern, Stewardessen. "Komfortstrumpfhosen" nennen sich die Stützer der neuen Generation, die die Grenze zwischen Mode und gesundheitsbedingter Notwendigkeit verwischen.

Mit dem Einsatz von Elasthanen - Lycra vorneweg -, fand in den 80er Jahren eine wahre Revolution in diesem Segment statt, die auch jungen, modisch orientierten Frauen den Zugang zum Stützstrumpf ermöglichte.
Die neuen Materialien präsentieren sich mit glasig-feinem Lüster und in Stärken von 60 bis hinunter zu 20 Denier: fast blickdicht und mit starker Stützwirkung für die extrem strapazierten, hauchzart und leicht stützend für die lediglich etwas müden Beine. Die einst so stumpfe, glanzlose Ware aus milchig-mattem Garn ist vom Markt verschwunden beziehungsweise wird nur noch bei medizinischen Strümpfen für regelrecht kranke Beine eingesetzt.

Besonders interessant unter dem ästhetischen Aspekt sind natürlich die feineren Versionen. So haben einige Hersteller ihr Stütz-Programm mit Schwerpunkt 40 bis 90 Denier um eine betont modische Linie ergänzt, bei der die zarteste Ausführung bereits bei 20 Denier beginnt. Bei Bi zum Beispiel reicht die "Beauty-Serie" von 20 über 30, 40 und 60 bis hin zu 70 Denier. Namen wie "Samba", Flamenco", "Charleston" oder "Mambo"sind Programm: Aktivität, Harmonie, und Wohlbefinden versprechen diese Soft-Stützer aus weichen, geschmeidigen Materialien. Bi-Chef Jörg Bahner: "Wir verkaufen Kosmetik, nicht Arznei!" Beim jüngsten Artikel, "Rock'n Roll", werden auch Microfasern eingesetzt.

Im Haus Elbeo, das bereits 1959 mit der aus Amerika kommenden "Supphose" den ersten Stützstrumpf und 1967 die erste Stützstrumpfhose auf den Markt brachte (Gesamtverkauf In- und Ausland von den ersten Anfängen bis 1991: rund 38 Millionen Stützstrümpfe und -strumpfhosen) weisen Produktnamen wie "Chic & Fit" oder "Rank & Schlank" auf einen schönen Nebeneffekt hin, der bei den Verbraucherinnen auf immer größeres Interesse

STÜTZSTRÜMPFE

113

Bi holte sich für sein Stützprogramm die Anleihen aus der Tanzmusik. Hier Modell "Mambo".

Foto: Bi

stößt: die Stützwirkung macht nicht bei den Beinen halt ("modelliert" das Bein), sondern strafft auch Bauch und Hüften. Dieser Miedereffekt ist wiederum von ganz leicht bis stark zu haben. "Control Top" nennen sich auch hierzulande die Strumpfhosen mit verstärktem, figurformendem Höschenteil, die unter knallengen Hosen oder Strickkleidern ästhetisch überlebenswichtig sind.

Etwa ein Dutzend Hersteller teilt sich den Markt in Deutschland, neben den oben genannten unter anderen auch Wolford mit "Synergie" und Falke mit "Vitality". Regelrechte Stützstrumpfhosen erreichten hierzulande Anfang der 90er Jahre Marktanteile von etwa drei, modische Strumpfhosen mit lediglich leicht stützender Wirkung etwa zwei Prozent. Während die erste Zahl seit Jahren relativ konstant ist, versprechen die Hersteller sich von der zweiten hohe Zuwachsraten. Der Marktanteil von insgesamt fünf Prozent im Stützbereich ist viel und zugleich wenig im Vergleich zu den Vereinigten Staaten und Japan, wo die Frauen fünf- bis sechsmal soviel Geld ausgeben für die Stützer. Daß Beine, Bauch und Hüften dabei auch "modelliert" werden, ist ein wichtiger Kaufanreiz. "Contouring" heißt das Zauberwort in den USA: die Konturen werden nachgezeichnet. Der höhere Verbrauch ist dieser kosmetischen Wirkung ebenso wie auch dem intensiver ausgeprägten Gesundheitsbewußtsein der Amerikanerinnen zu verdanken. Zudem sind die Stützstrumpfhosen der neuen Generation schon einige Jahre länger auf dem US-Markt, wurden zudem mit massivem Werbeaufwand unterstützt. All das sind Tatsachen, die die Branche zur Annahme berechtigen, daß in Deutschland der eigentliche Boom erst noch ansteht.

Denn auch hierzulande hätten weitaus mehr Frauen Strümpfe mit Stützwirkung nötig. Einer von Bi bei der Dermatologischen Klinik Tübingen in Auftrag gegebenen Studie zufolge haben 60 Prozent der deutschen Frauen leichte bis schwerwiegende Beinprobleme; das reicht von Durchblutungsstörungen über "Besenreißer" und Krampfadern bis hin zu Wasser in den Beinen.

Stützstrümpfe beziehungsweise -strumpfhosen werden zumeist in den drei Stützklassen Leicht, Mittelstark und Stark angeboten: leichte Ware mit lediglich massierender Wirkung für die müden, mittelkräftige für Problem- sowie kräftige Wirkung für belastete, auch geschwollene Beine. Die Stützwirkung beruht auf dem Arbeitsvermögen elastischer Fäden oder, genauer: auf der Rücksprungkraft der umwundenen Elasthanfilamente. Bereits vorhandene ebenso wie drohende Stauungen im Rücktransport der ständig in die Peripherie gepumpten Blutflüssigkeit sollen mit ihrer Hilfe vermieden werden. Die Kompression muß in der untersten Beingegend, also dort, wo die Neigung zu Ödemen am größten ist - im Bereich der Knöchel- und Fesselgegend -, am stärksten sein. Zum Körper hin sollte der Druck allmählich nachlassen und erst dort gering werden, wo Venenerweiterungen nicht mehr zu befürchten sind.

STÜTZSTRÜMPFE

Lange Tage, fitte Beine: Sympathiewerbung von Elbeo

Die Qualität eines Stützstrumpfes hängt wesentlich vom Einsatz des Kompressionseffekts an der richtigen Stelle ab. Es gibt billige Ware, die in der Fußpartie wie auch im Oberschenkelbereich beim Tragen den gleichen Kompressionsdruck aufweist. Bei Strümpfen mit leichter Stützwirkung mag das nicht besonders auffallen, aber bei stärkeren Qualitäten können Blutstauungen und Abschnürungen entstehen. Deshalb ist ein korrekter Kompressionsdruckabfall (Druckprofil) von größter Bedeutung.

Im medizinischen Bereich spielen Stützstrümpfe insbesondere in der Nachbehandlung von Venenoperationen und -verödungen eine wichtige Rolle. So sind die Aussichten auf einen Rückfall beziehungsweise das erneute Auftreten von Krampfadern beim Tragen eines Kompressionsstrumpfes sechsmal geringer als beim Tragen eines normalen Strumpfes.

"Pippi Langstrumpf", 1969. Die ungleichen Strümpfe gehören zum Markenzeichen dieser unvergeßlichen Kinderfilm-Figur.

FILM

Foto: Bildarchiv Peter W. Engelmeier

STRUMPF & FILM

Der verherrlichte Damenstrumpf und die denunzierte Männersocke

"Strumpfszenen haben in den Köpfen der Zuschauer eine kollektive Sehnsucht nach wunderschönen Frauen etabliert, die in einem herrlich dekorierten Ambiente in Ausnahmesituationen gezeigt werden. Der männliche Kinogänger hat diese Traumwelt mit nach Hause genommen und reagiert fortan elektrisiert, wenn er die eigene Freundin in Strümpfen sieht", schwärmt der Münchner Filmproduzent Michael Röhrig, Roxy Film. Nicht zu vergessen auch die hypnotische Wirkung solcher Szenen auf das Nachahmungsbedürfnis der Frauen. Millionen eifern ihren Leinwandidolen nach, kopieren sie bis auf die letzte Strumpfnaht.

Der Kinogänger im Rausch der Bilder

Damit dieser Sensibilisierungseffekt stattfindet, muß jedes Detail, jede Szene eine deutliche und einprägsame Sprache sprechen. Dann nämlich erst passiert das Beste, was der Film zu bieten hat: Der Kinogänger berauscht sich an den produzierten Visionen.
Seine Sinne werden geschärft und damit sein Empfinden und Verstehen von Sinnlichkeit und Erotik, von Glamour und Eleganz, Dramatik und der beißenden Eindringlichkeit des Moments, der auf der Leinwand immer so viel größer ist als im wahren Leben. Die prägenden Eindrücke aus der fiktiven Welt im Kino bescheren dem wieder ins Alltagsleben aufgetauchten Zuschauer wunderbare Aha-Effekte.

In dieser Hinsicht haben Filme oft Missionsarbeit geleistet, indem sie dem Zuschauer ein neues Gespür für die Welt der Schönheit vermittelten. Unter diesen Voraussetzungen machte auch der Strumpf Karriere am modischen Firmament der Leinwand.

Privatfoto von Hans Albers in Venedig - im weißbestrumpften Freizeit-Look.

Das große Zelluloid-Kapitel des Damenstrumpfes

Weil das Kapitel Frauenstrümpfe im Film verständlicherweise sehr viel umfassender ist (die meisten Regissseure und Drehbuchautoren sind Männer) als das der dusseligen Männersocken, sollen die Schüsse auf den Sehnerv aus dieser Waffe der Filmfrauen zuerst ins Auge gefaßt werden. "Trägt eine Frau Strümpfe, und man sieht es, gibt sie den Blick frei auf Zonen, die den erotischen sehr nahe sind. Rutscht in einer Szene der Rock einer Frau hoch oder schlägt sie die Beine übereinander, während ihr ein Mann zusieht, dann drückt sie damit eines deutlich aus: sie zeigt etwas Verbotenes. Die Kamera geht drauf, gibt diesem Moment Bedeutung und erzählt. Hier ist kein weiterer Kommentar nötig", so Michael Röhrig.

STRUMPF & FILM

"Die Reifeprüfung", 1968. Die Strumpfszene als zentrales Element der Verführungskunst zierte sogar das Filmplakat dieses frühen Dustin Hoffmann-Films. Das laszive und bestrumpfte Frauenbein und der unbeholfene Reifeprüfling symbolisieren vollständig, worum es geht.

Neben der verboten-erotischen Komponente können Strumpfszenen im Film auch Erotik im privaten Sinn ausdrücken. "Wenn sich Frauen im Film Strümpfe an- oder ausziehen, wird damit ein persönlich-individuelles Moment ausgedrückt. Strümpfe am Frauenbein, das ist im Film oft ein Establishment-Shot (d.h. eine Szene, die den Zuschauer über Handlungsort und -absicht orientiert), der dem Zuschauer eine klare Nachricht gibt: Die Frau nimmt gerade zur erotischen Ebene Kontakt auf. Das Darstellen dieser Kontaktaufnahme ist mit dem Instrument Strumpf sehr leicht zu erreichen. Daher sind Strümpfe immer ein starkes Signal, das es dem Autor oder Regisseur erspart, sehr viel anderes zu tun". Die Betonung legt Röhrig auf Strümpfe, nie Strumpfhosen, "diese widerlichen Plastiktüten, die alles Weibliche von der Taille abwärts abdecken".

Truffauts Lust, Fassbinders Machenschaften

Wenn man die Archive der Filmgeschichte durchforstet, werden fein nuancierte Unterschiede deutlich in der Art, wie Strümpfe im Film bewußt als provozierendes Mittel der Nicht-Nacktheit eingesetzt werden. Wie intensiv, auf welche Art und Weise damit operiert wird, hängt vom Regisseur, dem Image des Stars und auch von der Mentalität des jeweiligen Filmlandes ab.

Truffaut zum Beispiel ist geradezu besessen von Strümpfen; er setzt sie mit großer Vorliebe und sehr lustvoll ein. Im Film "Der Mann, der die Frauen liebte" ist der Frauenstrumpf ein Symbol für Begehrlichkeit. Der ganze Film handelt von der Suche nach dem ewig Weiblichen. Nicht umsonst gilt dieser Streifen von 1977 als hinreißendes Stück Kinogeschichte für Strumpf- und Wäsche-Fetischisten. Die Moral von der Geschichte: der Eros-fixierte Protagonist stirbt den schönsten Tod auf Erden - er erliegt der Unerreichbarkeit des Objektes seiner Begierde. Eine französische Lösung.

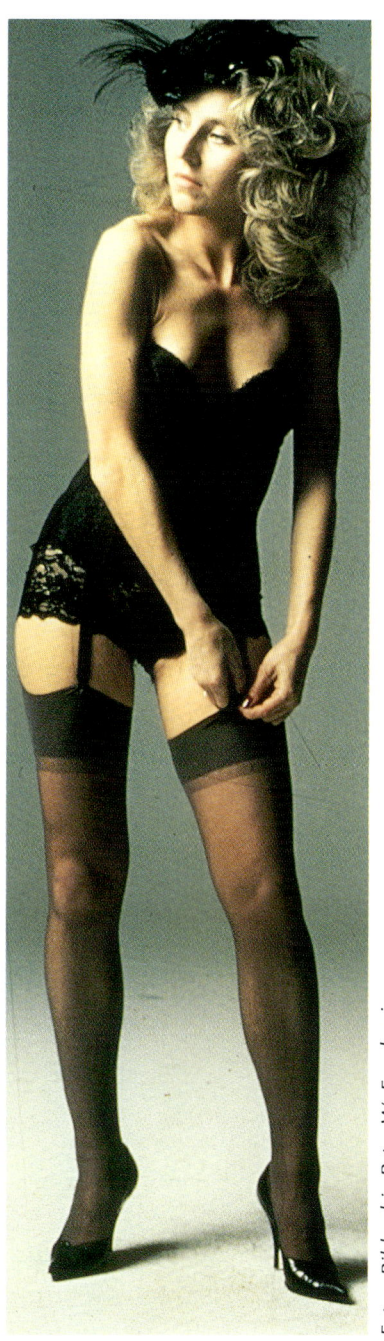

"Die Ehe der Maria Braun", 1979. Der Film von Rainer Werner Fassbinder erzählt die Geschichte einer ebenso schönen wie ehrgeizigen Frau, gespielt von Hanna Schygulla, die in den Nachkriegsjahren skrupellos ihren gesellschaftlichen Aufstieg verfolgt. Dabei setzt sie auch Strumpf und Straps gnadenlos ein. Fassbinder und seine Vorliebe für erotische Textilien bilden eine Ausnahme in den Reihen der kopflastigen deutschen Filmemacher.

Fotos: Bildarchiv Peter W. Engelmeier

STRUMPF & FILM

Im internationalen Vergleich der Filmländer fällt die Strumpfliebe der Franzosen am deutlichsten auf. "Sie arbeiten selbstverständlich und erotisch mit dem Signal Damenstrumpf, haben dazu, ähnlich wie die Italiener, ein regelrecht feinschmeckerisches Verhältnis. In den USA dagegen", so Röhrig, "ist der Mainstream prüde".

Als das Strumpfbild dem amerikanischen Sittlichkeits-Kodex zum Opfer fiel

Die USA erlebten als größtes und exponiertestes Filmland allerdings auch Zeiten der extrem strengen sittlichen Kontrolle. Nicht unerwähnt soll an dieser Stelle die Hays-Ära bleiben. Hays, auch "Vater der Sittlichkeit" genannt, galt als Terminator aller erotischen Filmszenen. Jedes Kostüm wurde auf seine Anständigkeit geprüft. Filme durften weder Bauchnabel zeigen noch Strumpfbänder. Nackt- und Ausziehszenen waren tabu, genauso Gewalt, Leidenschaft und Sex. Ordneten sich Regisseure nicht dem Moral-Kodex von Hays unter, wurde der Film verboten. Von 1922 bis 1945 regierte Hays, der angeblich den Bauchnabel nicht vom weiblichen Geschlechtsteil unterscheiden konnte, über Hollywood. Damit nicht genug: über Hollywoods Filmschaffenden hing noch ein zweites Damoklesschwert mit noch schärfer gewetzter Klinge: Was Hays in seiner Zeit gerade noch durchgehen ließ, wurde oft von der "Liga der katholischen Sittlichkeit" indiziert. Sie riefen zum Boykott der mit einem "C" gekennzeichneten, für unmoralisch befundenen Filme auf. Diese fanden infolgedessen keinen Verleiher.

Erst der Zweite Weltkrieg zog einen Schlußstrich unter dieses prüde Kapitel amerikanischer Filmstudios. Danach gab es erst zögerlich, dann immer heftiger eine wahre Invasion inszenierter Nacktheit von Gewalt und Sex in Filmen.

Grundsätzlich hat sich die prüde amerikanische Mentalität jedoch auch im Filmbusiness durchgesetzt. Oft werden in den USA mit allen unmoralischen Facetten gedrehte Filme nur im Auslandsverleih in voller Länge gezeigt. Die Version für den Heimmarkt ist um alle prekären Szenen beschnitten. So 1992 geschehen, im Fall des Erotik-Thrillers "Basic Instinct".

Warum die Deutschen keine Strumpf-Gourmets sind

Betrachtet man unter diesen Gesichtspunkten den deutschen Film, wird man sehr schnell das prickelnde Flair, das den Franzosen und Italienern bei diesem Thema zu eigen ist, vermissen. Ähnlich übrigens in England. "Hier ist das alles viel tumber. Die Deutschen tun sich im selbstverständlichen Umgang mit Erotik schwer, weil sie zu ernsthaft, zu aufklärerisch, zu kopflastig, zu humorlos und geistig unbeweglich sind. Als einziger hatte Fassbinder dafür einen Sinn. Seine "Lola" (1981) oder seine "Maria Braun" ("Die Ehe der Maria Braun, 1979) waren starke Identifikationsfiguren, die er so angezogen hat, daß sie Männer verrückt machen können. Strumpf und Straps waren dabei bewußt eingesetzte Mittel. Rainer Werner Fassbinder ist in dieser Hinsicht einmalig, nur wurde es bei ihm gleich so bizarr und grell", so Röhrig.

Fotos: Bildarchiv Peter W. Engelmeier

"Ich glaub' mich tritt ein Pferd", 1979. Das Privatcollege-Milieu in Amerika zu Beginn der 60er Jahre. Enthüllungen wohlerzogener Töchter aus besserem Hause gehören zum Studentenulk.

Ein "must" für Chorus-Line-Girls: Die Strumpfhose mit Naht (wie im Bild) oder die Netzstrumpfhose. Damit betonten sie ihr wichtigstes Werkzeug: die Beine.

Ein Menue cineastischer Leckerbissen für Strumpffreaks

Natürlich nutzten auch viele andere Regisseure den Strumpfthrill in ihren Filmen, wenn auch nicht so konstant in Markenzeichen-Manier wie Truffaut und Fassbinder. Nichtsdestotrotz haben sie so manches Mal den Damenstrumpf mit hingebungsvoller Wollust inszeniert. Als ausgesprochene Leckerbissen für Connaisseure dieses erotischen Filmmoments gelten:

"Gestern, heute und morgen", 1964. Wer die prächtigen Pasta-Kurven der Loren schätzt, erlebt sie hier in einer ihrer erotischsten Szenen. Der dargebotene legendäre Strip von Sophia - unvergeßlich, wie sie sich ihrer Seidenstrümpfe entledigt - markiert den Anfang der Hollywood-Karriere des italienischen Erotik-Exports.

In "Malizia", 1973, erzählt der Regisseur Salvatore Samperi auf etwas hausbackene Weise, aber nicht weniger sexy, die Geschichte der Pubertät. Eine attraktive, junge Hausangestellte, gespielt von Laura Antonelli, tritt an die Stelle der verstorbenen Ehefrau und löst exzessive sexuelle Spannungen in der wohlhabenden süditalienischen Familie aus. Nicht zuletzt, weil sie, Malizia, unentwegt Strümpfe trägt. Wenn sie die Bücher auf dem Regal abstaubt (eine im Film immer wieder eingesetzte Szene für den verbotenen Blick auf das Darunter), flippen die pubertierenden Kinder fast aus, sobald sie den Strumpfrand unterm Rock erblicken. Der Damenstrumpf ist hier Signal der potentiellen Verfügbarkeit, dessen Aussagekraft noch verstärkt wird durch die unterprivilegierte Position von Malizia als Hausmädchen. Das Thema der Hausfrauen-/Hausmädchen-Erotik animierte auch den Briefträger, zweimal zu klingeln. In dem melodramatischen Krimi "Wenn der Postmann zweimal klingelt", 1981, trägt Jessica Lange unter der Küchenschürze Straps und Strümpfe. Eine wohldosierte Kostümausstattung. Die Küchenschürze ist die Realität, in der sie lebt. Die Strümpfe signalisieren die Frau, die sie wirklich ist.

Das bestrumpfte Frauenbein als Lichtblick im depressiven Alltagsdunkel erlebt bei Luis Bunuel's "Tristane", 1975, eine fast philosophische Erhöhung. In diesem Stück verliert ein junges Mädchen, gespielt von Cathérine Deneuve, ein Bein. Wenn sie nun Strümpfe trägt, kleidet sie damit auch ihr künstliches Bein ein. "Obwohl ein Bein weg ist, wirkt das andere nun umso schöner. Das funktioniert nach dem Schema: man verliert etwas, um die Erkenntnis zu erlangen, was das Unzerstörte eigentlich wert ist", findet Michael Röhrig.

Die Luxuslust einer sowjetischen Agentin
Grundsätzlich ist die Semantik des Damenstrumpfs im Film klar. Er wird als Metapher für Erotik oder aber für die Privatsphäre eingesetzt. Mit wenigen Ausnahmen, bei denen der Damenstrumpf Reichtum und Luxus symbolisiert. So in "Seidenstrümpfe" (1958): Greta Garbo spielt in diesem Film eine Sowjetagentin, die den Auftrag hat, einen russischen Komponisten den Fängen Hollywoods zu entreißen. In den USA aber erliegt sie den Verführungen der freien Konsumwelt: sie kauft sich Seidenstrümpfe. Diese ausnahmsweise ein-

STRUMPF & FILM

"Der Blaue Engel", 1930. Eine der berühmtesten Strumpfszenen im Film. Die Dietrich als Tingeltangel-Sängerin Lola verkörpert den damals neuen Typ des Vamps, der sowohl heiße weibliche Attribute (schöne Beine mit Straps und Strumpf) als auch männliche Merkmale (Zylinder, Manschetten) in sich vereint.

Bildarchiv Peter W. Engelmeier

mal nicht erotische Signalwirkung des Damenstrumpfs kommt fast einem politischen Statement gleich, das mit dem Argument "jede Frau liebt es, Seidenstrümpfe zu tragen" den Ostblock in seine die weiblichen Reize ignorierenden Schranken weist.

Hollywoods Göttinnen und ihr Strumpf-Appeal

Die legendäre Marlene Dietrich in "Der Blaue Engel": Dieser 1930 erschienene Film bildete nicht nur Ausgangspunkt für Marlene Dietrichs Karriere als Vamp, er lieferte auch eine erste Vorahnung in bezug auf den neuen Typus der emanzipierten Frau, den sie verkörperte. Als laszive Tingeltangel-Sängerin wirkt die Dietrich oben männlich mit Manschetten, Zylinder und an Anzugwesten erinnerndes Oberteil. Unten jedoch ist sie durch und durch weiblich, zeigt ihre anbetungswürdigen schönen, langen, bestrapsten und bestrumpften Beine. Marlene Dietrich hat der Nachwelt in dieser Rolle eine der schönsten und klassischsten Strumpfszenen geschenkt. Einen ähnlichen Aufbau des Filmkostüms gibt es in "Cabaret", 1972. Liza Minelli als Varieté-Sängerin auf der Bühne, der letzten Insel der Dekadenz im Berlin der 30er Jahre. Der muskulöse Oberkörper der Minelli, dazu ihre Oberbekleidung, die wie eine Zitatensammlung aus der Herrenbekleidung anmutet, wirken maskulin. Auf dem Bühnenboden der Tatsachen steht sie indes mit sehr weiblich akzentuierten Beinen: Strumpf und Straps als eindeutiges Erotik-Signal. Mit diesem Moment, daß Frauen männlich sein können und trotzdem weiblich bleiben, wird hier unter Zuhilfenahme des Weiblichkeits-Vehikels Strumpf & Straps sehr gekonnt gespielt.

Mit "Fame", 1980, fing die Serie der Tanzfilme an, die eine wahre Bedürfnis-Invasion nach Legwarmers und Dancetights ausgelöst haben. Tausende von Girls wollten in ihren Aerobic-Klassen plötzlich genauso aussehen wie ihre Leinwandheldinnen. Hier im Bild eine Tanzszene aus "Breakdance".

Fotos: Filmarchiv Peter W. Engelmeier

"Immer die Radfahrer", 1958. Heinz Erhardt-Lustspiel auf den Radlerpfaden durch's Kärntner Land. Für den fidelen Kalauerfilm schlüpfte Erhardt in landschaftsgemäße Tracht. Die blickfreie Zone zwischen Lederhose und Trachtenstrumpf erhöht den Lacheffekt.

"Moulin Rouge", 1952. Der Film des Regisseurs John Huston war in den 50er Jahren ein Welterfolg. Vor der pittoresken Pariser Kulisse der anbrechenden Belle Epoque werden Cancan und schwarze Florstrümpfe in Szene gesetzt.

"Irma La Douce", 1963. Regisseur Billy Wilder hat die Hauptfigur mit dem Markenzeichen 'nixengrüne Feinstrümpfe' ausgestattet. Shirley MacLaine als sympathische Dirne Irma zelebriert ihr Faible mit Hingabe.

Fotos: Bildarchiv Peter W. Engelmeier

Warum die Monroe auf Straps & Strumpf verzichtete

Seltsamerweise waren die Sexgöttinnen des Kinos wie Marilyn Monroe oder Brigitte Bardot so gut wie nie in Straps und Strumpf zu sehen, obwohl es gerade bei ihnen so nahe gelegen hätte. Vermutlich wäre der Strumpf hier zuviel gewesen, bei der geballten Ladung Erotik, die die BB und die MM zu bieten hatten. Man denke nur an "Das verflixte 7. Jahr", als sich die Monroe über einem U-Bahn-Schacht kühle Luft unters Plissee wehen läßt. Hätte sie in dieser Szene auch noch Strumpf und Straps getragen - die Sittlichkeits-Behörden wären wahrscheinlich durchkreuzend auf den Plan von Regisseur Billy Wilder getreten. Zum anderen wäre die erotische Ausstrahlung der Monroe überoptimalisiert worden. Das heißt, ihre glamouröse erotische Wirkung wäre zusammengeschmolzen auf ein plump-körperliches Niveau. Vermutlich! Genau weiß man es nicht. Sie hat ja - im Film - nie Straps und Strümpfe getragen.

Die Filmkarriere der Netzstrumpfhose

Die Monroe und die Bardot griffen mit Vorliebe auf ein anderes Produkt der Strumpfindustrie zurück, um ihre körperliche Vollkommenheit zu unterstreichen. Beide, vor allem die Monroe, trugen Netzstrumpfhosen. Diese hatten im Film selten eine erotische Bedeutung -

STRUMPF & FILM

das war, wie wir wissen, die Domäne von Strumpf und Straps - sie dienten vielmehr der Untermalung des körperlich Schönen. In Hollywood waren Netzstrumpfhosen auch immer gleichbedeutend mit Revue. Chorus-Line-Girls trugen sie anstelle der Nahtstrumpfhosen. Auch die Monroe streifte sich das Netzwerk übers Bein, wenn sie den Zuschauer mit ihren Tanz- und Sangeskünsten einwickelte.

Shirley Temple und ihr prüder Weiße-Söckchen-Charme

Soviel zu den erotischen Strumpfträgerinnen auf der Kinoleinwand. Sollen Schauspielerinnen andere Signale als die der verbotenen Lust aussenden, wird der Damenfeinstrumpf in der Regel aus der Reihe der bedeutungsvollen Requisiten verbannt. Stattdessen kommt das weiße Söckchen oder der Kniestrumpf zum Einsatz. Typisches Beispiel dafür ist Shirley Temple. Die putzige Biedermeier-Tanzmaus des amerikanischen Films steppt sich meist mit dieser Wirkware durch die Kinderstunde im Kino. Ihr rechtschaffenes, prüdes Image von Mutti's Liebling, das auf Niedlichkeit und Anständigkeit basiert, ist nicht losgelöst von Kinderschühchen und den sogenannten Bobby-Socks zu sehen. Das weiße Söckchen also als deutlicher Hinweis auf die stets blitzsauberen Pfade, auf denen Shirley Temple zu wandeln pflegt.

Ebenfalls auf Prüderie und frisch gebügelter Spießigkeit beruht das filmische Charisma der Doris Day. "Die amerikanische Jungfrau" ist im Film auf die Rolle der ewig Unverdorbenen festgelegt - wiewohl sie im wahren Leben gleich mehrmals verheiratet war. Die braven, unerotischen Kniestrümpfe, die sie in "Als das Licht ausging" trägt, wirken daher absolut passend.

Der Filmdoofie in weißen, weiten Unterhosen und schwarzen Socken

Der Strumpf als Betonung des Geschlechtslosen, das Verhohnepiepeln des Sexus, ist mit Vorliebe bei männlichen Schauspielern eingesetzt worden. Auf einen Typ hatten es die Filmproduzenten dabei vor allem abgesehen: "Die ganzen 'Nurdes', die domestizierten, dummen Männer, die unter dem Pantoffel ihrer Frau und ihres Chefs stehen und oft etwas opportunistisch sind, die stellt man im Film gern in zu weiten Unterhosen und Socken dar, oft noch mit einer leicht über den Onkel gehenden Fußhaltung. Meist wird die Männersocke so in Komödien eingesetzt, wenn man eine dumme Figur zeigen will", zieht Michael Röhrig Bilanz.

Häufig soll ein Mann, der im wahrsten Sinne des Wortes in einer Szene die Hosen runtergelassen hat, auf lächerliche Weise auch besonders wehrlos dargestellt werden. In Hallervorden-Filmen wird dieses Bild gern benutzt, wenn Didi wieder mal den dummen August spielt. Bis zum Abwinken setzten auch Laurel & Hardy dieses Motiv in sämtlichen komischen Varianten ein. Von der qualmenden Socke bis zum kinderkopfgroßen Strumpfloch wurde nichts ausgelassen.

"Bus Stop", 1956. Marilyn Monroe, die "Sexgöttin" Hollywoods, machte die Netzstrumpfhose berühmt. Meist zog sie sich die Maschenhülle für Tanz- und Gesangsszenen über. So auch in dieser filmischen Broadway-Adaption als Barsängerin. Abgelichtet in Strumpf und Straps sucht man sie in allen Filmen jedoch vergeblich.

STRUMPF & FILM

Eine klassische Szene für den Einsatz von Männersocken im Film: Soll ein Mann in einer Szene auf lächerliche Weise wehrlos dargestellt, als tumber Trottel vorgeführt oder einfach nur 'denunziert' werden, wird er in weiten, weißen Unterhosen und Männersocken gezeigt. Im Bild Spencer Tracy.

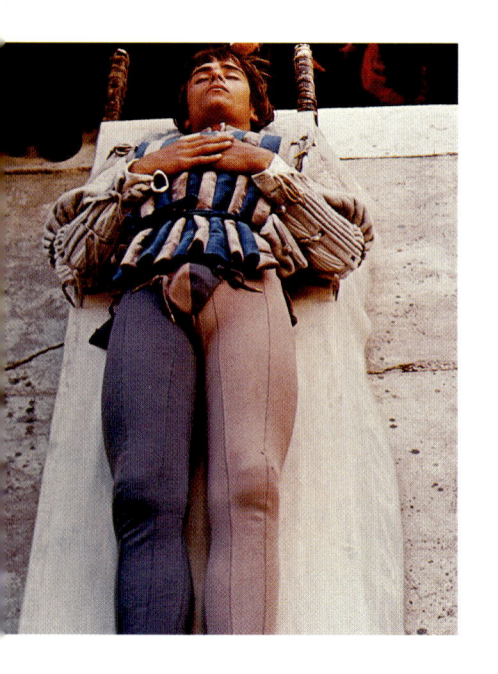

Wo der Männerstrumpf noch männlich wirkt:
Einzige Ausnahme unter den sockentragenden Witzfiguren im Film bilden die Kinohelden in den typischen Kolonialfilmen, bei denen Strümpfe zum klassischen Gesamt-Outfit gehören, weil sie tatsächlich eine schützende Funktion erfüllen. Gleiches gilt für die gestrickten Wadlwärmer oder Trachtensocken in Heimatfilmen; sie sind ebenfalls Elemente eines authentisch nachempfundenen Folklore-Stils. In diese Reihe gehören auch Kriegsfilme mit strickgamaschentragenden Soldaten oder historische Kostümschinken wie "Romeo und Julia" oder "Amadeus".

"Romeo und Julia", 1967. Kostümausstattung im mittelalterlichen Stil für die Verfilmung von Shakespeare's Tragödie von den unglücklichen jungen Liebenden in Verona, die an der Unversöhnlichkeit ihrer Familien zugrunde gehen.

Oskars Wollsocken und Pippis Langstrümpfe
Bei Kinderrollen oder Kinderfilmen werden Socken und Strümpfe ebenfalls als zusätzliches Mittel zur Charakterisierung des Darstellers eingesetzt. Typisch sind Oskar's Wollsocken in "Die Blechtrommel", 1979. Hier dienen die ewig kratzenden und rutschenden Wollsocken sogar einer zusätzlichen Unterstreichung des widerspenstigen und struppigen Wesens der Hauptfigur Oskar Matzerath, dargestellt von David Bennet.

Eine einmalige Position hat "Pippi Langstrumpf", 1969, eingenommen. Bei dieser erfolgreichen Kinderfilmfigur haben sich die ungleich langen und verschiedenfarbigen Strümpfe zusammen mit den roten Zöpfen nicht nur als Markensignet etabliert. Sie haben der Hauptfigur sogar den Namen gegeben. Mit ihren liederlichen, an Strapsen festgehaltenen Strümp-

STRUMPF & FILM

"Amadeus", 1984. Milos Formans virtuos inszenierter Film über die zehn letzten Lebensjahre von Wolfgang Amadeus Mozart (1756-1791) gewährt auch Einblicke in die damalige höfische Strumpfmode.

fen und ihren kuriosen Werken in der Villa Kunterbunt lebt Pippi das von Kindern so ersehnte Erwachsenen-Leben aus und ist gleichzeitig Kind. Eine einmalige Idee der Buchautorin Astrid Lindgren.

Der Damenstrumpf als Maske

Natürlich hat der Damenstrumpf im Film - wie in der Realität - auch so manche Fremdverwendung gefunden. Die unzähligen verfilmten Banküberfälle sprechen davon Bände. Der Damenstrumpf als Mittel der Verkleidung funktioniert deshalb so gut, weil er das Gesicht manipuliert. Da ein Gangsterschädel in der Regel um einiges breiter ist als ein Damenbein, werden unter der Maschenmaske die Gesichtszüge einfach plattgedrückt.

Ein letztes Wort zu den vielen kleinen Nebenrollen, die der Strumpf im Film gespielt hat und spielt. In der Mehrzahl - und das muß eindeutig gesagt werden - ist der Strumpf nur mit einer Leinwandrolle im Hintergrund besetzt, ist ein Mosaikstein im Kunstwerk Kostümdesign, ein Komparse im gesamten Erscheinungsbild einer Filmgarderobe ohne eigenständige Bedeutung. Er ist einfach nur da, ein Element dieser subtilen Mischung aus schöpferischer Design-Phantasie und den durch das Drehbuch vorgegebenen Fakten, die vor allem Hollywoods Kostümdesigner auf unvergeßliche Zelluloid-Kilometer gezaubert haben.

Der geneigte Leser wird bemerkt haben: Die Reise durch die Strumpfgeschichte des Films hat ihre Endstation erreicht.

DESİ

Versace

Chantal Thomass

Fotos: Gertrud Holle-Suppa

G N E R

DESIGNER

Nomen est Omen

Daß Namen keineswegs nur Schall und Rauch sind, wußten schon in den 20er Jahren des vergangenen Jahrhunderts die Strumpfwirker im sächsischen Zeulenroda: Um ihre Ware mit der Aura der großen weiten Welt zu umgeben, arbeiteten sie ganz ungeniert das kleine, aber werbewirksame Wörtchen "Paris" in die Oberkante ihrer Strümpfe mit ein – die dann auch noch, um die Sache glaubhaft zu machen, mit Aufpreis verkauft wurden. Die Wirkereien in Sachsen, obwohl schon damals bekannt für ihr Können, machten offensichtlich gute Geschäfte mit diesem kleinen Trick.

Heute sind es nicht die Städte, sondern die großen Designernamen, die manchen Strümpfen erst die rechte Anziehungskraft verleihen. Nomen est omen, Namen sind voller Bedeutung. Allerdings werden – anders als in Zeulenroda – nicht mehr nur Buchstaben, sondern auch Ideen in die Waagschale der Käufergunst gelegt. Wer heutzutage eine interessante Kleiderkollektion entwirft, darf damit rechnen, daß ihm eines Tages das Lizenzangebot eines Strumpfherstellers auf den Tisch flattert. Je nach Stilrichtung entstehen so die unterschiedlichsten Anregungen für Qualitäten, Farben und Dessins. Fünf Designer sagen, was Strümpfe ihnen bedeuten.

Christian Lacroix (Le Bourget)

"Ein Aspekt, den ich an der Mode liebe, ist die wechselnde Stimmung, die ein Kleid ausstrahlen kann allein aufgrund neuer Accessoires. Sie können einfach alles verändern. Für die Strümpfe als optische Fortführung des Kleides gilt das ganz besonders. Übrigens durchaus auch dann, wenn der Rock wieder länger wird. Strümpfe können ein schönes Bein noch schöner machen und ein weniger schönes gnädig kaschieren. Seit fünf Jahren sammle ich Themen und Motive für eine Strumpfkollektion. Meine Vorliebe für die Volkskünste, die traditionellen Handwerksformen und die Folklore Mittel- und Südamerikas: all das gemixt in einem zeitgemäßen Geist ergibt meine Version einer üppig verzierten Mode-Welt, deren Reichtum in der Vermischung sämtlicher Kulturen liegt."

Foto: Christian Lacroix

Yves Saint-Laurent (Kunert)

"Für mich sind Strümpfe das wichtigste Accessoire überhaupt; sie stehen ganz oben auf der Rangliste. Beine haben eine große Faszination, das überträgt sich auf die Hülle, die sie umgibt. Am schönsten finde ich immer wieder die sehr feinen schwarzen Strümpfe. Hochinteressant sind die neuen Materialien wie Lycra, Tactel etc., die in Zukunft noch viele Möglichkeiten eröffnen werden. Seit meiner ersten Lizenz vor mehr als 25 Jahren hat sich enorm viel getan in der Strumpfmode. Sie wird sich auch künftig noch mächtig weiterentwickeln."

Foto: dpa

Für das vorliegende Buch notierte Karl Lagerfeld seine Gedanken zum Thema Strumpf und Strumpfhose - pardon: "bas" und "collant"!

Foto: Liz Rehm

Jil Sander

"Strümpfe sind ein Teil des Outfits, und da mein Modekonzept 'ganzheitlich' gedacht ist, interessieren sie mich sehr. Wichtig ist mir einerseits ihre Qualität, andererseits ihre farbliche Abstimmung auf die Kollektion. Wie alle Accessoires können Strümpfe ein Outfit, vor allem in der Farbabstimmung, unterstreichen, komplettieren – oder leider auch ruinieren. Hochinteressant sind die Möglichkeiten, die sich dank der neuen Materialentwicklungen ergeben. Innovatives auf diesem Gebiet fasziniert mich. Die Qualität des Materials ist gerade bei Strümpfen wichtig – und spürbar. Zum Design: das ist doch ziemlich festgelegt. Auffällige Muster jedenfalls gibt es bei mir nicht."

Foto: Jil Sander GmbH

DESIGNER-PHANTASIEN

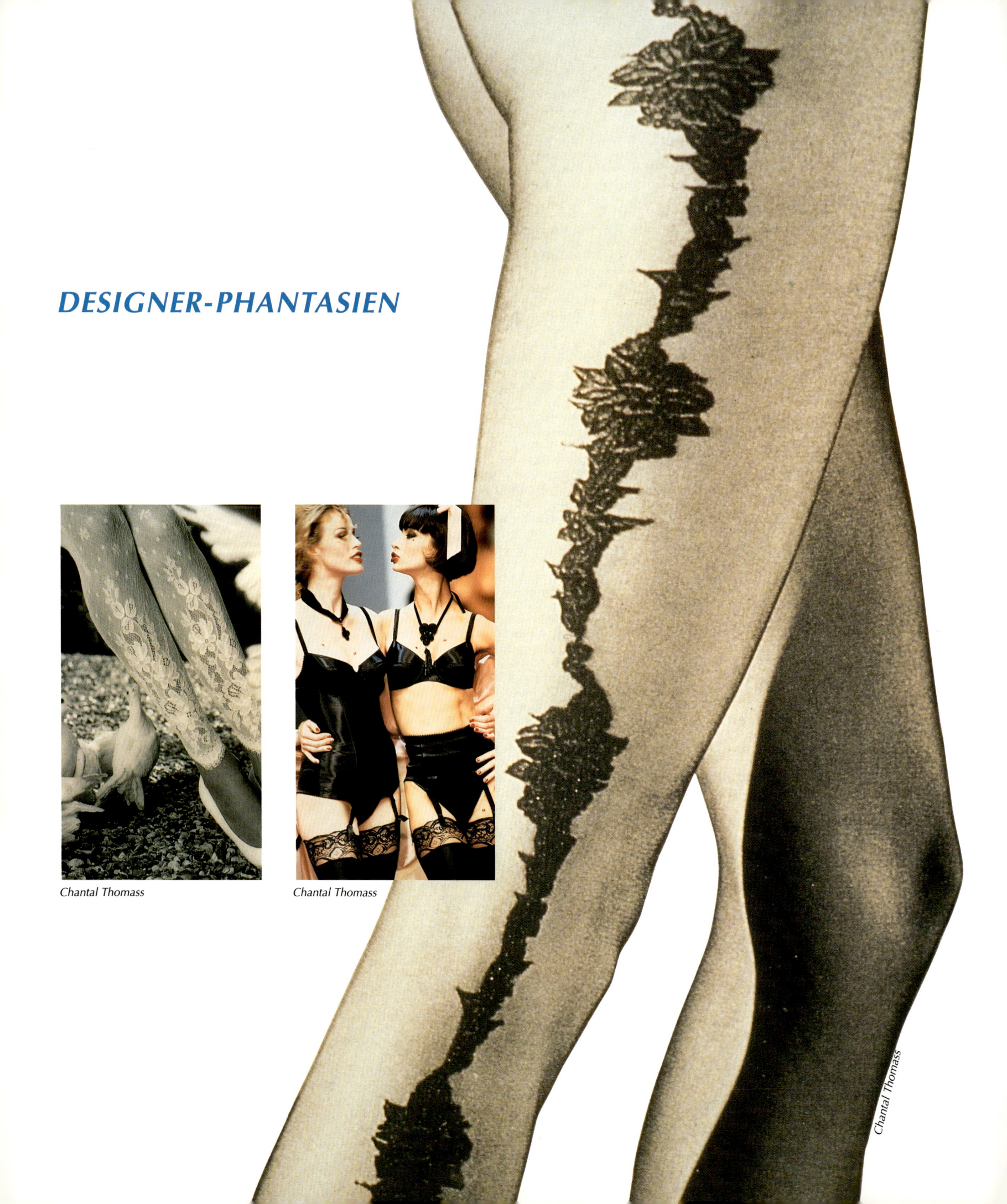

Chantal Thomass

Chantal Thomass

Chantal Thomass

Chantal Thomass

Yves Saint Laurent

Chantal Thomass

KENZO

Paloma Picasso

DESIGNER

136

Chantal Thomass
Interview

Die Pariser Designerin Chantal Thomass ist bekannter für ihre verführerischen Strumpf-Ideen als für alles sonstige, das ihren Namen trägt: Lingerie, Prêt-à-Porter, Accessoires, bald auch Bettwäsche und Geschirr. Wie ein roter Faden zieht sich die Phantasie durch ihre Kreationen, eine verspielte, humorvolle Sorglosigkeit, die sich in Frou-Frou, Fransen, Rüschen und Spitzen ausdrückt. Feminin, wie die dunkelhaarige Pariserin selbst, und französisch-verlockend wirken jedoch besonders Lingerie und Strümpfe, von Chantal Thomass in den 70er Jahren lanciert und heute modisch führende Produkte in der Welt der Dessous. Wie in vielen Fällen, in denen Mode und Management erfolgreich zusammentreffen, steht Ehemann Bruce Thomass hinter seiner kreativen Partnerin. Er managt ein Unternehmen, das von der japanischen Gruppe World seit 1986 finanziert wird und weltweit gut 80 Millionen Mark umsetzt. Rund 20 Prozent werden davon im Export gemacht. Das Prêt-à-Porter ist für 60 Prozent, Lingerie und Strümpfe sind für 20 Prozent des Umsatzes verantwortlich.

Foto: Silvie Barin

Chantal Thomass ist die Verführungs-Künstlerin unter den Kreateuren. Wie sieht sie die Beziehung der Frauen zu ihrer Wäsche, zu Strümpfen insbesondere?

Die Beziehung ist natürlich eng, denn man trägt Wäsche und Strümpfe auf der Haut und das jeden Tag – sie sind sicherlich die intimsten Kleidungsstücke. Es stimmt, daß Wäsche ein Element der Verführung ist – auch der Trägerin selbst gegenüber, nicht nur zwischen ihr und einem Mann: Eine Frau verwöhnt sich mit dem Anziehen eines schönes Wäscheteils.

Wer ist die Frau, für die Sie designen? Sie sind Französin, also denkt man unwillkürlich an eine latinische Frau …

Solche Unterschiede – die latinische, die nordische Frau – sehe ich eher im Prêt-à-Porter als bei Lingerie und Strümpfen, wo sich diese "Grenzen" eher verwischen. Nein, ich entwerfe einen Stil, den man am ehesten 'pariserisch' nennen könnte.

DESIGNER

Ihre Mode wirkt so spielerisch, daß der Eindruck entsteht, Sie lebten in einer Traumwelt. Stimmt das?

Ich lebe nicht in einer Traumwelt – sagen wir, ich vermittle vielleicht einige Träume und Phantasien meiner Mode. Das tut aber jeder Kreative, sei er Maler oder sonstwas. Ich glaube, daß man mit Mode auf neue Gedanken kommen und Spaß haben will. Mode sollte doch nicht ernst, langweilig und intellektuell sein!

Die 90er Jahre lösen ein Jahrzehnt voller Konsumlust ab – die Leute kaufen weniger und bedachter. Kann Mode überhaupt noch verführen?

Stimmt, die Konsumgewohnheiten gehen in neue Richtungen. Ich glaube aber, je schwieriger die Lage, desto mehr hat die Mode die Aufgabe, die Frauen emotional anzusprechen! Sie muß im Gegenteil etwas ausstrahlen, das den Frauen die Wahl zwischen einer Reise und einem Kleidungsstück leicht macht.

Was kann dieses gewisse "Etwas" sein, heutzutage, wo scheinbar alles schon mal da war?

Das gewisse Etwas liegt meines Erachtens zur Zeit mehr in kleinen Teilen, nicht in großen, die eine wahre Investition darstellen. Kleine Teile haben Erfolg bei den Frauen, weil man sie so vielseitig kombinieren kann. Sie erlauben es, ohne exzessiv viel zu kosten, den Touch von Neuheit in eine schon vorhandene Garderobe zu bringen. So kann ein neues, modisches Paar Strümpfe die ganze Silhouette erneuern.

Welchen Einfluß hat Lycra auf Ihre modischen Kreationen?

Lycra ist jetzt wirklich überall dabei, in der Wäsche, in Strümpfen und im Prêt-à-Porter. Für die Frauen wird der Komfort durch Lycra immer selbstverständlicher. Sie erwarten, daß ein Teil sich mit dem Körper bewegt, daß nichts einengt oder spannt.

Was würden Sie gerne entwerfen, wenn die Zeit und die Mittel nicht gewisse Schranken setzten?

Wenn ich mehr Zeit hätte - die fehlt mir am meisten, weil ich jetzt auch Haustextilien in Angriff genommen habe - dann würde ich Haute Couture Lingerie machen. Wäsche nach Maß. Ich weiß nicht, ob das rentabel wäre...Vorher müßte wohl ein Parfum kommen - um das nötige Geld zu verdienen.

Das Interview mit Chantal Thomass führte Beatrice Gottschlich im Mai 1992.

Foto: Jaques Denarnaud

DESIGNER

Pam Hogg

Tonga

J.P.Gaultier

Designer zeigen Bein

Wenn in Paris, London oder Mailand die Spots angehen, wenn die Mannequins mit majestätischer Miene die Stege abschreiten, wenn die handverlesenen Zuschauer aus der Modepresse eilfertig ihre Bleistifte zücken, wenn das Blitzlichtgewitter der Fotografen auf den Laufsteg ebenso wie auf die ersten Reihen der vollgestopften Säle niedergeht und wenn sich die darunter befindliche Crème de la Crème aus Film, Politik und Fernsehen ein publikumswirksames Stelldichein gibt – dann ist Showtime angesagt. Dann präsentieren die Großen dieser Welt ihre neueste Mode, dann gibt es Begeisterungsstürme und verächtliche Verrisse, dann sind die Vordenker, aber auch die Kopisten zur Stelle, und dann beginnt für die Avantgarde im Handel die Saison.

Bei all diesem Zauber um die neuen Trends der Bekleidungsmode sind die Strümpfe ein unentbehrliches Accessoire. Eigentlich nicht nur ein Accessoire, sondern vielmehr ein wesentlicher Teil des Outfits.

Denn was wären diese waffenscheinpflichtigen Minis, diese aufregenden geschlitzten Röcke, diese Roben und Tütüs ohne das atemberaubende Beinkleid. Hier sind einige Beispiele aus den internationalen Schauen in Paris, London und Mailand.

Cavallini

Michiko Koshino

Christian Lacroix

Pam Hogg

Fotos: Gertrud Holle-Suppa

Foto: Jaques Denarnaud

Das Geschäft Chantal Thomass, Paris.

HANDELS-
KONZEPTE

HANDELSKONZEPTE

Präsentation am lebenden Bein?

Die Strümpfe gehören zu den Artikeln im Handel, mit denen hervorragende Umsätze gemacht werden - wenn der Standort stimmt. Aber die Standorte in Top-Lagen werden immer teurer. Im Durchschnitt sind es 12.000 Mark pro Quadratmeter, die der Fachhandel mit den seidigen Nylons erwirtschaftet. Strümpfe brauchen relativ wenig Platz, haben eine hohe Lagerdrehung und sind nicht so verderblich und abschreibungsträchtig wie die Bekleidung. Das hat viele Bekleidungshändler veranlaßt, neben ihren Modeetagen auch Strumpfabteilungen einzurichten.

Die Konkurrenz wird also immer größer. Am Point of Sale beginnt der Kampf um den Kunden. Wer inszeniert, animiert, berät, versorgt am besten? Wer vermittelt Kompetenz, Einkaufserlebnis und Servicebereitschaft? Eigentlich gibt es nur zwei wesentliche Unterschiede bei der Planung und Konzeption eines Strumpffachgeschäfts: die Warenpräsentation nach Marken oder die Präsentation nach Produktgruppen. Das Markenkonzept hat sich in den letzten Jahren am erfolgreichsten durchgesetzt. Zum einen, weil man so eine einheitlichere Optik erreicht, zum anderen, weil jeder Hersteller seine Packung so gestaltet, daß sie ein gewisses Image ausstrahlt und sich von den Wettbewerbern abhebt.

Bei einer Umfrage mit großen europäischen Händlern wurde festgestellt, daß sich die Konsumenten zunächst von einer gewissen Marke angezogen fühlen, bevor sie mit der Auswahl eines speziellen Produktes beginnen. Die Bedeutung der Marken und die Aussagekraft ihrer Werbung spielen als Verkaufsargument also eine ganz wichtige Rolle.

Dem Kunden die Übersichtlichkeit im Dickicht der Strumpfabteilungen zu erhalten, sollte das größte Bestreben des Handels sein. Das sind als Verkaufsförderungsmaßnahmen zum Beispiel "sprechende Verpackungen", ein hoher Anteil an Ladenbaugestaltung und viele Griffmuster. Mehr oder minder gelingt es, diese Botschaften zu transportieren, aber es gibt noch viel zu tun. Wir fragten einige Händler, wie sie sich die Zukunft vorstellen.

HANDELSKONZEPTE

Wie sieht das Strumpfgeschäft im Jahr 2000 aus?

a) In bezug auf das Sortiment?
b) In bezug auf die Mode?
c) In bezug auf die Preise?
d) In bezug auf die Präsentation?

Andreas Hüttenhölscher; Sox, Köln

Sortiment: Nicht zu breit gefächert, mit Mut zur Lücke. Das Ende vom Lied wäre nämlich eine Strumpfhose in 99 verschiedenen den-Zahlen und 120 verschiedenen Farben. Wer krampfhaft sucht, findet dann auch unter den 120 verschiedenen Farben nicht die richtige. Auf das Gebiet Farbenvielfalt und niedriger Lagerumschlag hat sich schließlich Fogal schon spezialisiert.

Mode: Wie langweilig, wenn wir das jetzt schon wüßten.

Preise: Hochpreisig; auf jeden Fall in ECU.

Präsentation: Die beste Präsentation ist noch die am lebenden Bein. Auch Schaufensterdekorationen auf sich bewegenden Beinen. Die Präsentation im Laden erfolgt mit minimalistischer Verpackung, natürlich aus Altpapier; Standardartikel vielleicht ganz ohne Verpackung, Abgabe im Papierbeutel – wie Brötchen.

Foto: Hüttenhölscher

Peter Tränkner; Hertie, Frankfurt

Sortiment: Das Sortiment wird internationaler und konzentrierter in der Breite sowie qualitativ anspruchsvoller (Microfasern, Lycra). Die Produkte werden innovativer und sind weniger auf Masse ausgerichtet.

Mode: Hieße ich Armani oder Versace, könnte ich diese Frage heute schon beantworten, aber leider heiße ich Tränkner.

Preise: Es ist noch nicht absehbar, ob die heute bestehende klare Markttrennung zwischen Fachhandel und Nichtfachhandel bestehen bleibt. Siehe die Entwicklung und Handelskonzentration bei der Metro. Wir sehen langfristig eine klare Trennung zwischen anspruchsvollen, hochpreisigen Anbietern und Handelsorganisationen für Massenware.

Präsentation: Präsentation ist die wichtigste Frage. Bei steigendem Kostendruck wird die personelle Besetzung immer ausgedünnter. Die spezifischen und breitgefächerten Strumpfsortimente machen neue Antworten bei der Warenpräsentation erforderlich. Die Waren-Preis-Präsentation muß funktionell und gleichzeitig ansprechend (leicht, Sichthöhe, dekorativ) sein. Der Knackpunkt ist, es dem Kunden leichter zu machen, damit er das Gesuchte sofort findet. Das heißt: Gliederung nach Sorten (Artikelleitsystem). Abkehr von der Masse (Fachhandel). Qualität und Individualität sind gefragt und erfordern eine neue ästhetische Warenpräsentation.

Gerd Ehlers; Strumpfladen, Fulda

Sortiment: Das Sortiment wird sich durch die Entwicklung neuer Garne und Fasern stark verändern. Satin Sheers, Microfasern und immer feinere Produkte werden das Feinsortiment prägen. Klarere Gliederungen der Artikel und Sortimente, eine bessere optische Darstellung des Produktes, aber auch die Präsentation am Point of Sale wird dem Kunden die Kaufentscheidung erleichtern. Insbesondere in unteren und mittleren Preisbereichen, wo eine intensive Beratung durch Verkaufspersonal nicht mehr bezahlbar sein wird.

Mode: Im Feinbereich wird der Strumpf sicher noch wäschiger und erotischer. Freche und auffälligere Dessins lenken das Bein in den Blickpunkt. Feine und edlere Materialien werden einen Hauch von Luxus vermitteln. Im Herrenbereich ist in den letzten Jahren viel Modisches passiert. Durch neue Materialien wird es mehr Tragekomfort geben. Die Mode in der Masse nimmt ständig zu.

Preise: Mit den Ansprüchen der Kunden wachsen auch die Preise. Eine laufende Preisanhebung von Standardartikeln wird der Kunde nicht akzeptieren, sondern auf neue, günstigere Produkte ausweichen. Das Preis-Leistungs-Verhältnis muß stimmen, denn die Kunden sind kritischer und kompetenter. Für absolute modische Highlights wird die Kundin Preise zahlen, die uns jetzt noch exotisch erscheinen.

Präsentation: Die Abteilungen und Fachgeschäfte werden immer stärker auf Vorwahlpräsentationen ausgerichtet sein, um den steigenden Personalkosten entgegenzuwirken. Strumpfabteilungen mit ausgedünntem Personalbestand sind allerdings gefährdet. Die Ware wird in ihrer Verpackungspräsentation zwar umweltfreundlicher, sollte aber deshalb nicht häßlicher und weniger animierend ausschauen. "Wundertüten", wie derzeit noch üblich, wird niemand mehr akzeptieren. Griff- und Farbmuster runden diese Präsentation ab. In bezug auf den Ladenbau wird es keine sensationellen Änderungen in der Strumpfabteilung geben. Sortimentsvielfalt und Mietpreis-Entwicklung lassen das nicht zu.

Emmi Zimmermann; Strumpf-Vitrine, Frankfurt

Sortiment: Breitgefächert, edle Materialien und qualitativ hochwertig. Beine gewinnen noch extremer an Bedeutung.

Mode: Modisch geht es mehr in Richtung Material und Farbe. Das Design wird unwichtiger.

Preise: Die Preise bekommen einen veränderten Stellenwert. Durch bessere Qualitäten wird es zwangsläufig hochpreisiger.

Präsentation: Die Präsentation wird sehr wichtig. Besonders die Deko-Fenstergestaltung. Für teure Ware braucht man zunehmend geschultes Personal.

Monika Bauer-Schlichtegroll; M.B.S. Strumpfladen, Berlin

Sortiment: Ich halte das Verkaufen für die wichtigste Komponente. Das heißt: individueller Service, der über eine gute fachliche Beratung läuft.

Mode: Innerhalb des Sortiments wird der Einkauf auf Verkaufszeiträume ausgerichtet, so daß immer öfter aktuelle Ware vorhanden ist. Der Anteil bedarfsweckender Angebote – also Mode – muß stärker werden.

Preise: Wenn Qualität und modische Aktualität passen, wird jeder Preis akzeptiert.

Präsentation: Die Präsentation muß konsequent auf den jeweiligen Verkaufszeitraum einer Saison ausgerichtet sein. Weg vom Einzelangebot, hin zu mehr Themendarstellung. Zum Beispiel mit neuen Farben oder Materialien. Bedarfsweckung soll zur Saisoneröffnung erfolgen, in der Hauptsaison (Bedarfsdeckung) muß eine tiefe und breite Disposition der aktuellen Farben und Größen her, und zum Saisonende: aktuelle Preislagen und die ersten Neuheiten. Das Strumpfgeschäft im Jahr 2000 kann nur existieren durch Profilierung und mehr Service.

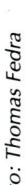

Jürgen Eckmann; Beck, München

Jürgen Eckmann (rechts) und Beck-Geschäftsführer Max Schmittner.

Sortiment: Bei der Produktentwicklung geht der Trend hin zur Höherwertigkeit. Angenehme Trageeigenschaften und Optiken nehmen an Bedeutung zu. Der Stützstrumpf wird wichtiger, aber mit neuem Namen. Eine wichtige Entwicklung, die sich bereits andeutet, werden Microfasern sein. Umwelt- und Verpackungsfragen müssen gelöst werden.
1) Recyclebarkeit des Produktes Strumpf. Wohin mit den alten Strümpfen?
2) Umweltfreundliche Produktverfahren.

Mode: Die Mode rückt noch stärker in den Vordergrund.

Preise: Der Laufmaschendienst wird wieder gefragt sein, weil die Strümpfe durch bessere Qualitäten teurer werden. Einen Strumpf für 40 Mark möchte man länger tragen. Ferner verlangt die Frage der Entsorgung nach längerer Tragbarkeit eine Antwort.

Präsentation: Der Kunde muß an die Ware herankommen, er muß eine Orientierung nach seiner Größe haben. Die kompetente Fachberatung, die Hilfe bei Marken- und Produktfindung, wird wichtig.

Peter Jacobsen; Karstadt, Essen

Sortiment: Die immer besser werdende technische Ausstattung der Industrie sowie die zu erwartende Entwicklung bei den Garnen werden immer innovativere Produkte ermöglichen.

Mode: Wir sind sicher, daß die Beinbekleidung als "das" modische Accessoire seine heutige Bedeutung behaupten kann.

Preise: Durch höherwertige Produkte werden wir einen Anstieg der Durchschnittspreise verzeichnen können. Der Wettbewerb bei Standard-Produkten wird aber "beinhart" bleiben.

Präsentation: Wir befürchten, daß die zu erwartende Produktvielfalt auch die Tendenz zu neuen, sehr unterschiedlichen Verpackungsformen fördern und damit den Handel vor große Probleme stellen wird.

Der Handel wird seine logistischen Aktivitäten weiter konzentrieren und die Warenversorgung über zentrale bzw. regionale Verteilzentren intensivieren. Warenwirtschaftlich wird dies durch intensive Anwendung von EDI-Systemen (Electronic Data Interchange) unterstützt werden. Mit diesen Systemen erhält die Industrie rechtzeitig Daten zur Planung und Steuerung von Einkauf, Produktion und Absatz, indem der Handel Plandaten, Verbrauch und Bestände mittels permanenter DFÜ (Datenfernübertragung) liefert. Daraus werden kontinuierliche Produktionsauslastungen, kürzeste Lieferzeiten und bedarfsangepaßte Bestände resultieren.

Andreas Bahner; Jaeger & Mirow, Hamburg

Sortiment: Der gespaltene Strumpfmarkt – 50 Prozent SB-Handel, 50 Prozent Fachhandel – führt dazu, daß wir als Fachhändler immer neue und bessere Qualitäten bieten müssen, um hier eine Nasenlänge voraus zu sein. Es wird jede Menge Spezialartikel, zum Beispiel im Stützbereich, geben. Hier liegen noch viele Reserven. Das gleiche gilt für neue High-Tech-Qualitäten.

Mode: Wegen der Explosion bei Ladenmieten und durch immer höhere Kosten kann man die Angebotsfläche nicht beliebig erweitern. Wenn also ein neuer Modeartikel in das Sortiment hineinkommt, muß dafür ein alter Artikel raus. In der Mode wechseln sich die beiden Pole immer ab. Entweder gibt es raffinierte Muster, oder man forciert Qualitäten und Farben. Die Verbraucher werden zu jedem Anlaß die passenden Strümpfe haben. Von preiswert bis teuer.

Preise: Die Preise werden durch anspruchsvollere Qualitäten zwangsläufig steigen. Bis auf modische Artikel hat es in den letzten Jahren, vor allem bei den Standards, die den Löwenanteil ausmachen, kaum Preiserhöhungen gegeben. Die normale Preisentwicklung wird sich fortsetzen, und die Preise werden auch akzeptiert.

Präsentation: Was die Präsentation betrifft, so müßte jemand etwas erfinden, womit man auf kleinster Fläche am meisten präsentieren kann. Die Lagerhaltung müßte in nahe gelegenen Räumen erfolgen, wofür man keine Miete zahlen muß; in den Verkaufsräumen darf nur inszeniert und zum Kauf animiert werden. Auf den teuersten Flächen im Erdgeschoß kann man nur noch Show machen. Erfolgversprechend wird es sein, Sortimentsbreite zu zeigen und die Tiefe auf Flächen zu lagern, die nichts kosten.

Foto: Liz Rehm

LÄDEN

Strumpfhaus Ludwig Beck, München

Mit einem Spezialshop, dem Strumpfhaus, das 1988 eröffnet wurde, setzte Beck in München neue Akzente im Strumpffachhandel. Das Strumpfhaus gehört zu den größten Strumpffachgeschäften, die es derzeit im Einzelhandel gibt. Auf 450 qm, verteilt auf zwei Etagen, zeigt Beck großzügige Warenpräsentationen und aktuelle Strumpfszenerien mit viel Freiraum für Dekoration und Lifestyle. Die Strümpfe zählten bei dem Münchner Einzelhändler schon immer zu den "wesentlichen Sortiments- und Marketingsäulen des Unternehmens", so daß Beck-Strumpffilialen auch in anderen Städten wie Hamburg, Nürnberg, Stuttgart oder Frankfurt zu finden sind. Bei der Gestaltung des Beck'schen Strumpfhauses ging man erstmals weg von der High-Tech-Architektur und schaffte mit Parkettböden und Holzregalen eine warme, behagliche Verkaufsatmosphäre, für die das Team der Ladenbaufirma von Mathias Thörner Design in München verantwortlich ist. Es gibt kein Gedrücke und Geschiebe wie oft in den beengten Strumpfabteilungen, sondern jeder Kunde hat genügend Bewegungsspielraum, um in Ruhe auszusuchen. Verstellbare Lamellenwände sorgen darüber hinaus für Flexibilität. Etwa 99.000 Paar Strümpfe aller führenden Strumpfhersteller, von der Fun-Socke bis zum Stützstrumpf, sind im Angebot. Sortiert nach Größen und Marken, nicht, wie in der ehemaligen Strumpfetage, nach Farben. Von den geplanten Umsätzen macht Beck 20 bis 30 Prozent mit Eigendessins bei Srickstrümpfen. Ein hauseigener Strumpf-Reparaturdienst sorgt darüber hinaus für den ganzheitlichen Service.

Eine Dosen-Pyramide für die Kinderstrümpfe. Beck, München.

Auch weiße Socken können wieder "in" sein. Sockenpräsentation bei Beck in München.

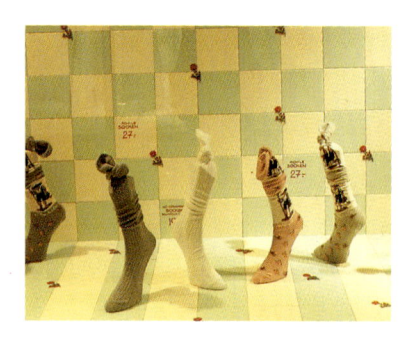

Tanzende Männersocken, Beck, München.

Bei Beck rangiert Großzügigkeit an erster Stelle.
Alle Fotos: Liz Rehm

LÄDEN

Strumpflädchen, Fulda

"Ein gutes volles Sortiment, keine überalterte Ware, ständig die volle Farbpalette auf Lager und eine überschaubare Präsentation" - das sind die Prämissen, mit denen Gerd Ehlers, Inhaber acht verschiedener Strumpfgeschäfte (Fulda, Würzburg, Bamberg, Schweinfurt, Gießen; seit Ende 1991 gehört auch das Strumpfhaus Geppert in Darmstadt zu der Ehlers-Gruppe), sein Business (im Jahre 1991 13 Millionen Mark Umsatz) betreibt. Auch auf kleinster Fläche wird ein komplettes Damen-, Herren- und Kinderstrumpf-Programm angeboten. Schließlich will man sowohl die Jil Sander als auch die Benetton-Kundin zufriedenstellen. Neben einem strammen Einkaufskonzept unterhält jeder der Strumpflädchen ein relativ hohes Lager. In der Lagerhaltung stecken für den Strumpfprofi "die meisten Probleme". Deshalb hat man ein besonders ausgefeiltes Schiebetür-System für die Socken entwickelt. Die Artikel werden, vor diesen Türen hängend, dem Kunden in aller Sortimentsbreite präsentiert und hinter der Tür in allen Größen und Farben gelagert. Feinstrumpfhosen und Strümpfe bevorratet Ehlers in den üblichen Kästen.

Alle Ehlers-Geschäfte haben eine weiße Ladeneinrichtung, dazu den hellen Marmorboden und die hellen Warenträger. "Man muß mehr trommeln für modische Strümpfe", appelliert der Händler an die Strumpfindustrie. Das gilt besonders für die Verpackung. Trotz aller Umweltgedanken ist er für die dekorative Verpackung. Hier sollte man sich seiner Meinung nach mehr an der Kosmetikindustrie orientieren. "Hochwertige Strümpfe brauchen eine angemessene Verpackungspersönlichkeit".

Ein raffiniertes Warenversorgungs-System regelt bei den Strumpfgeschäften von Gerd Ehlers den Warennachschub. Hinter einer großen Präsentationswand sind Socken in allen Farben und Größen untergebracht. Fotos: Claudia Bartsch

Trotz raffiniert durchdachter Lagerhaltung kommt die Großzügigkeit beim "Strumpflädchen" in Fulda nicht zu kurz. Foto: Liz Rehm. (Unten)

LÄDEN

150

Strumpfladen, Berlin

Der 18 Quadratmeter große Winzling im Berliner Europa-Center hat sich zum Einkaufsmagneten der Frauen gemausert, die "strumpfbesessen" sind und schon längst das tragen, von dem andere noch gar nichts wissen. Also die Hits. Der Laden ist vom Boden bis zur Decke proppenvoll mit Ware und zusätzlich drei Verkäuferinnen. Denn intensive Beratung, samt dem Ein- und Auspacken der Artikel, gehört zum selbstverständlichen Service. Das Eldorado für Strumpf-Fans lockt aber nicht nur Kunden aus Berlin an. Inzwischen hat Monica Bauer-Schlichtegroll mit ihren Läden internationale Grenzen gesprengt und kann auf etwa 80 Prozent Stammkunden stolz sein. Neben dem Europa-Center gibt es eine 60 Quadratmeter große Dependance auf dem Kurfürstendamm. Hier, wie auch in der kleineren Ladenausführung, leuchtet durch die durch High-Tech blinkenden Regale und Gitterstäbe, was 30 Lieferanten aus England, Frankreich, Deutschland und der Schweiz an schrägen, schrillen, schönen, edlen und natürlich auch Standardartikeln (30 Prozent Anteil) für Bein und Body zu bieten haben. Das meiste, was die etablierten Strumpfhersteller vorlegen, ist Monica Bauer-Schlichtegroll "zu spießig", und deshalb sind befreundete Spürnasen an allen Szene-Orten unterwegs, um nach Trends Ausschau zu halten. Manchmal schickt auch ein Fabrikant etwas "Witziges", aber immer versucht die ehemalige Typ- und Kosmetikberaterin, neue Firmen an Land zu ziehen. Dabei sind größtmögliche Auswahl und optimale Beratung die beiden Säulen ihres Erfolgs. Über Improvisationstalent verfügt sie zur Genüge. Wenn eine Kundin (das war vor den Leggingszeiten) etwas Fußloses wollte, hat die kreative Chefin kurzerhand einer Strumpfhose die Füße abgeschnitten.

Großes Interesse vor der Fensterscheibe: "Strumpfladen", Berlin.

Ware, so weit das Auge reicht: "Strumpfladen", Berlin. (Mitte)

Griffmuster werden immer wichtiger und sind im "Strumpfladen" in der Mitte des Raumes zu finden. (Unten)

Fotos: Liz Rehm

LÄDEN

Heinemann, Düsseldorf

Das Bekleidungshaus Heinemann auf der Düsseldorfer Königsallee ist seit dem großen Umbau im Jahre 1989 besonders stolz auf seine modische und attraktive Strumpfabteilung. Sie wurde damals neu eingerichtet. "Aufgebaut haben wir unser Sortiment mit "Collection M.", erinnert sich Abteilungsleiterin Charlotte Zöffel, "und inzwischen ist die internationale Creme der Strumpfhersteller im Angebot". Darunter sind klangvolle Namen wie Gallo, Palatino, Missoni, Iceberg, Kenzo oder Moschino. Mit besonders aufregenden und modischen Leggings wurden die Strumpfprofis von Heinemann im Sommer 1991 zum Stadtgespräch. Aber auch die in deutschen Landen bisher weniger populären Männerkniestrümpfe gehören zu den Attraktionen des vielfältigen Sortiments. Für jene Beinkleider zahlt der stilbewußte Düsseldorfer Mann bis zu 130 Mark. Die Heinemann-Strumpfabteilung ist mit dunklem Kirschbaumholz und hellen Marmorböden ausgestattet. Dekorative Polstermöbel zwischen den Warenregalen laden zu einer kleinen Pause ein. Zur Unterhaltung gibt es ferner einen Videoschirm, der über die aktuellsten Strumpf-News informiert. Zum Beispiel die letzte Wolford-Show in New York, Comics von Bart Simpson (No comment hat die Lizenz der Simpson-Socks) oder Aktuelles zum Bi Beauty-Stützprogramm. Damit Charlotte Zöffel über Ein- und Ausgänge informiert ist, laufen alle Artikel über ein Warenwirtschaftssystem. In der Strumpfabteilung von Heinemann mit 110 qm Gesamtfläche sind etwa drei Mitarbeiter beschäftigt. Darunter auch Studentinnen als Aushilfskräfte, "die nicht nur attraktiv, sondern auch intelligent sind".

Mit Engagement und sicherem Händchen führt Charlotte Zöffel die Strumpfabteilung bei Heinemann

Das Textilhaus Heinemann hat die Strumpfabteilung so aufgezogen, daß Übersichtlichkeit und Attraktivität stimmen.

Viel Licht und eine behagliche Atmosphäre schaffen Kaufstimmung. Die Strumpfabteilung im Textilhaus Heinemann, Düsseldorf.

Beine zum Anfassen bei Heinemann.

Fotos: Thomas Fedra

LÄDEN

Jaeger & Mirow, Hamburg

Um die Jahrhundertwende war Jaeger & Mirow schon 57 Jahre alt, denn Wilhelm Wolff hatte das Fachgeschäft Wilh. Wolff & Co. schon 1843 gegründet. Rudolf Jaeger und Friedrich Mirow kauften Wolffs Witwe 1862 die Firma ab. Heute gibt es 15 Handelshäuser von Jaeger & Mirow, die alle noch im hohen Norden (Hamburg, Kiel und Lübeck) vertreten sind. Die Geschäfte mit den Spezialitäten Wäsche, Strümpfe und Bademoden verfügen jeweils über breit gefächerte Strumpfabteilungen, die im Parterre untergebracht sind.
Der Laden in Hamburgs Mönckebergstraße hat etwa 50 Quadratmeter Verkaufsfläche und führt alles, was namhafte Markenhersteller zu bieten haben. Die Umsatzfavoriten sind derzeit Wolford, Falke und Elbeo (für Stütz). Neben den Damenstrümpfen, die den größten Part im Sortiment einnehmen, sind junge Männersocken wie Achile, No Comment oder Atrium ein beliebter Nachfrage- und Geschenkartikel für junge Hamburger Kunden. Um auf diese modischen Leckerbissen aufmerksam zu machen, werden die neuen Themen immer in häufig wechselnden Schaufensterszenen herausgestellt. Alle Jaeger & Mirow-Geschäfte haben eine helle Ausstattung, hellen Teppichboden und Warenträger aus Holz.

Hell, freundlich, übersichtlich: Strumpfpräsentation bei Jaeger & Mirow, Hamburg. Fotos: Liz Rehm

LÄDEN

Der "Strumpfladen" in Hamburgs Hanseviertel ist berühmt für seine ausgefallenen Dekorationen. Hier ein "malerisches Thema". Foto: Christopher Tech

Strumpfladen, Hamburg

Der "Strumpfladen" in Hamburgs Gänsemarktpassage ist ein beliebter Wallfahrtsort für Branchenleute, die sich neue Anregungen für ausgefallene Schaufenster-Dekorationen holen wollen. Da sind zum Beispiel die bestrumpften Beine zu sehen, die ängstlich auf Stühlen stehen, weil auf dem Boden weiße Mäuse durchhuschen. Oder es hängen glänzende Mondsicheln von der Decke, die Sitzplätze für schöne Strumpfbeine liefern. Aber auch der Pfau, dessen Federkleid aus farbigen Strumpfbeinen besteht, oder die bestrapsten Pinguine, die Schwarz-Weiß-Mode vorführen, zeigen Strumpf-Dekos der anderen Art. Der Strumpfladen hat 32 qm Verkaufsfläche und führt fast nur hochwertige Nobelmarken in seinem Sortiment: Pierre Mantoux, Fogal, Exciting, Wolford, Doré Doré und die eigene Marke Collection M. "Durch teure, anspruchsvolle Namen ist es möglich, immer neue Nischen zu finden", meint Inhaber Robert Müller, gleichzeitig Chef von Collection M. Dabei ist es für ihn wichtig, jeden Artikel nur einmal pro Marke im Laden zu haben. Also die 20 den-Hose von nur einem Hersteller. In den Strumpfladen kommen täglich etwa 99 Kunden, so der Stand von 1991, und lassen jeweils knapp 56 Mark für Strumpfartikel im Laden. Das macht einen Tagesumsatz von 5.506 Mark. Der Umsatz pro Quadratmeterfläche lag laut Müller im Jahre 1991 bei 51.600 Mark.

Der "Strumpfladen" in Hamburgs Hanseviertel von innen. Fotos: Liz Rehm

LÄDEN

Wagner, Ingolstadt

Hell und freundlich sollte es sein, als die Strumpfabteilung des Bekleidungshauses Wagner in Ingolstadt ein neues Facelifting bekam. Im Parterre des fünfstöckigen Bekleidungshauses sind jetzt die Strümpfe auf 130 Quadratmetern Verkaufsfläche zu einem beliebten Anziehungspunkt in Ingolstadt geworden. Besonderes Augenmerk gilt den Herrensocken, die mit einer breiten Präsenz an modischen Artikeln, von der Fun- bis zur Noppensocke, antreten. Alle namhaften Hersteller sind im Sortiment zu finden, von kommerziell bis hochwertig, von Achile bis Totes. Selbstverständlich kommt dabei die Klassik nicht zu kurz. Helle Holzträger dienen den Socken als die optimalen Warenträger, für die Strumpfhosen hat Wagner Plexiglaskisten gewählt.

Neben der Herrenabteilung spielen aber auch die Damen einen wichtigen Part. Allein bei Stützstrümpfen führt man 15 verschiedene Qualitäten. Beratung wird großgeschrieben. Fünf feste Mitarbeiter und fünf Teilzeitkräfte sind um das Wohl der Kunden bemüht.

Leggings-Präsentation im Modehaus Wagner, Ingolstadt.

Dekorative Regale schaffen wohnlichen Charakter: Strumpfpräsentation im Modehaus Wagner. Fotos: Schmitz

LÄDEN

Strumpf-Vitrine, Frankfurt

In der berühmten Frankfurter Nobelmeile, der "Freßgass", hat Emmi Zimmermann ihr zweites Geschäft, die Strumpf-Vitrine, im Jahre 1991 eröffnet. Eine Strumpf-Vitrine in Wiesbaden gibt es schon länger. So teuer und anspruchsvoll wie Umgebung und Standort, so hochwertig sind auch die Strumpfmarken, die verkauft werden. Einige Wäschefirmen ergänzen mit edlen Bodies und Dessous das Strumpfprogramm. Die Strumpf-Vitrine mit 60 Quadratmetern Verkaufsfläche ist mit einem sehr reizvollen Einrichtungsstil ausgestattet. "Ein bißchen Ziegenstall-Ambiente" nannte die Inhaberin diesen Look. Es ist ein Steinboden mit dunklen Terracottafliesen und einzelnen farbig eingelegten Platten, es sind große Kakteen, die als Dekoration aufgestellt sind, es sind weiß gekalkte Wände, und schließlich kernige Weichholzmöbel, die ein gewisses Flair ausstrahlen. Eine Mischung aus provencalischem und mexikanischem Landleben.

Eine schöne Idee, um Kniestrümpfe zu präsentieren: Strumpf-Vitrine, Frankfurt.

Weichholzmöbel, Terracottafliesen und Kakteen schaffen in der Strumpf-Vitrine eine interessante Atmosphäre.
Fotos: Thomas Fedra

LÄDEN

Palmers, Wien

Seit 1914 gibt es den Wäsche-Spezialisten Palmers in Wien. Ein altes namhaftes Traditionshaus, das inzwischen mit 102 Filialen und 181 Verkaufsstellen in Österreich vertreten ist. Franchisepartner finden sich allerdings auch in der CSFR, Slowenien, Polen, den GUS-Staaten, Ungarn und Griechenland. Ende 1992 gab es die erste Niederlassung in Deutschland. Etwa 5,5 Millionen Kunden kauften allein im Jahre 1991 Ware von Palmers. Das waren 13 Millionen Warenstücke, wovon allein sieben Millionen Teile auf die Damenstrümpfe entfallen. Diese werden fast alle vom Strumpfhersteller Wolford in Bregenz produziert, zumal Palmers Beteiligungen an Wolford erworben hat. Das Angebot in den Geschäften besteht im Durchschnitt aus 600 Modeartikeln pro Saison, wobei Strumpfwaren, Tageswäsche, Nachtwäsche und Freizeitkleidung je zu einem Viertel am Sortiment beteiligt sind.

Alle Palmers-Läden kennzeichnet das typische grüne Signet mit der goldenen Krone; alle Artikel werden über Beratung verkauft (die Strümpfe sind in Schubladen gelagert) und alle Mitarbeiter in den Verkaufsstellen (aber auch in der Verwaltung) tragen die einheitlich grüne Kleidung. Ferner werden alle Dekorationen am Firmensitz im Wiener Neudorf von hauseigenen Werbeleuten und Dekorateuren entworfen und produziert.

Einen hohen Bekanntheitsgrad erreichte Palmers durch seine spektakulären und aufwendigen Werbekampagnen, die schon in den Fünfziger Jahren für Aufsehen sorgten.

Eine der Palmers-Filialen mit der typischen goldenen Krone über dem Schriftzug.

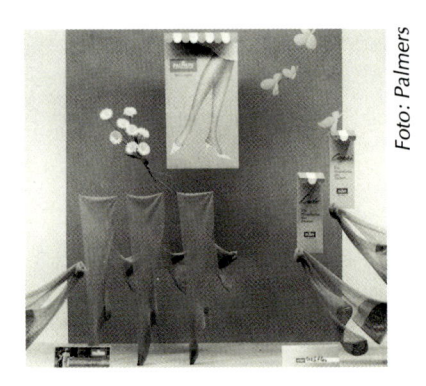

So sah es 1964 in den Schaufenstern von Palmers, Wien, aus. (Oben Mitte)

Alle Artikel lagern in Schubladen: bei Palmers ist Beratung daher großgeschrieben. Palmers, Kärntnerstraße.

Dekoration mit Brautkranz von 1959.

LÄDEN

Box, Zürich

Box" heißen zwei junge Strumpfgeschäfte in Zürich, die sich durch ihren eigenen Verpackungsstil von den üblichen Ladenkonzepten unterscheiden. Die Idee dahinter heißt: eine gute Citylage, kleine Ladeneinheiten, wenig Einrichtung, wenig Personal und eine eigene Verpackung. Dazu kauft Inhaber Bachmann besonders modische, aber auch etwas preiswertere Strümpfe von englischen Herstellern ein und tütet diese Artikel in die eigenen Verpackungen um. So entsteht ein einheitliches Bild in den etwa 25 Quadratmeter großen Läden, und die Kundinnen haben trotzdem jede Saison etwas Neues im Regal. Das betrifft aber nur Artikel, die bis zu 27 Schweizer Franken kosten und gemustert sind. Neben den jungen avantgardistischen Anbietern wie Danskin oder Round the clock gibt es auch Markenware von Wolford, Givenchy oder Dior, die dann aber in den Originalverpackungen vorgestellt wird. Etwa sechs Hersteller beliefern die Box-Geschäfte, die es seit 1991 gibt. Somit bietet man den Kunden nicht nur das Gemusterte, sondern auch die Klassik. Neckische Bodies ergänzen das Strumpfsortiment.

Die Leute von Box tüten No Name-Strümpfe in ihre eigene Verpackung um.

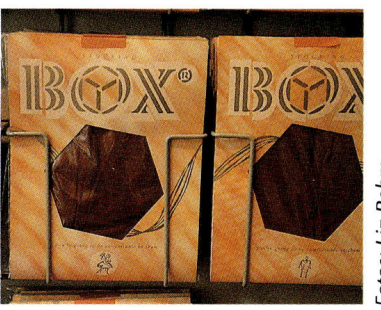

Fotos: Liz Rehm

HANDELSKONZEPTE

Deko-Splitter aus aller Welt

Auch so kommen Strümpfe zur Geltung. Klingenthal in Gütersloh erlaubt den Blick von unten.

"BIG" in Zürich: ein junges Modehaus mit starkem Feeling für Strümpfe. Fotos: Liz Rehm

Schwarze Warenträger sind typisch für das Textilhaus Blömer in Bonn.

In der Pariser Boutique von Chantal Thomass haben die Strümpfe ein eigenes Zimmer. Hier die Inszenierung der seidigen Preziosen. Foto: Jaques Denarnaud

Auch reizvolle Rückenansichten locken die Blicke an. Gesehen in der Hamburger Hansa-Passage. Foto: Liz Rehm

Auch so lassen sich Farben interessant hervorheben. Abraham & Strauss, New York. Foto: Inge Ledermann

Der Designer Jean Paul Gaultier hat bekanntlich ein Händchen für Spektakuläres und Visionäres. Hier präsentiert er in seinem Mailänder Geschäft die Langstrümpfe für den Mann. Foto: Asshauer

Henri Bendel in New York vermittelt auch in der Strumpf-Etage den Charme eines Couture-Hauses. Foto: Inge Ledermann

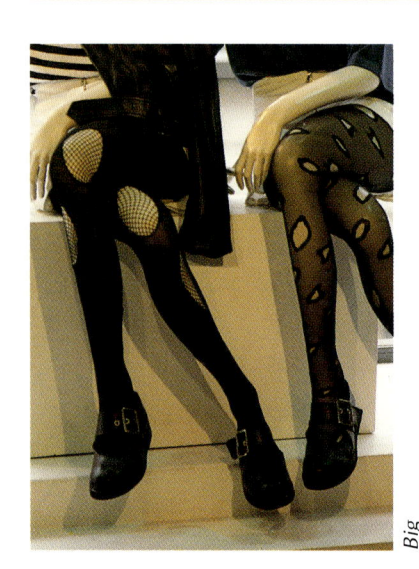

Chantal Thomass

Hansa-Passage, Hamburg

J. P. Gaultier

Abraham & Strauss

Henri Bendel

HANDELSKONZEPTE

Hinter dieser Präsentation verbirgt sich ein perfektes System der Bestandsaufnahme.

Computer contra Fingerspitzen

Immer mehr Material- und Mustertypen, immer mehr Farben, Stärken, Größen und Spezialartikel lassen ein gut sortiertes Strumpfsortiment auf viele tausend Artikel anschwellen. Warenwirtschaft heißt die neue Zauberformel, um die immer breitere Sortimentsfülle in den Griff zu bekommen.

Sich als kompetenter Händler zwischen Strümpfen, Strumpfhosen, Stützartikeln, Größen, Farben und den unterschiedlichen Stärken zurechtzufinden ist nicht einfach. Dazu noch das breite Angebot der Männer- und Kindersocken, die Fülle der Computermuster, mit Fun-, Lycra- oder gummilosen Socken: Sortimentsplanung ist kein Kinderspiel. Hier den Überblick zu behalten, wenn es hektisch wird, schnell nachzudisponieren, wenn ein Artikel vergriffen ist, aber auch bedacht damit umzugehen, wenn sich die Saison dem Ende zu neigt, ist mit sehr viel Fingerspitzengefühl verbunden. Dabei gilt es als oberstes Gebot, dem Kunden eine optimale Präsentation zu bieten.

Foto: Thomas Fedra

HANDELSKONZEPTE

Die einen Händler haben es manuell noch voll im Griff, sofern es sich um kleinere Geschäftseinheiten handelt – und weil es vielfach nicht das Personal gibt, das mit moderner Elektronik umgehen kann oder möchte – andere bedienen sich schon des Computers und entsprechender EDV-Systeme.

Einer der ersten kleineren Fachhändler, der sein Sortiment über ein Warenwirtschaftssystem organisieren läßt, ist Jürgen Säuberlich mit seinem 80 Quadratmeter großen Strumpf- und Accessoiregeschäft Luickert in Stuttgart. Säuberlich verwendet ein System, daß von der Firma Bi für den Strumpffachhandel angeboten wird. Mit Digital-Kienzle fand man einen EDV-Produzenten, dessen System am ehesten für die Strumpfzwecke geeignet ist.

Gemeinsam mit Säuberlich überarbeitete Bi das Programm und paßte es den spezifischen Anforderungen des Strumpffachhandels an. Es ist ein Teil des Bi-Handelspartnerkonzepts, das der Strumpfhersteller dem Handel anbietet.

Für Jürgen Säuberlich und sein Geschäft ergab sich daraus eine Komplettlösung aus Hardware, Software und Services. "Der Umsatz", so der zufriedene Händler, "ging seither um 10 Prozent hoch, und was besonders erfreulich ist, das Lager um 20 Prozent runter."

Das System, wofür Säuberlich 45.000 Mark investiert hat und das erst bei einer Umsatzgröße von 750.000 Mark interessant wird, "benötigt aber erst viel Zuwendung, bevor es nützlich wird." Hinter dem Begriff Warenwirtschaft verbergen sich folgende "Serviceleistungen", die der Computer voll übernimmt: Den artikelgenauen Abverkauf zu erfassen, Bestandshaltung und Pflege des Sortiments und last but not least die Nachdisposition. Hat der Händler zum Beispiel bei einem Artikel einen Sollbestand von 20 Strumpfhosen, so löst der Computer ab einem gewissen Bestand – zum Beispiel dann, wenn sich die Anzahl der Packungen auf 12 reduziert hat – automatisch eine Nachbestellung aus, um den alten Stand wieder herzustellen.

Bei Standardware, die das ganze Jahr über geführt wird, ist das kein Problem. Schwieriger wird es bei modischer Ware, die zum Saisonende auslaufen soll. Hier braucht man besonders viel Fingerspitzengefühl.

Jürgen Säuberlich hat sorgfältig nach Qualitäts- und Mustergruppen aufgeteilt. Ferner gibt es eine eigene Gruppierung für die Standards und die Farben. Hat man alles perfekt verfüttert, läßt sich später wunderbar absehen, wenn sich eine Farbgruppe besonders gut entwickelt. Jürgen Säuberlich: "Je eher wir das erkennen, desto schneller läßt sich nachdisponieren."

Jürgen Säuberlich: "Mit der Warenwirtschaft ging der Umsatz hoch und das Lager runter."

Bei Luickert in Stuttgart.

HANDELSKONZEPTE

162

Präsentationen im Handel:
"Stumme Verkäufer"

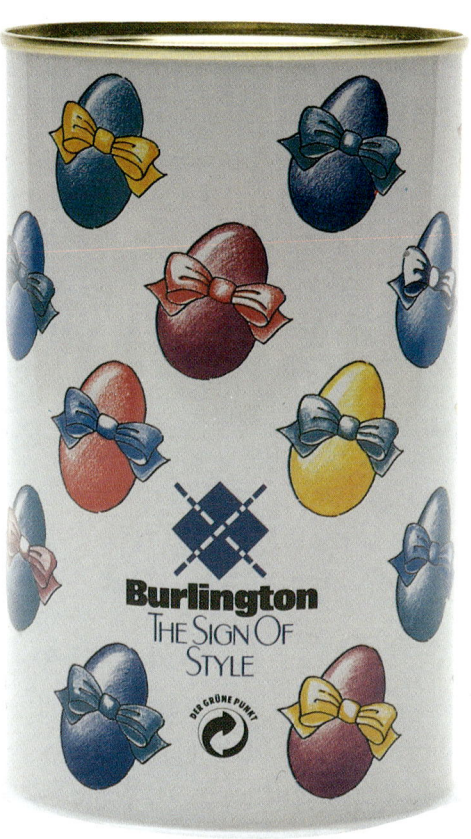

"No Comment" war einer der ersten, der seine Socken in einer Box anbot. Die Kollektion wechselt alle drei Monate.

Ein lustiger Gag zur Osterzeit: Socken von Burlington, vakuumfrisch verpackt, aus der Dose.

Der Mann von Achile hält als Warenträger die Socken hin. Achile-Strümpfe sind unter anderem sehr beliebt in jungen Jeans- und Sportswearläden, weil der französische Hersteller besonders schöne Dessins entwickelte.

Seit der Sockenhersteller "No Comment" in Deutschland damit anfing, seine Herrenstrümpfe im Karton anzubieten, fand die Idee viele Nachahmer. Es waren keine großen Warenträger mehr erforderlich, da sich die Box mit den Socken hervorragend auf jeder Ladentheke unterbringen ließ. Viele Kunden griffen da beim Bezahlen erst noch einmal zu. Inzwischen gibt es jede Menge witziger und dekorativer Präsenter und Displays, vom Früchtekörbchen bis zur Frischhaltebox. Es sind interessante Eyecatcher, die spezielle Artikel von der üblichen Warenwand herausheben und für einen höheren Aufmerksamkeitswert sorgen. Diese neuen Warenträger im Kleinformat finden aber nicht nur im Strumpffachhandel ein Stellplätzchen. Gerade junge Bekleidungsläden und Jeans-Geschäfte nutzen diese Art der Warenpräsentation, weil auch sie gute Strumpfumsätze machen, ein ganzes Strumpfregal aber nicht in ihr Ambiente passen würde. Für die meisten dieser Händler sind Strümpfe auch nur ein kleiner Randartikel, der sich so allerdings hervorragend herausstellen läßt. Die Hersteller der neuen "stillen Verkäufer" haben sich viel Mühe gegeben, um spezielle Zielgruppen anzusprechen.

HANDELSKONZEPTE

163

Diesen Feuerwehrmann von Falke sieht man sofort. Da greifen Mutter und Kind beherzt zu. Mit diesem lustigen Aufsteller lassen sich komplette Kinderprogramme besser in Szene setzen.

Ein Aufsteller aus dem Socken-Comic-Programm "Limited Edition" von Ergee.

So appetitlich stellte Falke seine Socken-Serie "Früchtchen" vor. Die Kollektion war speziell auf den Sommer zugeschnitten.

Wie ein Zigarettenautomat funktioniert das Basic-Verkaufskonzept von Ergee: einfach Geld einwerfen und die Strumpfschachtel ziehen.

Fotos: Fotoarchiv DFV

HANDELSKONZEPTE

Private Labels:
Die Macht der Handelsmarken

Früher war die Welt noch in Ordnung: Der Handel handelte, und die Industrie produzierte. Da waren die Schnittstellen zwischen Hersteller und Händler noch klar konturiert. Es herrschten harmonische Zeiten.

Heute hat sich das verändert, denn auch der Handel produziert (und die Industrie handelt). Es gibt Händler, die produzieren und vertreiben nur ihre eigenen Marken (Marks & Spencer, C & A, Fogal), und es gibt die Handelsunternehmen, die sich neben den Marken der Hersteller "Private Labels" halten: also Haus- oder Handelsmarken. Diese Artikel werden von Herstellern, je nach Preislage, im In- oder Ausland produziert. Sie erscheinen zum Beispiel bei den Strümpfen unter Phantasienamen wie Iris, Elite, Your Sixth Sense oder unter dem Namen des jeweiligen Handelsunternehmens (Karstadt, Hertie). Ferner ist zu unterscheiden zwischen Hausmarken, die von den Handelshäusern auch speziell beworben werden, und "No Names", die keinerlei Bekanntheitsgrad beim Endverbraucher haben und nur über die Preisschiene laufen.

Eigenproduktion und Eigenprogramme des Handels haben im wesentlichen ein sortimentspolitisches Motiv: Der Handel produziert heute selber, um neben seinen Vorzeigemarken wie Wolford, Kunert, Elbeo oder Bi auch preisaggressive Angebote in die Regale zu schieben. Denn mit eigenen Marken läßt sich in der Regel eine bessere Kalkulation und nicht zuletzt eine bessere Spanne erzielen. Für die Industrie, die diesen Aktivitäten des Handels naturgemäß skeptisch gegenübersteht, haben Eigenprogramme gleichwohl auch einen Vorteil: Sie spielt mit, um ihre Maschinenkapazitäten auszulasten und um eine "konstante Auftragslage zu haben".

In der Strumpfbranche - wie überall - sind die Hersteller von Trends abhängig. Mal gibt es Produktionsengpässe, mal -reserven. So ist für ein Unternehmen, wie zum Beispiel Kunert, eine Hausmarkenproduktion von 10 bis 20 Prozent kein uninteressantes Geschäft. Je nach Genre des Herstellers und seiner Zielsetzung steigen diese Anteile auf bis zu 60 Prozent. Es gibt allerdings auch Unternehmen, die sich fast nur auf das Hausmarkengeschäft spezialisiert haben (Kiliane, van Manen). Die Tendenz der Händler, selber zu produzieren, kam nicht zuletzt deshalb zustande, weil die Bindung des Verbrauchers an die einzelnen Marken tendenziell - und trotz gelegentlich gegenteiliger Behauptungen - gesunken ist. Die Markeninflation der letzten Jahre hat zu einem Alternativenreichtum geführt, was zwangsläufig mit einem Absinken der Markentreue verbunden war. Neue Marken kamen dazu, die alten wurden unattraktiver. Darüber hinaus produzieren Markenhersteller separate Han-

Auch Übergrößen lagern zwischen den Lebensmitteln: "Iris" von Aldi für 1,99 Mark.

Eine Feinstrumpfhose mit Zwickel in der Weichpackung. Das alles für 99 Pfennig. "Sayonara" von Aldi.

delsmarken, die unter "Top Star" (Ergee) oder "Silkona" (Kunert) an die Großvertriebsformen gehen. "Nur die"/Bellinda versorgt zwischenzeitlich nur noch den SB-Handel. Die Trennung zwischen den Absatzschienen Fach- und SB-Handel erfolgt normalerweise sehr konsequent, da Markenhersteller sehr darauf bedacht sind, den Fachhandel nicht zu verärgern. Der größte Abnehmer und Hausmarkenvertreiber im Feinstrumpfmarkt ist Aldi mit seinen Marken "Iris", "Sayonara" und "Viola". Hiermit hält das Handelsunternehmen mit etwa 2400 Filialen in Deutschland einen Anteil von 11,3 Prozent am Gesamtmarkt in der Menge. Bei einem Durchschnittspreis von 1,98 Mark für eine normale Feinstrumpfhose und mit Lycraanteilen bis 4,95 Mark VK. Sehr gewichtig in ihren Absatzmengen sind auch Strümpfe von C & A, die - wie die Bekleidung auch - unter den Namen Eurobella, Your Sixth sense, Westbury, Angelo Litrico oder Avanti verkauft werden. Auch die Asko-Gruppe mit den Marken "Tip" und "O'Lacy's", Karstadt und Kaufhof mit "Elite" sowie Woolworth oder Rewe, nehmen den Markenherstellern beträchtliche Mengenanteile weg. Wenngleich auch auf einem anderen Preisniveau.

In Deutschland gingen im Jahre 1991 etwa 415 Millionen Paar Strumpfartikel für Damen über die Ladentheke. Von dieser Menge halten die Haus- und Handelsmarken schätzungsweise 12 Prozent, die Anonymen 46 Prozent und die echten Marken 42 Prozent. Europaweit dürften die Mengen der Handelsmarken fast ebenso hoch wie der gesamte Verkauf von Herstellermarken sein.

In einigen europäischen Ländern liegen die Anteile von Eigenmarken jedoch noch deutlich höher als in Deutschland. England hat zum Beispiel einen Hausmarkenanteil an Feinstrumpfwaren von 60 Prozent. Auch in der Schweiz halten die Handelsgiganten Migros und Coop mit ihren "Private Labels" nahezu 80 Prozent des Gesamtmarktes der Strümpfe. Die Verschiebung zwischen Industrie und Handel und der Umgang miteinander funktionieren normalerweise gut, aber mit dem berühmten Wermutstropfen. Die großen Handelsunternehmen plazieren zwar erfreulicherweise große Losgrößen, also Mengen, aber der Produzent wird auch preislich tüchtig in die Zange genommen. Manche Hersteller sind abgesprungen, weil "der Druck auf die Preise zu groß wurde".

Hausmarken haben das ganze Jahr über Konjunktur. Sie sind, vergleicht man die Zahlen, derzeit die Umsatzgewinner. Wird die Mode klassischer, so haben sie noch mehr Rückenwind, weil klassische Artikel leichter in Eigenregie zu produzieren sind als phantasievolle Muster.

Die drei C&A Marken "Eurobella", "Jessica" und "Your Sixth Sense", eine Satin Sheers-Ware.

Feinstrümpfe aus der Kollektion Top-Star. Mit dieser Marke beliefert Ergee nur den SB-Handel.

HANDELSKONZEPTE

"Hot-Socks", Hertie:
Auf heißen Socken zum Erfolg

Als Peter Tränkner 1987 in London vor einem Laden der ehemaligen "Sock-Shop"-Kette stand, kam ihm eine Idee. Daraus sind inzwischen zwölf "Hot-Sock"-Läden geworden, die Hertie neben den Stammabteilungen für Strümpfe unter seinen Dächern vereint.

Im Gegensatz zu anderen Sortimenten haben viele Strumpfabteilungen der Kauf- und Warenhäuser - allen voran Hertie - einen Fachgeschäftscharakter. So finden sich hier die gleichen Marken wie in hochwertigen Strumpf-Boutiquen. "Meinen Anzug kaufe ich bei Uli Knecht, meine Socken bei Hertie", war auch die typische Aussage eines Art Directors in einer TW-Verbraucher-Studie, die das Einkaufsverhalten und die Kompetenz einzelner Kauf- und Warenhausabteilungen verdeutlicht hat.

Der Trend der 80er Jahre: "Niche Retailing"

Im Jahre 1988 wurden die ersten Pilotläden von "Hot-Socks" in Frankfurt und Wiesbaden errichtet. Es war zu einer Zeit, als das Shop-Fieber um sich griff. Die Kunden wollten keine unübersichtlichen, überfüllten Strumpfabteilungen mehr. Sie wollten beraten werden, mehr Ambiente erleben, eine deutlichere Zielgruppenansprache erfahren, witzige Ware und einen schnelleren Überblick präsentiert bekommen. In England nannte man diese neuen Einzelhandelskonzepte "Niche retailing": Nischen-Verkauf. Dazu gehörten auch Ketten wie "Body Shop", "Knickerbox" und "Blouse House". Sie wurden anfangs wie Stars gefeiert, stolperten dann aber oft über ihren ungebremsten Expansionsdrang. Unter den Verlierern befand sich auch die britische "Sock-Shop"-Kette, die mit 124 internationalen Läden und einem Aktienkurs von 325 Pfund ihren Höhepunkt erreicht hatte, schließlich aber an der fremdfinanzierten Expansion, den teuren Standorten (bis zu 500.000 englischen Pfund) und den extrem hohen Ablösesummen scheiterte. Auch deutsche Einzelhandelskonzepte, die sich um Strümpfe bemühten, gaben ihre Geschäfte wieder auf, weil vielfach die Sortimente zu dünn und die 1a-Citylagen zu teuer waren.

Erfolgreiche Strumpf-Shops zu installieren, ist nicht einfach. "Die Spitzenlage und das hervorragende Personal sind heute noch die wichtigsten Indikatoren für den Erfolg", meint Peter Tränkner. Und nur die wenigsten können sich die 120.000 Mark per anno, die nicht selten für die Mieten bereitgestellt werden müßten, leisten. Da "Hot-Socks" die Lagen der Hertie-Häuser nutzt, bleibt viel mehr Spielraum für ein ausgefeiltes Sortiment. Früher gab es noch externe Läden, die aber wegen der hohen Mieten wieder aufgegeben wurden.

Foto: Liz Rehm

Gute Standorte und ein hervorragendes Personal sind für Peter Tränkner der Schlüssel zum Erfolg eines Strumpf-Shops.

HANDELSKONZEPTE

Die Hertie-Strumpfabteilung in Viernheim. Das Artikelleitsystem sorgt für einen besseren Überblick.

Foto: Thomas Fedra

Bei "Hot-Socks" dreht sich alles um die Socken.

In den Anfangsjahren waren die "Hot-Socks" mit einem hohen Eigenmarkenanteil bestückt. Jetzt sind es fast nur noch Edelmarken, die sich von dem Hertie-Stammsortiment - mit weitgehend deutschen Herstellern - abheben sollen. Darunter Wolford, Oroblu, Bi, SiSi, Platino, Kattima, Emilio Cavallini, No Comment oder Achile. Auch Studio Tokyo, Burlington, Esprit, Benetton, Wolsey sowie modische Artikel von Falke und Hudson machen das Sortiment - mit etwa 400 Artikeln - rund.

Wo bitte gibt's Po-Hosen?

Mit den Stammabteilungen in den Häusern gibt es keine Berührungspunkte mehr. Hier haben die Hertie-Manager in andere Dinge investiert. Um Flächenverteilung und Produktivität besser zu erkunden, hat man ein Artikelleitsystem entwickelt, das dem Kunden eine bessere Orientierung und einen schnelleren Überblick verschaffen soll. Bis zu 300.000 Mark hat der Konzern so sukzessive in einzelne Strumpfabteilungen gesteckt, die jetzt über neue funktionelle Warenträger, eine bessere Beleuchtung und ein besseres Beschilderungssystem verfügen. In manchen Abteilungen, wo die Durchschnittsumsätze bei 15.000 bis 18.000 Mark pro Quadratmeter liegen, konnten die Umsätze um 30 Prozent gesteigert werden.

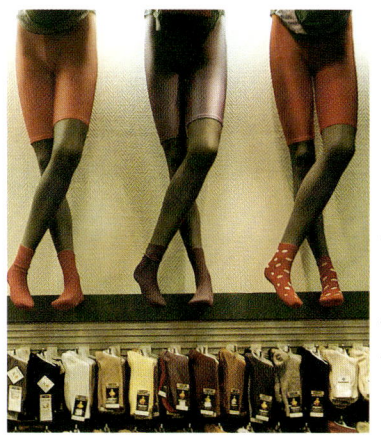

Foto: Claudia Bartsch

Hier bekommen auch die Radler-Hosen ein Forum.

HANDELSKONZEPTE

Fogal, Zürich:
Eine Marke macht Handelskarriere

Dem Strumpfspezialisten Fogal ist es gelungen - und dafür ist ihm die gesamte Branche neidlos dankbar -, Preisgrenzen für einen Konsumartikel zu knacken. Die Schweizer machten Edelstrümpfe populär.

In den 20er Jahren gründete der Schweizer Leon Fogal sechs kleine Strumpfgeschäfte. Inzwischen gibt es 59, die unter der Regentschaft von Balthasar Meier internationales Profil bekommen haben, die aber auch bekannt sind für ihre stolzen Preise.

Die Schweizer waren die ersten, die verführerische Nylons mit Durchschnittspreisen von 40 Mark an die Frau brachten. Und das alles mit ihrem stärksten Argument: der riesigen Farbauswahl (bis zu 123 Farben pro Artikel). Last but not least trat man mit einem internationalen Ladennetz an Top-Standorten an.

Balthasar Meier, 44, Delegierter des Verwaltungsrates, hört das mit dem "Preise knacken" nicht gerne, weil er, seit er als 21jähriger in das Unternehmen kam, eine Philosophie verfolgt, die unbeirrt von jeglicher Konkurrenz stattgefunden hat. Und er fürchtet auch heute keine Mitbewerber.

"Wir sind, was das ganzheitliche Leistungspaket betrifft - also Qualität, Mode, Farbauswahl, Beratung, Service und Einkaufserlebnis - die Nummer Eins der Firmen, die Strümpfe verkaufen". Hersteller kann man ihn nicht nennen, da sich die Fogal AG als ein Vertriebssystem versteht.

In der Zentrale in Zürich sind 15 Mitarbeiter beschäftigt, die alle Läden an der Leine halten. Die Depots und Franchiser werden von Lauingen in Deutschland aus gesteuert.
Vom Gesamtnetz dieser Verkaufsstandorte werden 56 Prozent mit den 33 Auslandsgeschäften gemacht. Die Schweiz und Deutschland bilden die Umsatzspitze dieser Länder.

Die 1a-Lage ist wichtig
Oberstes Credo des Unternehmens ist die 1a-Lage der Shops, denn nur hier funktioniert das Konzept und nur hier lassen sich Quadratmeter-Umsätze von 20.000 Schweizer Franken realisieren. Daß diese Standorte teuer bezahlt werden müssen, ist klar. Etwa 12 Prozent des Umsatzes werden dafür investiert. Fogal-Läden führen Artikel vom Feinsten.

Foto: Ilona Sauerbier

Balthasar Meier: "Wir produzieren nicht selbst, sondern mit unterschiedlichen Herstellern. Bei unserer Vielfalt würden wir eine Fabrik in den Irrsinn treiben".

HANDELSKONZEPTE

Ein Blick auf die typische Ladengestaltung von Fogal. Hier die Filiale in Zürich.

Foto: Fogal

Alles Eigenmarken, die zu 80 Prozent in Schweizer Lohnbetrieben angefertigt werden. Der Rest kommt aus Frankreich, Österreich und Italien. Eine eigene Produktion lohnt sich laut Meier nicht, "da wir bei unserer Vielfalt eine Fabrik in den Irrsinn treiben würden". Insgesamt sind es etwa 1,6 Millionen Paar Strümpfe, die jährlich über die Ladentheken gehen. Dieser Anteil hatte sich nach dem Einsatz von Lycra etwas reduziert, "weil Strümpfe mit Lycra eben haltbarer sind". Dennoch spielten Preise laut Meier dabei nie die große Rolle, "denn wir wollen und wollten immer nur schöne Ware machen". Außerdem könne man "mit super motiviertem Personal alles verkaufen".

Etwa 170 verschiedene Artikel müssen in jedem Laden präsent sein. Darunter fallen mehrere Artikel wie "Saint Trop", die in über hundert Farben angeboten werden. Einen Kollektionsrhythmus wie bei den traditionellen Strumpfherstellern gibt es bei Fogal nicht. Die eigentliche Basis-Kollektion wird immer nur mit aktuellen Artikeln erweitert, andere Produkte fallen 'raus. Manche Strümpfe gibt es schon seit zehn Jahren. Damit es mit dem Nachschub immer klappt, liegt laut Meier für alle Läden immer "ein Jahresumsatz auf Lager".

München läuft am besten

Deutschland, mit bisher zehn Läden, ist für Meier ein Land mit großen Perspektiven, obwohl der Marktanteil noch unter einem Prozentpunkt liegt. Hier gehen jährlich etwa 200.00 bis 300.000 Strumpfhosen hin. Allein München mit seinen drei Geschäften zählt nach Angabe von Meier pro Tag und Laden 70 Kundinnen. Die Toplage Madison Avenue in New York, mit einer Frequenz von 50 bis 80 Personen pro Tag, mutet dagegen fast bescheiden an.

Die Tüte macht's

Verkaufsförderung bedeutet für Meier: immer an Top-Standorten präsent zu sein. Daneben gibt man sechs Prozent des Umsatzes für Werbung aus. Das ist dann Printwerbung, "schöne Ware und gute Verpackung". Wichtig ist auch die Tragetasche, die zweimal pro Jahr von namhaften zeitgenössischen Künstlern gestaltet wird. Sandro Chia, Nicola de Maria, C.O. Paeffgen und George Condo haben sich bereits auf den Strumpftüten verwirklicht.

> *Fogal ist ein junges Unternehmen, das 1968 von Walter Meier, dem Vater des heutigen Inhabers, erworben wurde. Inzwischen gehören 59 eigene Strumpf-Läden mit 200 Voll- und Teilzeitmitarbeitern dazu. Die Standorte erstrecken sich von Stockholm bis Tokio.*
> *Ferner gibt es 20 Depot-Kunden, die international als Franchisenehmer auftreten. In der Schweiz existieren 26 Fogal-Geschäfte, aber kaum Depots. Das Unternehmen macht insgesamt 44 Millionen Schweizer Franken Umsatz.*
> *Davon entfallen 37 Millionen Schweizer Franken auf die eigenen Läden, sieben Millionen auf die Depots.*

HANDELSKONZEPTE

Tragetüte, entworfen von dem Maler C. O. Paeffgen für Fogal.

Edles Strumpfwerk vor historischer Kulisse: Fogal sucht sich die schönsten Plätze der Welt für seine Fotosessions aus.

Fotos: Fogal

VERBRAUCHERUMFRAGE

Socken – ein schwieriger Brocken?

Keine Lust auf Socken-Shopping, Markenbewußtsein bei den "Gebildeten" und Erotik nur diesseits der 40er. Das sind einige der Ergebnisse, die eine Omnibusumfrage der GfK (Gesellschaft für Konsumforschung) über Strumpfwaren zutage förderte. 1.000 Männer und Frauen nahmen zu ihren Beinkleidern Stellung. Hier sind die Ergebnisse.

Der Mann kommt zur Socke wie die Jungfrau zum Kind. Dies ist der erste Eindruck beim Blick auf das Einkaufsverhalten des Herren der Schöpfung. Will sagen: weniger als 10 Prozent der Männer lassen sich einmal im Monat beim Sockenkauf sehen! Von den Frauen geht jede zweite monatlich zum Strümpfekaufen.
Woran liegt's? An der guten Haltbarkeit der Herrensocken, an Hamsterkäufen oder am wochenlangen Tragen? Vielleicht suchen ja auch immer noch Frauen die Socken für ihre Männer aus? Hier darf viel interpretiert werden - die Tabellen sagen dazu nichts aus. Für die Männerwelt ist die Antwort klar: null Bock auf Socken-Shopping. Ganze 3 Prozent bezeugen Interesse und Gefallen am Sockenkauf. Insofern ist ihre statistisch belegte "Zurückhaltung" dabei mehr als verständlich.
Hingegen bekunden 18 Prozent der Frauen, interessiert und mit Spaß auf die Jagd nach schöner Strumpfware aufzubrechen. Ein dickeres Portemonnaie - mindestens 3.000 Mark monatliches Nettoeinkommen - und eine bessere Schulbildung sind dabei dem Einkaufsspaß der Frauen ausgesprochen förderlich.
Für Dreiviertel der Männer und über die Hälfte der Frauen ist der Strumpf nicht mehr als ein Gebrauchsartikel. Was zählt, ist seine Funktion. Zu auffällig darf er nicht sein. Denn sonst läßt er sich nicht mehr problemlos mit vielen anderen Kleidungsstücken kombinieren. Und dies schätzten über die Hälfte der männlichen und weiblichen Befragten als außerordentlich wichtig ein.

Auch teure Strümpfe finden nicht viele Käufer. Kein Wunder, führt man sich den geringen "Kleidungsstatus" des Strumpfes bei der Mehrheit des Käuferpotentials vor Augen. Nur etwa jeder fünfte, ob Mann oder Frau, gibt regelmäßig mehr als zehn Mark bei seinen Käufen aus. Interessant dabei ist: der Einfluß des Einkommens ist nur mäßig. Lediglich die Spitzenverdiener beiderlei Geschlechts mit über 4.000 Mark Haushaltsnettoeinkommen lassen sich Socken und Strümpfe deutlich mehr kosten. Über 50 Mark für Strumpf oder Socke auszugeben, sind jedoch auch von ihnen nur weniger als 3 Prozent bereit.
Wo wird gekauft? Eine enge Fachgeschäftsbindung beim Strumpfwarenkauf existiert kaum. Nur jede siebte Frau und jeder zehnte Mann kaufen ihre Strümpfe bevorzugt in Fachgeschäften. Bildung und Einkommen zeigen hier kaum einen Einfluß. Lediglich das Alter kor-

Foto: Hudson

Trotz Mustervielfalt: Nur drei Prozent der Männer finden Gefallen am Sockenkauf.

VERBRAUCHERUMFRAGE

Die erotische Signalwirkung des Strumpfes wissen Frauen der höheren Einkommensklassen besonders zu schätzen.

Foto: Collection M

VERBRAUCHERUMFRAGE

reliert positiv mit der Intensität der Fachgeschäftsbindung. So kaufen mehr als 26 Prozent der über 60jährigen Damen ihre Strumpfwaren bevorzugt in Fachgeschäften.

Ein bekannter Markenname imponiert dem durchschnittlichen Strumpfkäufer wenig. Nur bei 13 Prozent der Herren und 19 Prozent der Damen spielten bekannte Markennamen eine Rolle. Interessant dabei: je höher der Bildungsabschluß – und in geschwächter Form das Einkommen der Käufer –, desto höher ist die Bedeutung des Labels.
Mit den Attributen Unauffälligkeit und gute Kombinierbarkeit kommt der Strumpf nicht bei allen gut an. Gerade die Jüngeren und die Besserverdienenden wollen modische Beinkleider. Von den unter 40jährigen Frauen äußert sogar über ein Drittel diesen Anspruch. Im Schnitt achten immerhin noch jeder zehnte Mann und jede vierte Frau auf die modische Aktualität ihrer Strümpfe.

Daß ihre Socken auch eine erotische Ausstrahlung besitzen könnten, auf diese Idee sind die Männer offensichtlich noch nicht gekommen. Erstaunlicherweise achtet auch nur jede zwölfte Frau beim Kauf ihrer Strümpfe auf deren Potential an erotischer Signalwirkung. Bei den Frauen unter 40 und mit hohem Einkommen dagegen finden sich überproportional viele, die das potentiell Auf- und Anregende eines Strumpfes durchaus zu schätzen wissen.

Für Dreiviertel der Männer und die Hälfte der Frauen sind Strümpfe ein reiner Gebrauchsartikel, der gut sitzen und zu allem passen soll.

Foto: Bellinda

VERBRAUCHERUMFRAGE

WIE OFT GEHT'S ZUM SOCKEN-SHOPPING?

„Ich kaufe mir mindestens einmal im Monat Strumpfwaren."	Männer	Frauen
	9%	46%

SOCKEN-SHOPPING MIT SPASS?

„Ich habe Interesse an Strumpfwaren, und es macht mir Spaß, Strumpfwaren zu kaufen."	Schulbildung	Männer	Frauen
	Gesamt	3%	18%
	Volksschule	4%	13%
	Höhere Schule ohne Abitur	2%	26%
	Abitur/Hochschule/ Universität	3%	25%
	In Schulausbildung	3%	19%

SOCKEN-SHOPPING MIT SPASS?

„Ich habe Interesse an Strumpfwaren, und es macht mir Spaß, Strumpfwaren zu kaufen."	monatliches Haushaltsnettoeinkommen	Männer	Frauen
	Alle	3%	18%
	unter 3000 DM	3%	14%
	über 3000 DM	4%	24%

DIE STRUMPFWARE – DAS NEUTRALE WESEN

	Männer	Frauen
„Strumpfwaren sind für mich ein reiner Gebrauchsartikel. Deshalb zählt für mich in erster Linie ihre Funktion."	73%	56%
„Beim Kauf von Strumpfwaren bevorzuge ich neutrale Farben und Muster, die zu möglichst vielen Kleidungsstücken passen."	53%	55%

Foto: Falke

Mehr als 50 Mark wollen auch Spitzenverdienerinnen nicht ausgeben für extravagante Beinkleider.

VERBRAUCHERUMFRAGE

Foto: Hudson

Über die Hälfte der Männer wollen Socken, die sich vor allem problemlos kombinieren lassen.

SPARSAM BEIM STRUMPFEINKAUF						
	„Ich kaufe nur preisgünstige Strumpfwaren, die nicht teurer als 10,– DM sind."		„Ich gebe für Strumpfwaren in der Regel zwischen 10,– und 50,– DM aus ."		„Ich bin bereit, für schöne Strumpfwaren über 50,– DM auszugeben."	
Haushaltsnettoeinkommen	Männer	Frauen	Männer	Frauen	Männer	Frauen
bis 1499 DM	62%	70%	10%	14%	–	1%
1500 bis 1999 DM	56%	65%	11%	13%	–	2%
2000 bis 2499 DM	50%	67%	16%	13%	–	1%
2500 bis 2999 DM	63%	70%	16%	21%	2%	1%
3000 bis 3999 DM	57%	65%	13%	21%	1%	3%
4000 DM und mehr	51%	56%	24%	29%	2%	3%
Gesamt	56%	64%	17%	20%	1%	2%

STRÜMPFE KAUFT MAN ÜBERALL			
„Strumpfwaren kaufe ich bevorzugt in Fachgeschäften."	Alter	Männer	Frauen
	Gesamt	10%	14%
	16-19 Jahre	4%	8%
	20-29 Jahre	7%	6%
	30-39 Jahre	7%	12%
	40-49 Jahre	10%	12%
	50-59 Jahre	20%	19%
	60-69 Jahre	13%	26%

VERBRAUCHERUMFRAGE

DIE MARKE ZÄHLT NICHT VIEL

„Beim Kauf von Strumpfwaren spielen bekannte Marken für mich eine Rolle"

Schulbildung	Männer	Frauen
Gesamt	13%	19%
Volksschule	11%	17%
Höhere Schule ohne Abitur	16%	22%
Abitur/Hochschule/Universität	18%	25%
In Schulausbildung	10%	15%

DER MODISCHE STRUMPF FÜR DIE MODISCHE AVANTGARDE

„Strumpfwaren müssen für mich vor allen Dingen modisch sein."

Alter	Männer	Frauen
Gesamt	10%	24%
16-19 Jahre	24%	37%
20-29 Jahre	12%	33%
30-39 Jahre	11%	33%
40-49 Jahre	9%	28%
50-59 Jahre	4%	11%
60-69 Jahre	1%	7%

ANMACHE OHNE STRUMPF UND SOCKE

„Bei Strumpfwaren zählt für mich auch ihre erotische Signalwirkung."

Alter	Männer	Frauen
16-19 Jahre	2%	12%
20-29 Jahre	2%	14%
30-39 Jahre	3%	12%
40-49 Jahre	1%	7%
50-59 Jahre	2%	4%
60-69 Jahre	-	2%
Haushaltsnettoeinkommen		
bis 1499 DM	5%	9%
1500-1999 DM	3%	4%
2000-2499 DM	1%	4%
2500-2999 DM	2%	11%
3000-3999 DM	1%	10%
4000 DM und mehr	1%	11%
Gesamt	2%	8%

Alle Tabellen: TW-Marketing

Foto: Palmers

WERBUNG

WERBUNG

180

Die geheimen Verführer

Ein Rüffel des österreichischen Unterrichtsministers Ernst Kolb hat der Wiener Strumpffirma Palmers im Jahre 1953 zu unverhoffter Publicity verholfen. Kolb hatte nach einem empörten Bericht in der "Wiener Zeitung" vefügt, daß gewisse anstößige Plakate übermalt zu werden hätten. Jene zeigten zwei bestrumpfte Frauenbeine, die über die halben Oberschenkel bis hin zu einem kurz gerafften Unterrock sichtbar waren.

Kaum wurde Kolbs Vorhaben publik, zogen in aller Heimlichkeit Anstreich- und Klebekolonnen durch die nächtlichen Straßen von Wien und überklebten auf allen beanstandeten Plakaten die Schenkel mit keuschem Gewand: Palmers hatte dafür extra grüne Röckchen drucken lassen. Somit war in Wien die öffentliche Ordnung wiederhergestellt und dem Gesetz von 1950 über die "Bekämpfung unzüchtiger Veröffentlichungen und zum Schutz der Jugend gegen sittliche Gefährdung" genüge getan. Der Schöpfer des Plakates, Gerhard Brause, erhielt von seiner Firma eine Prämie von 10.000 Schilling, denn der Umsatz bei Palmers-Strümpfen stieg in den ersten beiden Tagen nach dieser Affäre um das Sechsfache.

Foto: Palmers

Dieses Plakat verhalf dem österreichischen Filialisten Palmers 1953 zu unverhoffter Publicity. Nach einem Ukas des Unterrichtsministers, der dieses Plakat anstößig fand, mußte Palmers in einer Nacht- und Nebelaktion alle bloßen Schenkel mit einem züchtigen Rock überkleben. Ganz Wien amüsierte sich, der Umsatz stieg um das Sechsfache.

Als Werbung noch Reklame hieß

Werbung im Wandel der Zeiten. Was uns heute köstlich amüsiert, war für unsere Mütter eine bierernste Angelegenheit.
Vergleicht man die Werbeauftritte bei Strümpfen in den 50er Jahren, als es noch die gigantische Anzahl von rund 500 Strumpfmarken gab, mit denen von heute - bei nur noch etwa einem Dutzend Marken -, so liegen ganze Welten dazwischen.
"Schöne Füße und Beine haben schon mancher Frau zu ihrem Glück verholfen", hieß es verheißungsvoll in der ersten elbeo-Werbung im Jahre 1929. "Ein Strumpf verleiht den Fesseln jenen letzten Grad von Vollkommenheit, den die Natur fast stets versagt", so ein weiteres Statement in Sachen Werbeansprache. Das Thema Bein wurde mit aller Sorgfalt und Artigkeit bis hin zu Pflegeanleitungen (Trockenbürsten, Massagen, Cremes) beworben. Strümpfe haben etwas Wertvolles und sind ein Geheimnis zur Erlangung von Vollkommenheit.

ELBEO-Anzeige aus dem Jahre 1929.

Foto: elbeo

So sah die erste elbeo-Strumpfwerbung im Jahre 1929 aus.

P Trend.

*Keine Geringere als das amerikanische Star-Model Cindy Crawford zeigt für die Plakate des Wiener Wäsche-Filialisten Palmers ihre Kurven.
Verständlich, daß auch Crawford-Ehemann Schauspieler Richard Gere von dem makellosen Körper fasziniert ist.*

Foto: Palmers Textil AG/Agentur GGK, Wien

Fotos: Kunert

Als sich die schöne Kaiserin Soraya 1956 während eines Staatsbesuches in Deutschland aufhielt, überreichte ihr Gertraud Kunert ein Paar Strümpfe aus Immenstadt: Kunert hatte eigens für den hohen Gast einen Artikel auf den Namen "Soraya" getauft.

Mit dem Ohrwurm "Nur Die, ja unsre ganze Sympathie …" ersangen die Kessler-Zwillinge die Strumpfumsätze des Herstellers nach oben.

Foto: Golden Lady

Für eine Gage von rund 4,5 Millionen Mark zeigte die amerikanische Schauspielerin Kim Basinger ihre schönen Beine her. Der italienische Strumpfhersteller Golden Lady engagierte die teure Blonde.

In den 40ern und 50ern wurden sie kostbar wie Gold gehandelt. Als Kaiserin Soraya 1956 auf Deutschlandbesuch war, reiste Gertraud Kunert aus Immenstadt an, um ihr die eigens nach der persischen Kaiserin benannten Strümpfe zu überreichen. Zu dieser Zeit gab es von Kunert auch die erste Radiowerbung.

Mit einer großen Kampagne der Bekenntniswerbung ließ Ergee in den 50er Jahren deutsche Filmschauspielerinnen zu Wort kommen. Film und Funk übten damals schon große Signalwirkung auf die Frauen aus. Nadja Tiller, Romy Schneider und Marianne Koch warben für Stütz und Halterlos. Zehn Jahre später sangen sich die Kessler-Zwillinge mit "Nur Die, ja unsre ganze Sympathie..." in die Herzen der Frauen. Dann übernahmen Profi-Fotomodelle das Feld. Erst 1990 reckte wieder ein bekannter Star sein makelloses Geläuf für Nylonstrümpfe: die amerikanische Schauspielerin Kim Basinger für Golden Lady.

WERBUNG

183

Mit "Kunert Chinchillan" wurde erstmals für ein neues Garn geworben.

Foto: Kunert

Trend der 70er: Haut und Körper

Ging es in den Fifties noch recht oberlehrerhaft in der Werbeansprache zu, so wurden die Texter in den 60er Jahren (elbeo: "Als sie ihn durchschaut hatte...") schon etwas kesser. Nach der Entwicklung des Stretchgarnes wurde erstmals mit Technologie argumentiert ("Kunert Chinchillan"). In den 70er Jahren, als es die ersten Überkapazitäten bei Strümpfen und Strumpfhosen gab, mußte viel aggressiver um Anteile gekämpft werden. Der Strumpfhersteller Hans Thierfelder ("Arwa") hat zu dieser Zeit viel für das Image der Strümpfe als begehrenswerte Luxusartikel und die Stärkung der Markennamen getan. Mit seinen voll ausgeformten Strümpfen nahm er es erfolgreich gegen die amerikanischen Nylons auf. Von ihm stammt auch die berühmte "Schnellfeuerhose" Lady-Pep, bei der zwei Strumpfhosenteile zusammengeknöpft wurden. Ferner zog Thierfelders Frau schon in den 50ern als Strumpfberaterin durch die Lande und zierte als solche einst das Titelbild des "Spiegel".

Das Jahrzehnt der Flower Power und der freien Liebe machte sich auch bei der Strumpfreklame bemerkbar. Haut und Körper rückten in den Vordergrund. Miniröcke und Plateau-Schuhe zeigten so viel Bein wie nie zuvor. "Apricot" hieß die Wahnsinns-Modefarbe Mitte der 70er. Zu dieser Zeit gab es auch die ersten Preissenkungen bei Strümpfen. Bis 1973 waren die Preise immer nur erhöht worden. Im Laufe der darauffolgenden Jahre wurden vor allem Standard-Strümpfe dann immer billiger. Was 1957 noch 8 bis 15 Mark kostete, ist Anfang der 90er Jahre für 2,95 bis 10 Mark zu haben. Wie dem Boom der Preisverfall folgen kann, zeigt die Entwicklung der Nahtstrümpfe. Von 1952 bis 1953 sanken hier die Preise um 33 Prozent, 1956 waren statt 7,90 nur noch 3,95 Mark für Nahtstrümpfe zu erzielen: Jede Frau wollte jetzt die Glatten haben.

Die Designer kommen

In den 80er Jahren kamen die Designer ins Spiel. Mit ihrer sensationellen Werbung (zum Beispiel "Lederjacke von Azzedine Alaia, Beine von Bi"), die über zehn Jahre lief, bekam die Werbeagentur Wiesmeier, München, die seinerzeit Bi betreute, die höchste Werbeauszeichnung des Art Director Clubs der Schweiz in Gold. Den ADS in Silber bekam Wiesmeier später für eine Kampagne für elbeo ("Bildschönes für Beine" 1988).

In Anbetracht der umfangreichen Feinstrumpfwerbung waren die Männersocken eher ein lower-interest-Artikel, den man nicht gerade sexy bewarb. Ergee gehörte hier zu den ersten, die von sich reden machten: mit einer Sympathiefigur, dem Küken. Das war 1963. Das Küken von "Ergolan" mit der flaumweichen Acryl-Faser wurde von der Münchner Firma Busskamp & Koch entwickelt und ist immer noch für die ganze Familie präsent. Auch Falkes markige Worte für den Artikel Bristol: "Bis hierher und nicht kürzer" setzten Meilensteine für Männersocken.

In den 60er Jahren engagierte der Werbe- und Marketingverbund der Firmen Ergee, Hudson, Kunert und Goldfalter eine Figur, die als Nachfolger für den berühmten "Krawatten-

Mit den ranken, schlanken Beinen von Bi holte sich die Agentur Wiesmeier in den 80er Jahren Gold vom ADC.

Eine Dekorationsidee, die viele im Handel aufgegriffen haben: "Bildschönes für Beine" von elbeo.

Foto: Bi

Glamour-Bodysuit von Thierry Mugler. Beine von Bi.

Strümpfe und Strumpfhosen. Für Beine, die mit der Mode gehen. Ab 7 der

Bis hierher und nicht kürzer knielang von falke Passend zum feinen Mann

Foto: Falke

Der feine Mann trägt Kniestrümpfe. Mit dieser Werbung rief Falke auf zur Ächtung der blanken Männerwade.

Foto: elbeo

ildschönes für Beine elbeo

WERBUNG

Fotos: Ergee

Romy Schneider wirbt für Ergee. Die Sonthofener starteten in den 50er Jahren eine Serie der Bekenntniswerbung mit bekannten Filmschauspielerinnen. Darunter auch Nadja Tiller, Hildegard Knef oder Marianne Koch.

"Unvergleichlich" findet Nadja Tiller die Halterlosen von Ergee.

Christian Dior läßt die Röcke fliegen: Werbung für Transparentes.

Die Frau von Welt in den 60er Jahren: in Strümpfen von Kunert.

Wie aus einer Szene in einem Hollywood-Film: Die Kunert-Werbung aus dem Jahre 1952 in der Zeitschrift "Elegante Welt".

Fotos: Kunert

Ran an den Mann. Der Wäsche-Filialist Palmers zeigt 1989 die Socke zur nackten Haut. Dieses Poster hat sich zu einem beliebten Sammelobjekt gemausert.

Foto: Palmers Textil AG / Agentur GGK, Wien

Foto: Derick Pobell

Hier wirbt der Chef selber. Mit einer groß angelegten Kampagne, die Anfang der 90er Jahre durchgezogen wurde, setzten sich die beiden Geschäftsführer von Bi, Jörg Bahner und Carheinz Noack, selbst in Szene.

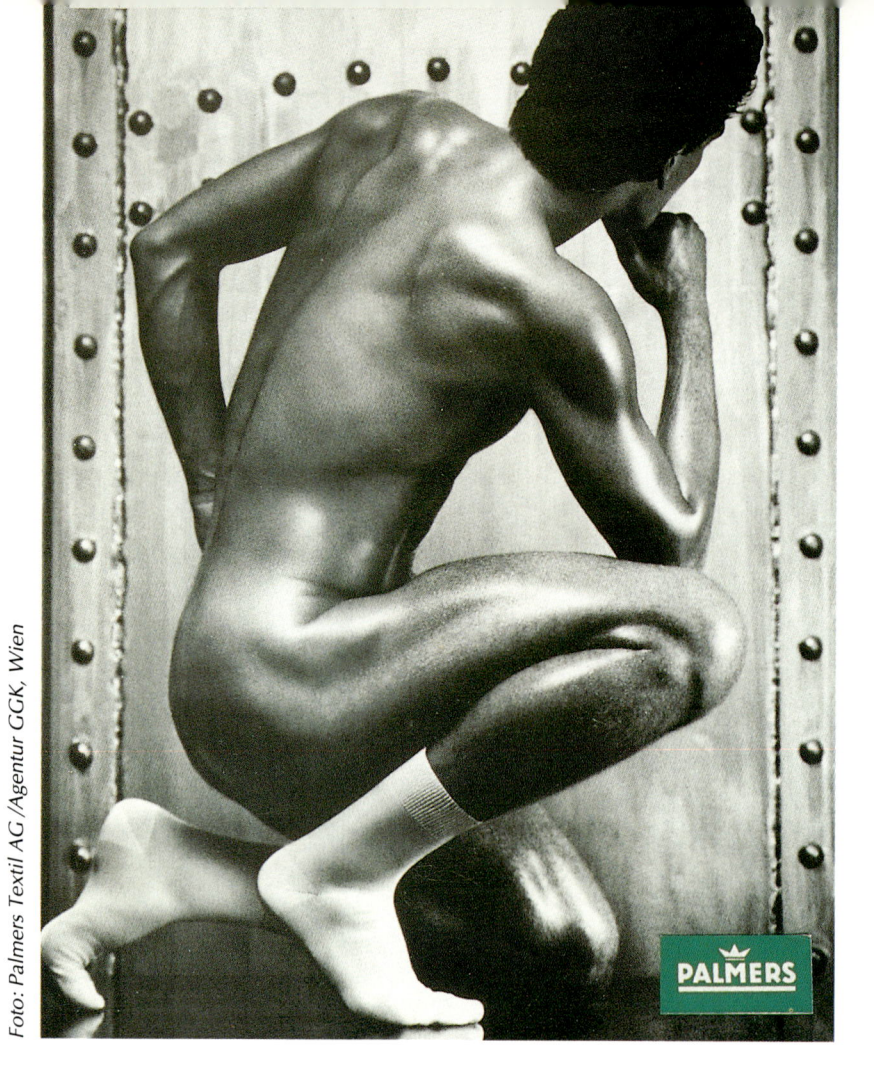

muffel" antreten sollte: der "Socken-Trampel". Nicht schlechter dotiert als sein Vorgänger sollte der Socken-Trampel den Herren der Schöpfung modisch Beine machen. Was den Frauen recht war, nämlich seinerzeit 25 Paar Strümpfe pro Jahr, sollten sich auch die Kerle leisten. Der Durchschnittsmann kaufte bislang nur viereinhalb Sockenpaare im Jahr. Drei davon in schwarz, grau oder braun. Die Industrie wollte nicht auf sich sitzen lassen, daß deutsche Männer öfter ihre Krawatte als ihre Socken wechseln.

Humor war in Sachen Strumpfwerbung weniger angesagt. Zumindest nicht absichtlich. Einer, der hier erstmals mit einer Schmunzelkampagne antrat, war elbeo mit den "Krawatten für die Füße". Auch für diese Kampagne gab es für die Agentur Wiesmeier Silber vom ADC. Mit hohem Unterhaltungswert ging auch Bi in den beginnenden 90er Jahren in die Handelswerbung. Jörg Bahner und Carlheinz Noack, die beiden Geschäftsführer, wurden erstmals selber ins Bild gerückt. Personality, so Jörg Bahner, sollte "das Gefühl geben: Wir sind für euch da". Die Handelswerbung in massiverer Form hatte erst in den 80er Jahren begonnen. Als erklärungsbedürftige Materialien, dekorative Muster sowie neue Fasertypen aufkamen und vor allem die Preise bis zur Hundertmarkgrenze hochkletterten, wurden Verkäufer und Verkäuferinnen zu einem wichtigen Partner der Industrie.

WERBUNG

189

"Krawatten für die Füße": die originelle ebeo-Schmunzelwerbung aus dem Jahr 1990.

KRAWATTEN FÜR DIE FÜSSE.

elbeo
Wenn Eleganz, dann ganz

Foto: elbeo

Foto: Derick Pobell

Wir haben den Kassenschlager.

Sie haben den Kassenschlager: Jörg Bahner (links) und Carlheinz Noack von Bi schlüpfen für ihren Werbeauftritt in die kuriosesten Kostüme.

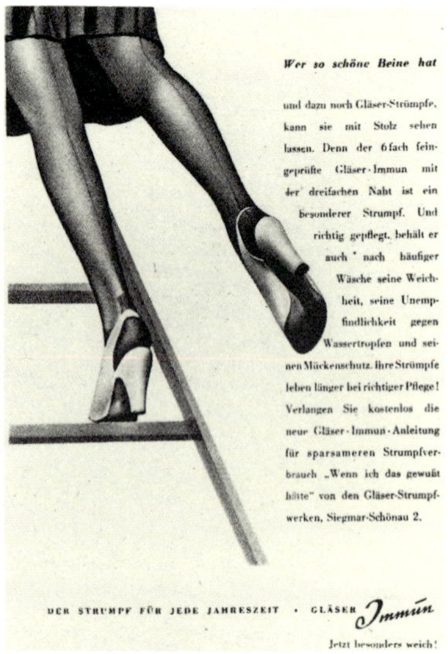

Foto: Palmers

Mit dem Versprechen, sowohl gegen Wasserspritzer als auch vor Mückenstichen zu schützen, warb der "Immun"-Strumpf von Gläser im Jahr 1942. Das Foto ist im Besitz des Historischen Museums in Frankfurt (ganz links).

Alle Männer finden sie unerotisch: die hautfarbenen Kniestrümpfe. Hier eine Werbung von Palmers, Wien, 1935 (links).

Foto: Ergee

Mit einer breit angelegten Werbekampagne, die in Kinos, in Zeitschriften und auf Plakaten lief, ging Ergee 1991 an den Start.

Strümpfe, so edel wie ein Brautschleier: elbeo zeigte 1965 eine Serie schöner Frauenköpfe.

Foto: elbeo

Sinnliche Strümpfe und Frauen wußte der Fotograf von Wolford richtig ins Bild zu setzen.

Foto: Wolford

INTERNATIONALE MÄRKTE

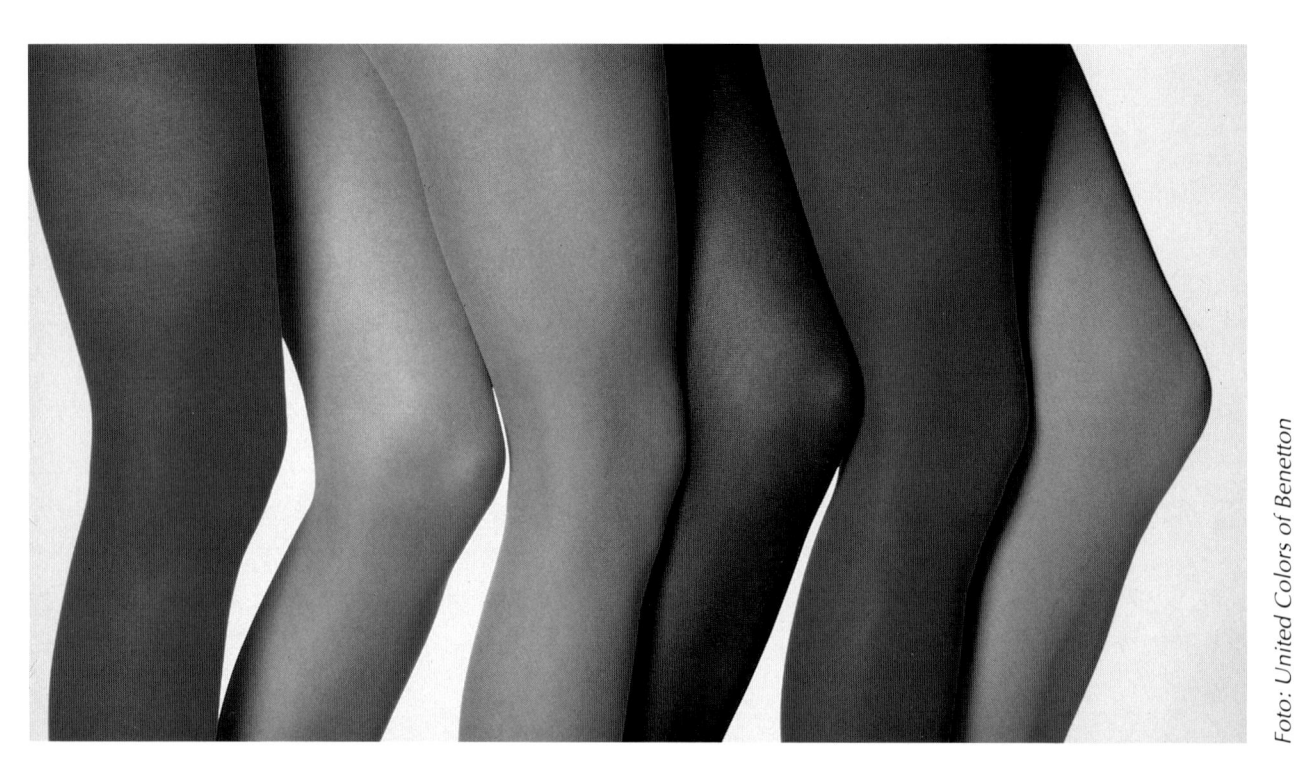

Foto: United Colors of Benetton

Die Italienerin ist Spitze

Der internationale Feinstrumpfmarkt ist so differenziert wie die Strumpf-Kollektionen selbst. Die großen Strumpfmärkte USA, Westeuropa und Japan mit einem Bevölkerungspotential von über 800 Millionen Menschen sind in keiner Weise miteinander vergleichbar. Selbst Westeuropa stellt, im Gegensatz zu den USA, keinen homogenen Markt dar. Zwischen Nord (Skandinavien) und Süd (Italien, Spanien) sind die Unterschiede im Strumpfverbrauch, in den modischen Vorlieben, der Artikelgestaltung und in den Größen ebenso vielfältig wie die einzelnen Länder und ihre Sprachen. Es kommt daher im internationalen Markt der Damenbeinbekleidung auf das nationale marktbezogene Marketing an. Die europäische und insbesondere die deutsche Feinstrumpfindustrie erlebte in den letzten Jahrzehnten eine Reihe von Wechselbädern, die - im Gegensatz etwa zu den USA - zu keinerlei Marktausweitung führte, sieht man von den Exporten ab (siehe Grafik). Nicht immer "beinfreundliche" Modetrends, die langfristige Veränderung der Wetterverhältnisse und insbesondere die rasch steigenden, hohen Importe bei erkennbaren Marktsättigungstendenzen machen der Feinstrumpfbranche arg zu schaffen. Die Verschiebung der Verbrauchernachfrage innerhalb der Strumpfartikel – zum Beispiel bei Söckchen oder Leggings – tat ein übriges, um den Herstellern von Damenfeinstrumpfhosen das Leben schwer zu machen.

INTERNATIONALE MÄRKTE

Von 1970 bis zum Anfang der 90er Jahre gab es hierdurch auch in Westeuropa einen empfindlichen Schrumpfungsprozeß auf der Anbieterseite auf heute etwa 520 Hersteller, davon allein über 300 in Italien. In den USA sind es 342. In Deutschland (West) blieben von rund 120 Firmen noch knapp ein Dutzend übrig.

Während die Marktversorgung bei Damenbeinbekleidung sich von 1970 bis 1992 von rund 710 Millionen Paar um ein Siebtel auf mehr als 824 Millionen Paar erhöhte, hat sich die deutsche Feinstrumpfproduktion mit etwa 380 Millionen Paar nahezu halbiert. Zugleich stiegen die Importe um mehr als das Sechsfache auf rund 624 Millionen Paar. Die Gründe hierfür liegen in Westeuropa und vor allem in Deutschland zum einen in dem sich völlig verändert darbietenden Verbraucherverhalten, zum anderen aber auch in dem gewaltigen strukturellen Wandel des Handels als Absatzmittler. Prägten in der Nylon-Ära der Nachkriegszeit die langen Damenfeinstrümpfe und allein der Fachhandel das Absatzgeschehen, so hat dieser Artikel heute – vom Stützstrumpfbereich abgesehen – nur noch ein marginales Marktvolumen, und zwar in Deutschland und Westeuropa gleichermaßen. In den USA haben die langen Feinstrümpfe noch eine etwas größere Bedeutung; in Japan sind sie nahezu unbekannt.

Foto: ICI

	DER EUROPÄISCHE FEINSTRUMPFMARKT 1991										
	Belgien	Deutschland	Finnland	Frankreich	Griechenland	Großbritannien	Italien	Österreich	Portugal	Schweiz	Spanien
Firmen (Anzahl)	k.A.	11	2	34	8	18	300	4	20	10	8
Produktion 1991 Mio. Paar/Stück	5,3*	374,3	9*	173,7*	16*	416	1.894	104	120*	10,3*	183
Veränderung gegen 1990	-28%	+3%	-20%	+4,8%	0%	+4,5%	+1,1%	-16,3%	-10%	-8,4%	-4%
Exportanteil der Länder	12,7%	53,8%	4,7%	44,7%	1,6%	16,4%	48,8%	57,8%	10%	3,7%	k.A.

* = Halbes Jahr   k.A.= keine Angabe

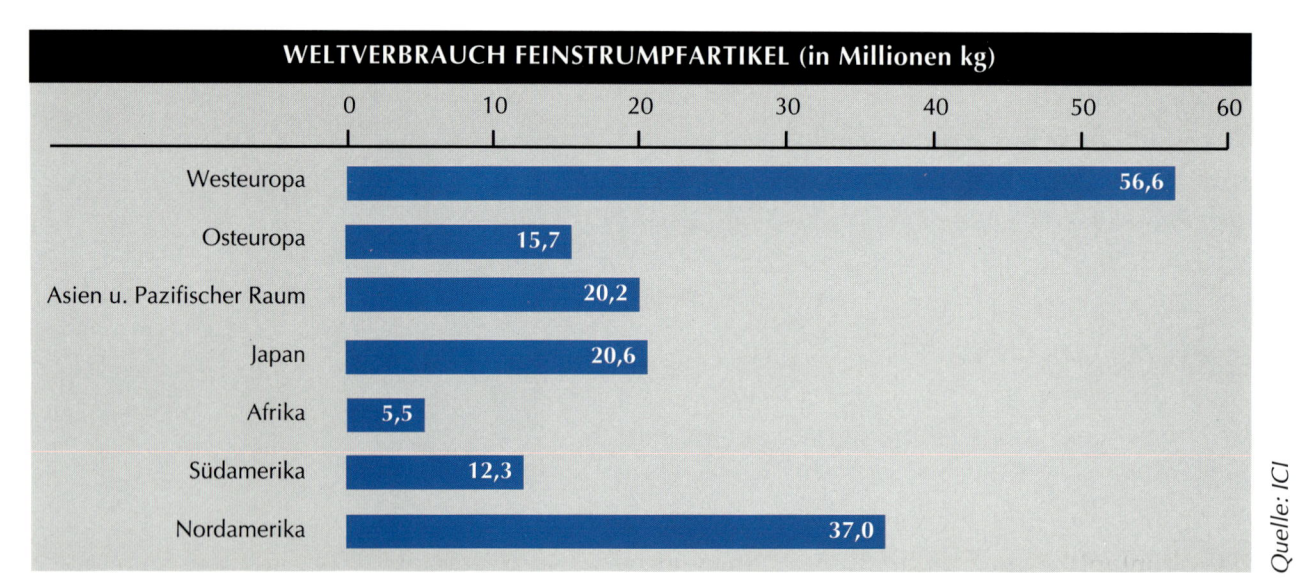

INTERNATIONALE MÄRKTE

WELTVERBRAUCH FEINSTRUMPFARTIKEL (in Millionen kg)

Westeuropa	56,6
Osteuropa	15,7
Asien u. Pazifischer Raum	20,2
Japan	20,6
Afrika	5,5
Südamerika	12,3
Nordamerika	37,0

Quelle: ICI

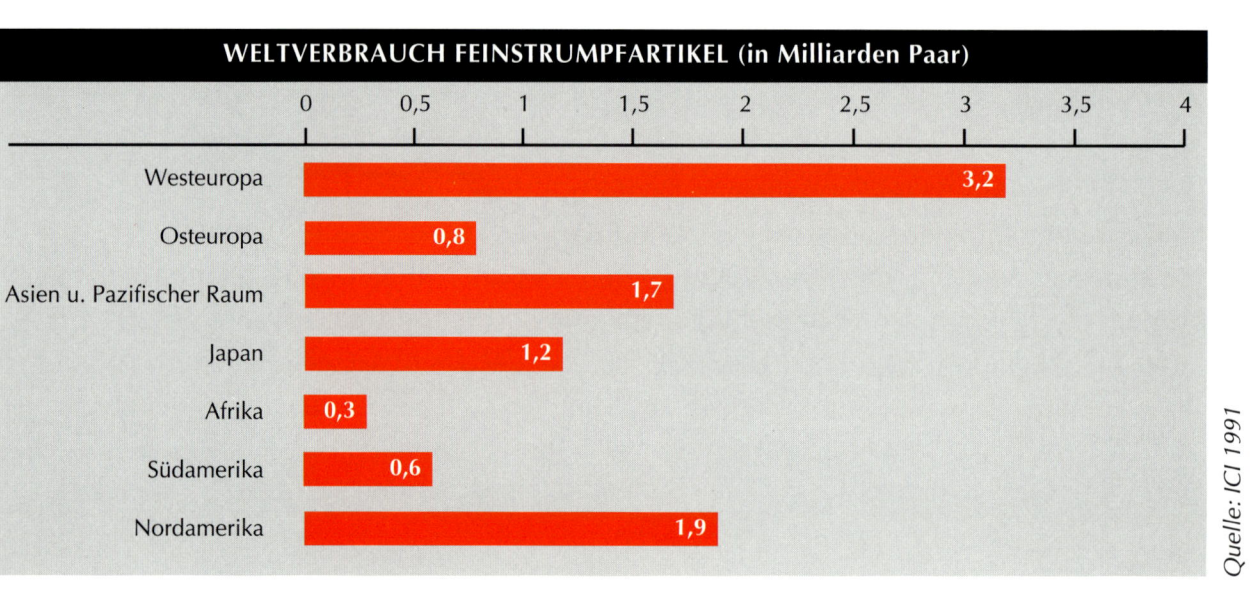

WELTVERBRAUCH FEINSTRUMPFARTIKEL (in Milliarden Paar)

Westeuropa	3,2
Osteuropa	0,8
Asien u. Pazifischer Raum	1,7
Japan	1,2
Afrika	0,3
Südamerika	0,6
Nordamerika	1,9

Quelle: ICI 1991

Foto: Wolford

Der SB-Handel liegt vorn

Der Weltverbrauch an Feinstrumpfwaren lag 1991 bei knapp 168 Millionen Kilogramm. Davon entfallen auf Westeuropa 56,6, auf Osteuropa 15,7, auf Nordamerika 37,8 und auf Südamerika 12,3 Millionen Kilogramm. Japan bringt es auf 20,6 Millionen Kilogramm; auf den asiatisch-pazifischen Raum entfallen 20,2 und auf Afrika 5,5 Millionen Kilogramm. In puncto Menge entfallen auf Nordamerika 1,9 Milliarden Paar, auf Westeuropa 3,2, Osteuropa 0,8 und auf den asiatisch-pazifischen Raum 1,7 Milliarden Paar Feinstrümpfe. In Japan wurden 1,2 Milliarden und in Afrika 0,3 Milliarden Paar Strumpfhosen verbraucht (vgl. Tabelle).

Das Aufkommen der Strumpfhosen und deren Wandel – vor allem in Europa – zum festen Bestandteil der Mode hat den Markt auf den Kopf gestellt. Damenstrumpfhosen haben

INTERNATIONALE MÄRKTE

heute in Westeuropa Absatzanteile zwischen 70 (Schweiz, Belgien) und 90 Prozent (Italien, Finnland), in Deutschland gut 83 Prozent Anteile am Markt der Damenbeinbekleidung insgesamt. Für die Branche schwierig ist das enorme Preisspektrum. Es reicht für den "Gebrauchsartikel" im SB-Handel von zwei Mark Verkaufspreis bis in die Reichweite der hochpreisigen modischen Accessoires zu über 100 Mark das Paar.

Eine der hierfür wesentlichen Ursachen ist die Vertriebs- und Handelsstruktur in Deutschland sowie Westeuropa. Mit Ausnahme der südeuropäischen Länder beherrschen die in den späten sechziger Jahren aufgekommenen SB-Handelsformen mit Anteilen von um 50 bis zu knapp 80 Prozent den Feinstrumpfabsatz (siehe Grafik). Dies ist ein Spiegelbild der sehr unterschiedlichen Handelsstrukturen in Westeuropa. In Frankreich dominieren die Hypermarchés, in der Schweiz Migros und Konsum beim Strumpfabsatz. In Italien und Griechenland gibt es noch immer viele kleine (Familien)Fachgeschäfte, die diesen Artikelbereich intensiv pflegen. In Skandinavien und Portugal prägen die Kauf- und Warenhäuser das Bild und in Großbritannien sowie Österreich, Belgien und Finnland haben die Kettenläden (Filialisten) eine starke Position.

DAMENBEINBEKLEIDUNG – STRUKTUR DER VERTRIEBSWEGE IM HANDEL WESTEUROPAS

	Fachgeschäfte	Kaufhäuser	Kettenläden	Lebensmittelhandel	Versandhandel	Andere
Belgien	22%	16%	36%	8%	1%	17%
Deutschland	27%	15%	2%	51%	4%	1%
Finnland	9%	27%	30%	21%	5%	8%
Frankreich	11%	8%	8%	71%	1%	1%
Griechenland	35%	8%	15%	6%	–	36%
Großbritannien	11%	9%	24%	37%	1%	13%
Italien	55%	15%	5%	2%	2%	21%
Österreich	25%	13%	29%	22%	2%	9%
Portugal	25%	50%	15%	9%	–	1%
Schweden	11%	34%	17%	32%	1%	5%
Schweiz	5%	16%	12%	65%	1%	1%
Spanien	20%	33%	16%	22%	1%	8%

Quelle: Comité de la Mode Collants, 1991

INTERNATIONALE MÄRKTE

Gefragt sind feine Titer

In der ersten Hälfte des letzten Jahrzehnts ist der Strumpfgarnverbrauch in Westeuropa nahezu identisch mit dem Konsum an Feinstrumpfhosen gewesen. Erst 1988 bis 1990 stieg er deutlich schneller als der Feinstrumpfverbrauch – ein Zeichen aufgebauter Überkapazitäten. Die Folge war 1991 ein Rückgang des Garnverbrauchs um fast 18 Prozent, dem für 1992 und 1993 von der Branche ein bescheidenes Wachstum von jeweils knapp zwei Prozent vorhergesagt wird. Dies würde sich wieder mit dem prognostizierten Verbrauch an Feinstrumpfwaren decken.

Im Bereich der texturierten Strumpfgarne (Polyamid 6,6) geht der Trend zu den feineren Titern. 1991 entfielen vom Garnverbrauch in Westeuropa 11 Prozent auf 40 denier, 29 Prozent auf 30, 23 Prozent auf 20 und 30 Prozent auf 15 bis 17 denier. Der Anteil der Garne mit weniger als zwölf denier

Foto: Du Pont

Mit der Kampagne "Lycra-Sensation" startete der Faserhersteller Du Pont eine große Print-Aktion.

MARKTANTEIL DER FEINSTRUMPFHOSEN MIT LYCRA (in %)

	1980		1984		1988		1990		1992	
	Europa	USA	Europa	USA	Europa	USA	Europa	USA	Europa	USA
Control Top (verstärktes Höschenteil)	1	13	1	19	2	21	2	21	2	22
Anteil über 22 DTEX Lycra im Bein	2	10	3	13	2	16	4	17	5	19
Anteil von 22 DTEX Lycra und weniger im Bein	1	5	3	10	8	23	15	30	29	36

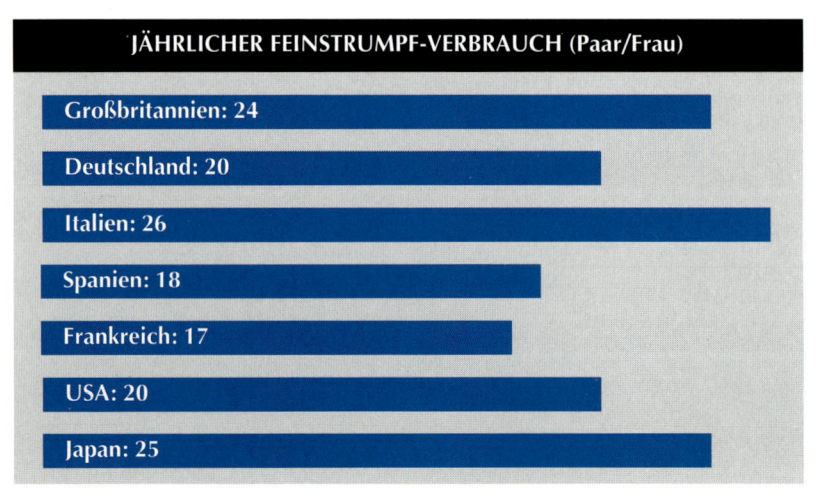

JÄHRLICHER FEINSTRUMPF-VERBRAUCH (Paar/Frau)

- Großbritannien: 24
- Deutschland: 20
- Italien: 26
- Spanien: 18
- Frankreich: 17
- USA: 20
- Japan: 25

Quelle: ICI

INTERNATIONALE MÄRKTE

lag, mit steigender Tendenz, bei sieben Prozent.

Dabei haben Elasthan-Garne in Westeuropa erst einen Anteil von 20 Prozent am Feinstrumpfmarkt. In den USA sind es 45 und in Japan sogar 55 Prozent. Opaques (blickdichte Artikel) kommen auf 9 Prozent Absatzanteil in Westeuropa. Der Pro-Kopf-Verbrauch an Damenstrumpfhosen und Feinstrümpfen liegt in Westeuropa bei rund 20 Paar im Jahr. Hier sorgt vor allem die Mode für den Umsatzschub. In den USA liegen die Anteile ebenfalls bei 20 und in Japan bei stolzen 25 Paar. Den geringsten Verbrauch an Strumpfhosen hat die Französin mit 17 Paar im Jahr. Der starke Verbrauch in den USA und auch in Italien ist nicht zuletzt darauf zurückzuführen, daß hier das Tragen von Strümpfen ein gesellschaftliches "Muß" ist: keine Amerikanerin würde strumpflos zu einer offiziellen Veranstaltung gehen, selbst wenn es noch so heiß ist.

Betrachtet man das Szenario für die nächsten fünf Jahre, so kann man festhalten:
1. Strumpfhosen werden über modische Aspekte ihren Marktanteil stetig ausweiten und dabei auch die bisher noch weitgehend abstinente jüngere Verbraucherin (unter 20 Jahren) stärker gewinnen.
2. Die Garnhersteller werden zu permanenten Neuentwicklungen gezwungen, und zwar ausgehend von den Bedürfnissen des Marktes. Das bedeutet feinere Titer, variantenreichere Texturgarne, höchstes Qualitätsniveau für schnellaufende Strickmaschinen und Beachtung der Umweltschutzfragen zum Beispiel beim Textilrecycling.
3. Die Strumpfhersteller zielen auf höhere Produktivität, verstärktes Markenimage und ein intensiveres Produkt- sowie Absatzmarketing.
4. Auf der Absatzseite werden die modernen Distributionsformen des Handels (wie in Deutschland oder Frankreich) auf beiden Vertriebsschienen die südeuropäischen Länder erfassen. Der Fachhandel wird, europäisch gesehen, seine Marktposition bei etwas weniger als 50 Prozent des Absatzanteiles stabilisieren können. Der Konsum an Feinstrumpfwaren wird

MARKTVERGLEICH WESTEUROPA – USA		
	Westeuropa	USA
Marktanteil der jeweils fünf größten Strumpfhersteller	40%	80%
Strumpfhersteller mit Strick- und Texturierbetrieb	>45%	<5%
Anteil 20-40 denier-Garne	30%	63%
Strumpfwaren mit Elasthan (Lycra u.a.)	25%	46%
Blickdicht (Opaque)	12%	8%
Microfaser	7%	1%
Wichtigstes Kaufmotiv	Mode	Gesellschaftliche Konformität

Quelle: ICI 1991

INTERNATIONALE MÄRKTE

MARKTENTWICKLUNG DAMENSTRUMPFHOSEN IN DEUTSCHLAND

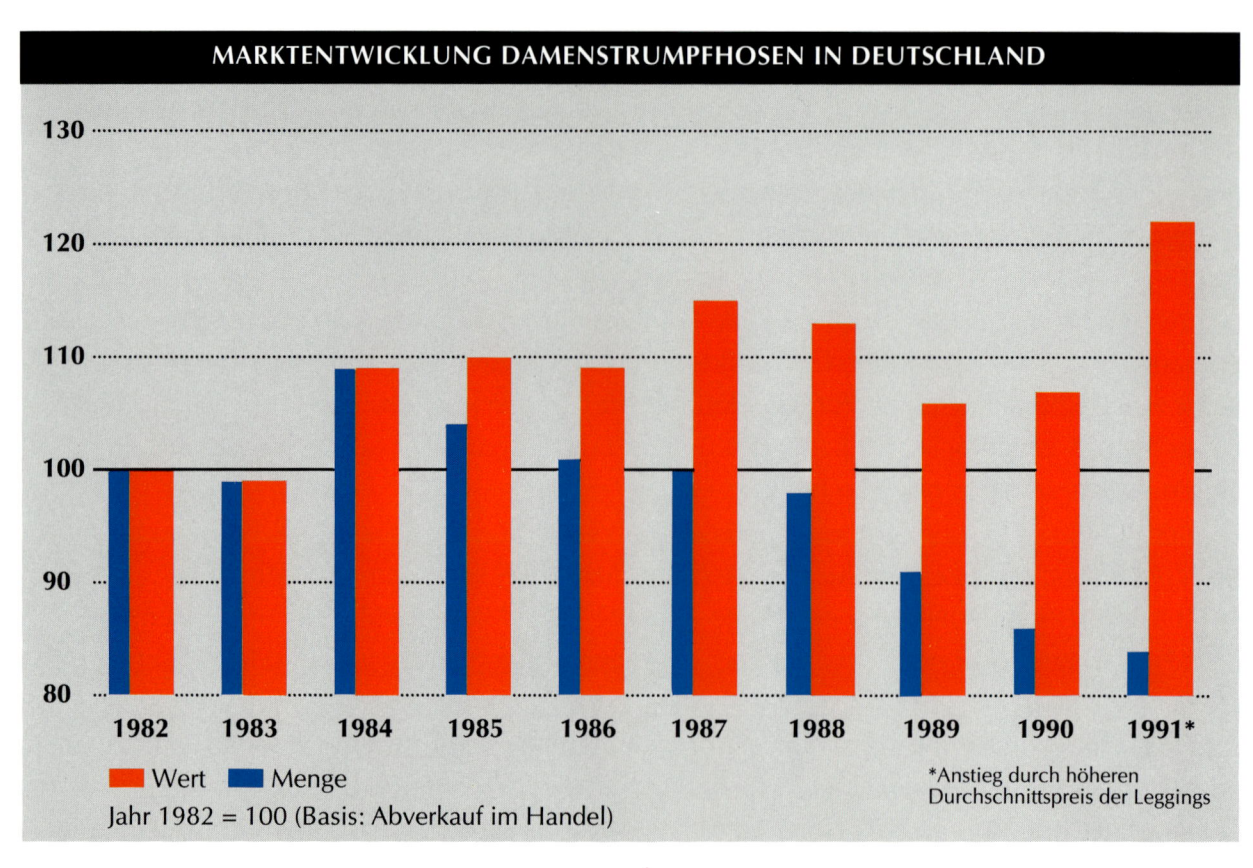

■ Wert ■ Menge
Jahr 1982 = 100 (Basis: Abverkauf im Handel)

*Anstieg durch höheren Durchschnittspreis der Leggings

MARKTENTWICKLUNG DAMENBEINBEKLEIDUNG IN DEUTSCHLAND

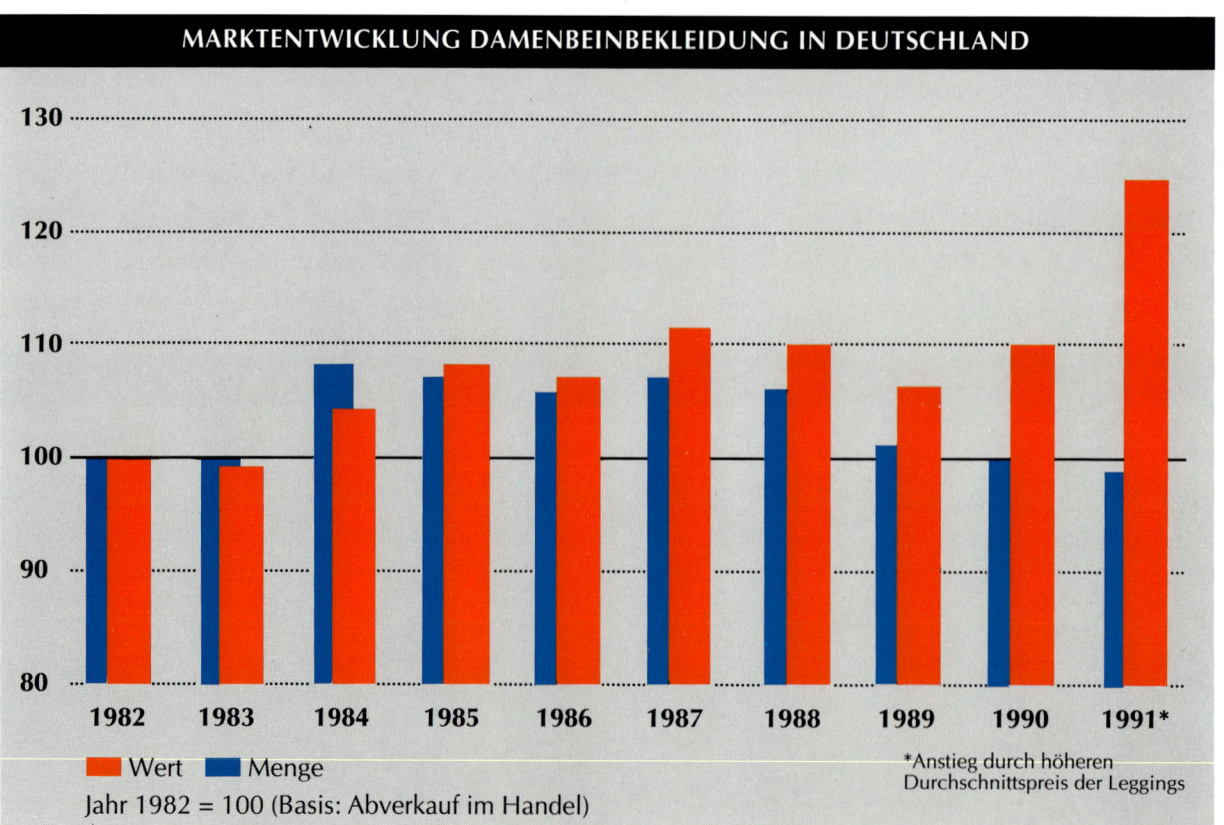

■ Wert ■ Menge
Jahr 1982 = 100 (Basis: Abverkauf im Handel)

*Anstieg durch höheren Durchschnittspreis der Leggings

Quelle: GfK-Textilmarktforschung, Nürnberg

INTERNATIONALE MÄRKTE

Strumpfindustrie Italien:
Die Stricker vom Po

Die italienischen Strumpfhersteller sind unter den europäischen Strumpfstrickern die Mengengiganten. In der Region um das Städtchen Castel Goffredo, nicht weit vom Gardasee, ist der Kern der Feinstrumpfindustrie. Bereits nach dem zweiten Weltkrieg hat sich diese Industrie hier positioniert.

In einem engmaschigen Netz von Produktionsbetrieben sind etwa 300, mehr kleine und mittlere Unternehmen in dieser Region ansässig. Darunter auch der Marktführer Italiens, die Firma Golden Lady, mit den Marken Omsa, Bloch, Golden Lady und SiSi. Mit 490 Millionen Mark Gesamtumsatz steht Golden Lady an Platz drei der weltgrößten Strumpferzeuger. Aber auch die Feinstrumpf-Firmen Bedoni, San Pellegrino (Oroblue, Benetton), Filodoro und Vignoni mit jeweils 40 bis 80 Millionen Mark Umsatz, gehören zu den italienischen Feinspezialisten.

In der Nähe von Prescia haben sich die Sockenstricker niedergelassen. Unter den etwa 150 Grobstrick-Unternehmen ist Calze Malerba, mit 130 Millionen Mark Umsatz, einer der Größten.

Alle italienischen Feinstrumpffirmen produzierten im Jahr 1991 etwa 1894 Millionen Paar Strümpfe. Das ist knapp fünfmal so viel wie die deutsche Produktion. Der technische Stand in den Strickereien ist allerdings sehr unterschiedlich. Während die großen Unternehmen über einen hochmodernen Maschinen- und Automatenpark verfügen, geht es bei den kleineren Unternehmen noch sehr traditionell zu. Langfristig werden sich aber die Strukturen verändern, weil in Norditalien das Lohnniveau stark angestiegen ist, und sich die Hersteller hier, wie in Deutschland auch, um ausländische Produktionsstandorte kümmern müssen.

Die Feinstrumpfmengen, die Italien jährlich produziert, sind ebenso verwunderlich wie die Tatsache, daß die Italienerin, trotz wärmerer Temperaturen, den höchsten Verbrauch an Feinstrümpfen- und Strumpfhosen hat, nämlich 26 Paar pro Jahr.

Italien deckt schätzungsweise 40 Prozent des Strumpfbedarfs mit Marken und Handelsmarken auf dem europäischen Markt ab und dürfte allein in Deutschland, innerhalb der Handelsmarken und No names, einen Anteil von 35 Prozent haben.

Das Inland selbst, wird noch sehr stark von dem typischen "Hausierhandel" geprägt, also Strümpfe, die auf dem Wochenmarkt, zwischen Obst und Gemüse, verkauft werden. Anziehungspunkt für das Ansiedeln der Feinstrumpfhersteller in der Poebene war ehemals die Firma Noemi, die 1925 gegründet wurde, schnell wuchs, aber in den Fünfziger Jahren ihre Produktion wieder einstellte. Ehemalige Mitarbeiter sind aber in der Gegend geblieben und haben ihre eigenen kleinen Firmen gegründet.

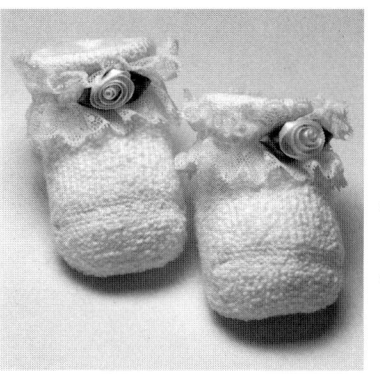

Calze Gallo in Desenzano am Gardasee gehört zu den hochwertigsten Sockenstrickern. Hier zarte Preziosen für feine Babys.

Zur Firma Golden Lady gehört auch die Marke SiSi.

DIE STRUMPFGIGANTEN

200

Die internationale Top-Ten der Strumpfhersteller

Die Großen werden immer größer, die Kleinen müssen sich stärker spezialisieren. In der Strumpfindustrie herrschen die gleichen Gesetze wie bei Fluggesellschaften, in der Unterhaltungselektronik oder bei großen Lebensmittelkonzernen. Es gibt immer mehr Giganten. Das neue globale Denken, das besonders amerikanische Unternehmen prägt, macht auch vor der Strumpfbranche nicht halt. Die internationale Top-Ten der Strumpfhersteller, die wir hier unter dem Gesichtspunkt der Größenordnung erfaßt haben, gibt einen Überblick über die gewichtigsten Firmen in der Szene. Teils gehören zu den großen Unternehmen noch branchenfremde Bereiche und es gibt komplizierte Verflechtungen innerhalb der Beteiligungen, die wir hier aber nicht erfaßt haben.
Alle Angaben basieren auf den Umsätzen von 1991.

Foto: Bellinda

Der Auftritt in der Großvertriebsschiene muß nicht kommerziell aussehen. Bellinda setzt hier hohe modische Ansprüche.

An erster Stelle der Umsatzgiganten steht das amerikanische Unternehmen Sara Lee. Der Multi aus Chicago macht einen Gesamtumsatz von 13,2 Milliarden Dollar (19,6 Milliarden Mark), und davon allein 3,4 Milliarden Mark mit Strümpfen. Zu dem Weltkonzern, der 47 Prozent der Umsätze mit den Hauptbereichen Nahrungs- und Genußmittel erzielt, gehören auch bekannte Strumpfmarken wie die französische Strumpffirma DIM mit einem Umsatz von 259 Millionen Mark und der englische Strumpfstricker Pretty Polly. DIM gehört in Frankreich zu den großen Marken und wurde bekannt durch seine simplen aber sehr erfolgreichen Verpackungen. Zum Beispiel die "Diam's", Strümpfe in teebeutelartiger Verpackung. Daneben hat Sara Lee Anteile an der Vatter-Gruppe (Nur Die/Bellinda) in Schongau erworben. Sara Lee hat in den USA einen Marktanteil bei Strümpfen von 43 Prozent, wovon besonders die "L'Eggs" (Strümpfe in der Eierschachtel) und Strümpfe von Hanes astronomische Stückzahlenumsätze machen. Sie werden in Drogerien, Supermärkten und SB-Läden für zwei Dollar die Packung angeboten.
Auf Platz zwei hat sich vom Gesamtumsatz her erst im letzten Jahr ein Unternehmen nach vorne geschoben, das ehemals auf Schuhe und Lederwaren spezialisiert war, dann durch die Übernahme der beiden Strumpffirmen Aznar (Spanien) und Cogetex (Frankreich) in die Hitliste der Strumpfhersteller rutschte. Well-Gogetex ist neben DIM der große Franzose und

DIE STRUMPFGIGANTEN

	Firma	Beschäftigte	Umsatz 1991	Töchter	Marken
1	Sara Lee Corporation Chicago/USA	113.400	19,6 Mrd. Mark davon 3,4 Mrd. Mark Strümpfe	DIM, Pretty Polly Hanes, Hilton Hosiery (Australien)	Pretty Polly, Hanes, L'Eggs, Donna Karan, Sublime, Chesterfield Liz Claiborne
2	Hartstone Thame/Großbritannien	4.400	740 Mio. Mark davon 444 Mio. Mark Strümpfe	Cogetex, Aznar	Well, Stem, Marie Claire, Bearbrand
3	Kunert AG Immenstadt/Deutschland	6.237 (weltweit)	679 Mio. Mark	Hudson, Arlington	Kunert, Hudson, Burlington, Silkona, Yves Saint Laurent
4	Kayser Roth Santa Monica/USA	-----	595 Mio. Mark davon 566 Mio. Mark Strümpfe	-----	Calvin Klein, Burlington, Brittania, No Nonsense, Adles by Burlington, Olympic-Champion, Supp-Hose
5	Vatter Gruppe Schongau/Deutschland	4.019	534 Mio. Mark	Nur die, Bellinda Elbeo	Bellinda, Nur die, Opal, Arwa, Elbeo
6	Golden Lady S.P.A. Castiglione delle Stiviere/Italien	2.250	490 Mio. Mark	Omsa, Bloch, Si Si	Golden Lady, Si Si, Bloch, Omsa
7	Ergee-Gruppe Sonthofen/Deutschland	5.300	453 Mio. Mark	-----	Ergee, Top Star
8	Falke-Gruppe Schmallenberg/Deutschland	3.082	405 Mio. Mark davon 260 Mio. Mark Strümpfe	Trumpf	Falke, Trumpf, Esprit, Christian Dior, Boss, Kenzo
9	CSP Internationale Industria Calze S.P.A. Ceresara/Italien	1.050	380 Mio. Mark	-----	Oroblu, Benetton, San Pellegrino
10	Wolford AG Bregenz/Österreich	1.250	170 Mio. Mark	-----	Wolford

STRUMPGIGANTEN

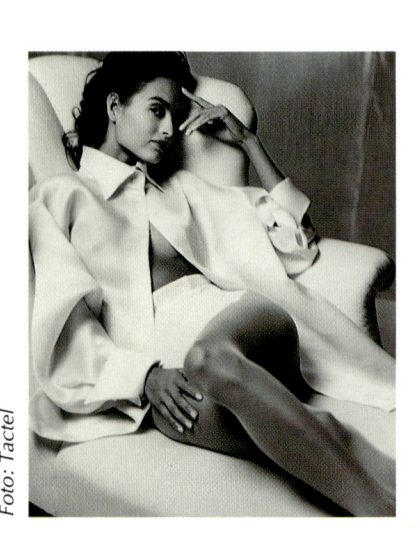

Foto: Oroblu

Foto: Kunert

Foto: Ergee

Foto: Tactel

Für den Sommer '93 setzt der italienische Strumpfhersteller Oroblu auf leuchtendes Blau.

Neuer Lifestyle Auftritt für die "in die Jahre gekommene" Marke Kunert. Damit ging der Hersteller 1992 an den Start.

Ergee startete 1991 mit einer groß angelegten Werbekampagne. Dabei sollten die Feinstrümpfe, die den geringeren Teil des Umsatzes ausmachen, stärker in den Mittelpunkt gerückt werden.

In den USA sind Strumpfhosen mit Tactel oder Lycra schon länger populär als in Deutschland. Hier ein Modell von Donna Karan über ICI.

Mit neckischen Overknees setzt Falke seinem umfangreichen Strickprogramm noch das Tüpfelchen auf.

(Von links nach rechts)

liegt bei 228 Millionen Mark Umsatz, Aznar rangiert mit etwa 120 Millionen Mark etwas darunter. Beide Neuerwerbe sorgen dafür, daß sich die britische Firma Hartstone inzwischen bei einem Umsatzvolumen von 740 Millionen Mark bewegt. Davon entfallen auf die Strümpfe jährlich etwa 444 Millionen Mark. Damit liegt der größte deutsche Strumpfhersteller Kunert, auch wenn er einen wesentlich höheren Strumpfanteil hat, auf Platz drei der Weltliste, mit einem Konzernumsatz von 679 Millionen Mark. Zur Kunert-Gruppe gehören die Firmen Hudson (263 Millionen) mit ihrer Handelsmarke Silkona (61 Millionen) und Arlington mit 93 Millionen Mark Umsatz. Kunert hat Arlington 1990 von der amerikanischen Firma Wickes gekauft. Früher gehörte Arlington zu dem Amerikaner Kayser Roth, der bekannt wurde durch seine Burlington Strümpfe, die mit der Raute.
Kayser Roth liegt heute bei einem Jahresumsatz von 595 Millionen Mark und macht mit seinen Strumpfmarken, wie zum Beispiel Calvin Klein, Burlington, Brittania oder No nonsense etwa 566 Millionen Mark Umsatz.
Die Vatter-Gruppe in Schongau, der zweite deutsche Gigant, macht mit ihren Marken Bellinda, Nur die, Opal, Arwa und Elbeo insgesamt 534 Millionen Mark Umsatz. Den Löwenanteil hält dabei Nur die, die gemeinsam mit den beiden kleineren Marken Opal und Arwa auf 319 Millionen Mark Umsatz kommt. Der Anteil von Bellinda liegt bei 107 Millionen Mark. Die kleinere und schönere Tochter Elbeo liegt bei knapp 90 MIllionen Mark Umsatz. Mit Bellinda, Nur die und Arwa ist der Hersteller ausschließlich im SB-Handel positioniert (22 000 Distributionsstellen). Mit der hochwertigen Strick- und Feinmarke Elbeo stellte Vatter die Verbindung zum Fachhandel her.
Zu den Multis in Italien gehört die Golden Lady S.P.A. in Castiglione delle Stiviere, der Region, wo die meisten der etwa 200 italienischen Strumpfstricker angesiedelt sind. Zu Golden Lady, die sich nur auf Feinstrümpfe im hochwertigen Standardbereich spezialisiert hat, gehören die Marken Golden Lady, Sisi, Omsa und Bloch. Der italienische Feinstrumpfhersteller Omsa war 1991 übernommen worden. In Medebach im Sauerland gibt es eine eigenständige Golden LadyTochter mit etwa 55 Millionen DM Umsatz.

STRUMPFGIGANTEN

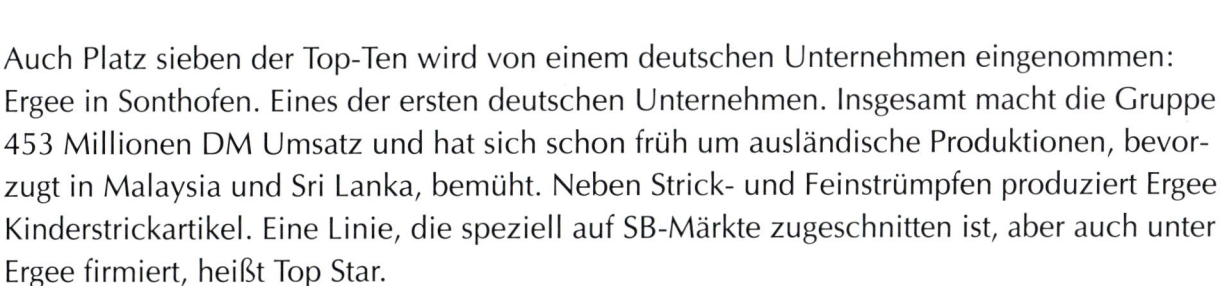

Foto: Falke

Auch Platz sieben der Top-Ten wird von einem deutschen Unternehmen eingenommen: Ergee in Sonthofen. Eines der ersten deutschen Unternehmen. Insgesamt macht die Gruppe 453 Millionen DM Umsatz und hat sich schon früh um ausländische Produktionen, bevorzugt in Malaysia und Sri Lanka, bemüht. Neben Strick- und Feinstrümpfen produziert Ergee Kinderstrickartikel. Eine Linie, die speziell auf SB-Märkte zugeschnitten ist, aber auch unter Ergee firmiert, heißt Top Star.

Die Falke-Gruppe in Schmallenberg zählt ebenfalls zu den umsatzstarken deutschen Strickern. Von den insgesamt 405 Millionen Mark Umsatz, die man mit Strickware, Bekleidung, Teppichgarnen und Strümpfen erwirtschaftet, entfallen 260 Millionen Mark auf die Strümpfe. Falke ist spezialisiert auf Lizenzen und produziert und vertreibt Strumpflabels von namhaften Designern und Firmen wie Esprit, Christian Dior, Boss und Kenzo. Das gilt für Strick- als auch für Feinstrümpfe.

Mit 380 Millionen Mark Umsatz schließt sich die C.S.P International Industria Calze an. Unter dem Dach des italienischen Unternehmens sind die Feinstrumpfmarken Oroblu und Benetton angesiedelt.

Die Wolford AG in Bregenz setzt die Reihe der erfolgreichen Strumpfhersteller fort. Das Unternehmen erwirtschaftete 1991 mehr als 170 Millionen DM Umsatz. Wolford machte sich erst in den letzten Jahren einen erfolgreichen Namen. Ehemals spezialisiert auf Haus- und Handelsmarken, haben sich die Bregenzer jetzt schwerpunktmäßig auf den Fachhandel reduziert und produzieren Hausmarken nur noch im gehobenen Genre. Darunter für den Wäschefilialisten Palmers in Wien, der Anteile von Wolford hält.

Auch Le Bourget gehört zu den großen Franzosen, wäre aber in unserer Top-Ten auf Platz elf. Spezialisiert auf Luxus- und Nobelmarken, macht das Unternehmen etwa 168 Millionen Mark. Chantal Thomass und Christian Lacroix sind die besonders dekorativen Vorzeigemarken. Nicht in der Top-Ten erfaßt, haben wir ebenfalls die beiden japanischen Strumpfmultis Gunze und Atsugi, die mit je 300 Millionen Mark Umsatz und Marktanteilen von 20 Prozent im japanischen Markt geschätzt werden.

Foto: Golden Lady

Eine der Marken der Golden Lady S.P.A., dem größten italienischen Strumpfhersteller, heißt Si Si.

Brauchen die Strümpfe Verpackungspersönlichkeit, oder genügt eine schlichte Folie mit allen notwendigen Informationen? Umweltprobleme und Diskussionen um reduzierte Papiere und Pappen warfen in den späten 80er Jahren viele Fragen auf. Inzwischen ist man dazu übergegangen die unsichtbaren Einleger zu reduzieren und umweltfreundliche Materialien einzusetzen. Schönheit und optische Gestaltung der Strumpfbox stehen aber immer noch an erster Stelle.
Sie sind besonders dann ganz wichtige Faktoren, wenn es sich um hochwertige Artikel handelt.
Wie die Hersteller in den letzten 20 Jahren ihre Ware an die Frau brachten, zeigen diese Beispiele.

EGANZA
A G U E
MPFHOSE · COLLANT · TIGHTS
Blàtino®
Encaje Artesanía
COLLECTION
ELBEO
PIKANT
FEINSTRUMPFHOSE · 20 DEN · MIT ZWICKEL UND SOHLENVERSTÄRKUN
SHEER TIGHTS · 20 DEN · WITH GUSSET AND REINFORCED SOLE
COLLANT FIN · 20 DEN · AVEC ENTREJAMBE, SEMELLE RENFORCEE
COLLANT · 20 DEN · CON CAVALLO E SUOLA RINFORZATI
halterlose Strumpf!
Wolford
STRÜMPFE
Grösse
small
Wolford
STRÜMPFE

Schachtel-Visionen

Mit zunehmendem Umweltbewußtsein der Verbraucher bringen auch die Feinstrumpfhersteller neue und immer weiter reichende Entwicklungen. Zwar gibt es noch keine Öko-Kollektionen - wie die der Bekleidungshersteller Steilmann oder Esprit, die natürliche Stoffe und umweltfreundliche Verfahrenstechniken einsetzen -, aber die Feinstrumpfleute haben es schließlich mit anderen Materialien zu tun: Ihre Basis ist der synthetische Faden. Strümpfe waren nur in ihrer frühen Geschichte aus reiner Natur. Heute hat man durch Synthetics den Tragekomfort um ein Mehrfaches steigern können, und die Verbraucherinnen scheinen damit zufrieden zu sein. Zumindest bis jetzt.

Dennoch sind die Strumpfstricker in Sachen Umwelt schon seit langem aktiv. Es wurden behutsamere Produktionsverfahren entwickelt, der Ausbau von Kläranlagen und die systematische Erfassung interner Abfallströme forciert. Große Firmen wie Kunert und Ergee haben interne Umweltteams gegründet.

Aber immer wieder stößt man an Grenzen, weil die Attraktivität der Strümpfe sowie auch der Verpackung gefährdet erscheint, je mehr man auf die Interessen der Umwelt eingeht. Daß die Verpackung beim Strumpf eine wichtige Rolle spielt - wer wollte das bestreiten. Glänzende Folien, aufwendige Schachteln, Golddruck, Seidenpapier und Prägungen, all das hat gewiß zahllosen Strümpfen zum Absatz verholfen. Schließlich sind die Verpackungen sozusagen "selbstredend" am Point of Sale, an der Verkaufsstelle, plaziert. Wo keine Verkäuferin zur Verfügung steht, muß die Schachtel sprechen. In Zeiten des Personalmangels hat der eigenständige optische Auftritt einer Strumpfverpackung einen hohen Stellenwert. Nur, wo bleibt die Öko-Idee?

Für viele Verbraucher nicht sichtbar, hat die Industrie schon einiges realisiert. So ist man weitgehend auf Recyclingpapier übergegangen, und man hat das Gewicht der Verpackungen stark reduziert. Durch schlankere Einleger und weniger Verbundmaterial konnten die Schachtelgewichte um 50 bis 60 Prozent reduziert werden. Ökologische Maßnahmen greifen am besten bei der Schachtelpackung, weil sie aus nur einem Verpackungsstoff, also sortenreinem Papier, besteht. Allerdings sind in Schachtelpackungen fast nur die preiswerten, ungeformten Artikel untergebracht.

Handelt es sich um hochwertige Strümpfe, geformt und teurer im Preis, sind Weichpackungen die aus der Sicht des Verkaufs am meisten bewährten Hüllen. Allerdings sind Weichpackungen doppelt so schwer wie die Schachteln, weil sie aus bis zu sechs verschiedenen

Materialien (Pappe, Folie, Einlegerdruck etc.) bestehen. Das Ansinnen, peu à peu die Weichpackung zu eliminieren, brachte viele Händler auf die Barrikaden. "Der Strumpf, gerade in oberen Preislagen, braucht eine Verpackungspersönlichkeit", argumentiert die eine Seite im Handel. Sie tendiert zum Trend der Kosmetikindustrie, bei dem Schönheit über eine edle, dekorative Hülle an die Frau gebracht wird. Aber wie lange noch? Bei Kosmetik werden Preise geschluckt, die manche Kundin ohne den äußeren Aufwand nicht akzeptieren würde. Geht es um die Schönheit, sitzt die Mark locker. Ähnlich verhält es sich bei Strümpfen, meinen die Verpackungsfreaks.

"Wenn der Artikel gut ist und einen gewissen Bekanntheitsgrad hat, braucht man nicht so protzig aufzutreten", argumentiert die andere Seite im Handel. Die Strumpfindustrie kennt diese Argumente und handelt mehr oder minder konsequent. Es wurden und werden Verpackungslösungen auf den Markt gebracht, die sich zumeist erst noch bewähren müssen. Fogal bringt einen Artikel aus schlichter Folie, die an eine verschweißte Duschhaube erinnert. Der Franzose DIM packt seine Strümpfe in teebeutelartige Säckchen ein. Wolford brachte eine Öko-Packung, die allerdings - vielleicht zu früh lanciert - nicht so recht akzeptiert wurde. Esprit arbeitet mit naturgetöntem Recycling-Papier.

"Die Technik hat noch viele Ideen im Köcher, aber die Leute vom Marketing blockieren", so die Erfahrungen von Reiner Michel, Kunert. Der Strumpfhersteller aus Immenstadt ist im Zuge seiner Ökobilanz schon so weit fortgeschritten, daß jährlich 120 Tonnen Folie, 176 Tonnen Deckblätter und 10 Tonnen Etiketten eingespart werden. Bedenkt man, daß der Jahresverbrauch in Deutschland bei mehr als 400 Millionen Einheiten Strumpfhosen liegt, kommt hier einiges zusammen.

Für Bernd Wagner, Dozent an der Universität Augsburg, der sich auf Ökologie und Verpackung spezialisiert hat, sind diese Einsparungen hinsichtlich des Gesamtbedarfs der deutschen Verbraucher enorm. Wagner sieht in dem neuen ökologischen Denken auch interessante betriebswirtschaftliche und unternehmerische Chancen. Durch die Realisierung von Umweltprojekten könnten nicht nur Kosten eingespart werden, auch Mitarbeiter ließen sich zu Denksportaufgaben in Sachen Umwelt motivieren und gewinnen. Mit dem richtigen Marketing, so seine Meinung, kann eine Ökoverpackung richtig "in" sein.

Die Strumpfpackung soll schön sein, zum Kauf animieren, schützen, sich lagern lassen, Informationen liefern und transportiert werden können. Dann soll sie ökologischen Richtlinien entsprechen. All das auf einen Nenner zu bringen, ist nicht einfach. Jeder will ökologisch handeln, aber jeder will es auf seine Weise tun. Hinzu kommt das schwierige Handling an der Verkaufstheke. Teure Artikel, die Frauen sich mehrere Scheine kosten lassen, müssen zur Ansicht aus- und wieder eingepackt werden können. Bei instabiler Verpackung

VERPACKUNG UND UMWELT

Der französische Hersteller "Dim" hat seinen Verpackungsaufwand besonders stark reduziert. Hier zwei Beispiele für preisaggressive Strick- und Feinartikel.

Auch bei San Pellegrino braucht man nur ein Material. Die Farbe wird herausgezupft.

Wenig Pappe und nur etwas Folie: zwei Beispiele im Dreieck.

Esprit setzt auf bedrucktes Recycling-Papier.

würden die Schachteln bald alt aussehen. Es müßten also viel mehr Griffmuster in die Läden; das wiederum wird teuer.

Visionen für neue Schachteln gibt es genug. Aber ob der kommerzielle Nutzen dahintersteckt, ist fraglich. Mit einer einheitlichen Schachtelpackung ließen sich manche Probleme lösen, aber wie hebt man sich mit teuren Feinstrümpfen ab? Die schwierige Synthese zwischen Ökologie und Animation ist das Thema schlechthin.

Soweit die Verpackung. Im Vergleich zum Inhalt, also den Strümpfen selbst, ist deren ökologische Verwertbarkeit allerdings noch relativ einfach. Strümpfe und Strumpfhosen, die weitgehend aus Polyamidfasern bestehen, wären entsorgbar, wäre nicht Lycra mit im Spiel. Elasthane im allgemeinen und Lycra im besonderen haben dafür gesorgt, daß Strümpfe besser sitzen, weicher sind und nicht mehr so oft kaputtgehen. Was also tun? Brisant ist auch die Produktion von Nylon. Wie erst 1991 bekannt wurde, werden bei der Herstellung Lachgase frei. Sie gehören zu den Stoffen, die die Ozonschicht angreifen. Große Faserhersteller wie ICI oder Rhone Poulenc haben mit der Umstellung der Produktionsabläufe begonnen.

Eine ähnliche Problematik stellt sich auch bei der umweltfreundlichen Chromfärbung. Davon abgesehen, daß viele Firmen inzwischen dazu übergegangen sind, ihre Farbstoffe um 20 bis 30 Prozent zu reduzieren, bleibt dieses Thema dennoch auf dem Tisch. Etwa 80 Prozent aller Feinstrümpfe und Strumpfhosen sind schwarz. Schwarz ist die Farbe, die die Umwelt am stärksten belastet. Neue Verfahren, wie eben die Chromfärbung, wirken sich weniger schwerwiegend aus. Zwar ist sie blasser und verlangt den Verzicht auf den tiefen, satten Schwarzton - aber damit können die Hersteller, sofern es sich um "normale" Feinstrümpfe handelt, leben. Schwieriger wird es bei Microfasern, die, wie Lycra auch, zu einem Umsatzrenner wurden und die keiner mehr missen möchte. Seidig und samtigweich, haben sie nur einen Fehler: sie können nicht chromgefärbt werden.

Die Vorstellungen von Industrie, Handel und Verbrauchern auf einen Nenner zu bringen, sagte der Journalist Dagobert Lindlau anläßlich einer Umweltdiskussion bei Bi, sei vergleichbar mit der Quadratur des Kreises. Dennoch glaubt Öko-Spezialist Wagner, daß man erst am Anfang eines großen Umdenkungsprozesses stehe. "Viele Ideen, die für uns jetzt noch unverständlich sind, werden vielleicht Realität". So der Strumpfautomat, der wie das Zigarettenziehen funktioniert: Einfach Geld einwerfen und unten kommt die unverpackte Strumpfhose heraus. Oder man handhabt es wie Arzneimittelhersteller Schering, der seine leeren Arzneipackungen zurücknehmen will, die der Verbraucher vorher in den Briefkasten geworfen hat.

TAILLE
SIZE
2
COLLANT · TIGHTS
OPAQUE
DIM
Tutto Nudo
DIM
COLLANT
TUTTO NUDO
DIM
GAZZELLA
STRIP
BOUTIQUE
Sanpellegrino
MADE IN ITALY
36-40 DM 6,95
NEU
TOUCH ME!
Bi
Beine von Bi
STRUMPFHOSE
Größe 40/42
ESPRIT
THE
BIG
BEAT
Les Girls

Gold, Farbe, Folie –
die Schachtel spricht für sich.
Damit Frauen zu Strümpfen
greifen, haben sich die
Hersteller seit Erfindung der
Nylons viele Gedanken
gemacht. Die Verpackung ist ein
wichtiges Verkaufsinstrument.
Sie muß sich mit dem Inhalt
identifizieren, sie sollte für den
Wiedererkennungswert der
Marke sorgen und – was sehr
wichtig ist – viele Informationen
transportieren. Der äußere
Auftritt ist ein bedeutendes
Marketinginstrument am
Point of Sale, und ersetzt nicht
selten – selbstredend – die
Verkäuferin.
Verpackungen liefern aber auch
ein Stück Zeitgeist. Mal
setzt der Strumpfproduzent auf
das kesse Foto einer schönen
Frau, mal überwiegt die
schlichte Grafik. Im Laufe der
Jahre haben sich die unter-
schiedlichsten Aufmacher-
Trends herausgebildet.
Hier ein Verpackungscocktail
aus den Jahren 1972 bis 1992.

PERFECT
NOIR
COLLANT
Le Bourget
FILET
MADE IN FRANCE
MOSCHINO
CALZE
Strumpfhose
20 den
»Hauchzart 20«
TOP

KURIOSES

Trivial-Kunst

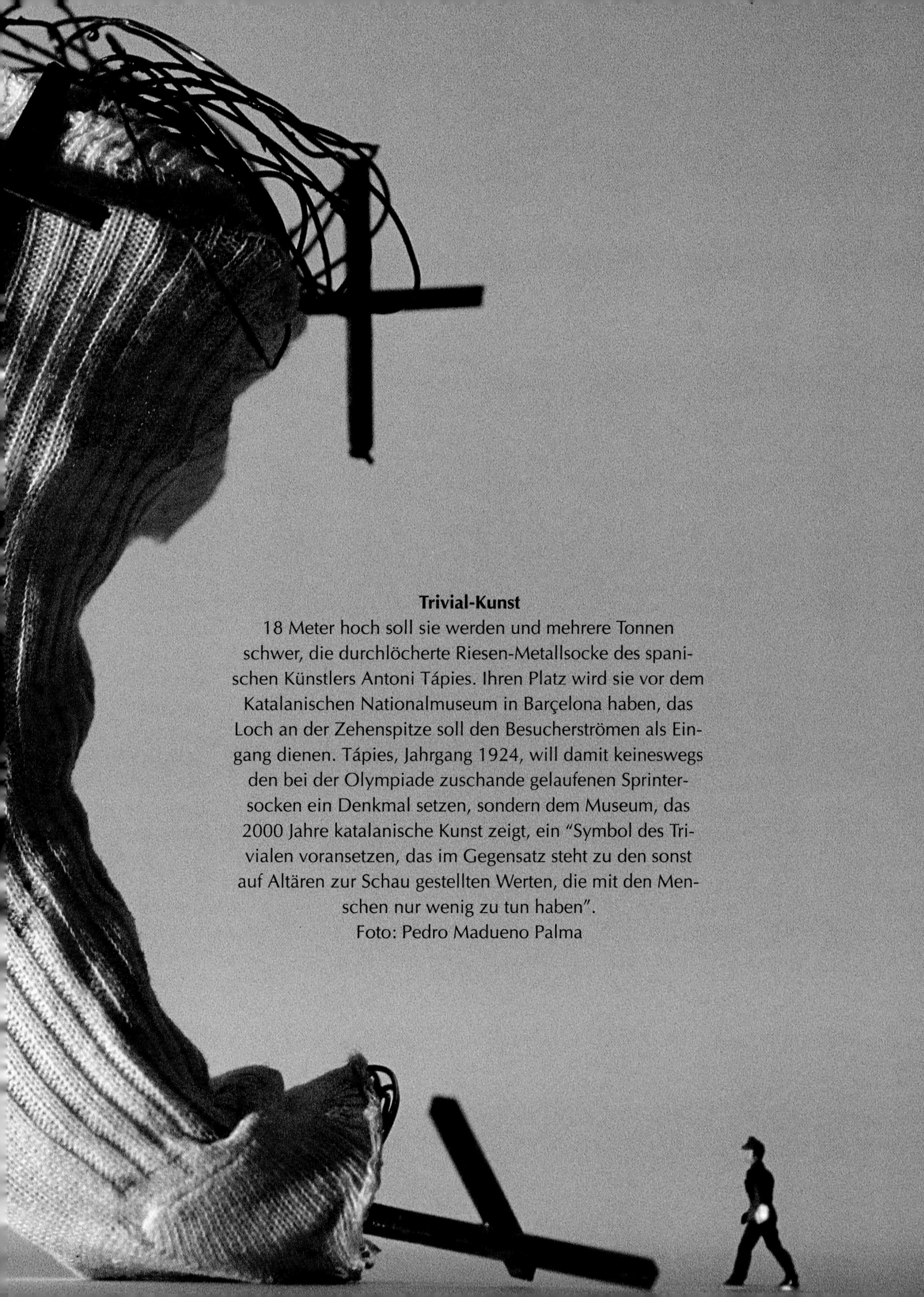

18 Meter hoch soll sie werden und mehrere Tonnen schwer, die durchlöcherte Riesen-Metallsocke des spanischen Künstlers Antoni Tápies. Ihren Platz wird sie vor dem Katalanischen Nationalmuseum in Barçelona haben, das Loch an der Zehenspitze soll den Besucherströmen als Eingang dienen. Tápies, Jahrgang 1924, will damit keineswegs den bei der Olympiade zuschande gelaufenen Sprintersocken ein Denkmal setzen, sondern dem Museum, das 2000 Jahre katalanische Kunst zeigt, ein "Symbol des Trivialen voransetzen, das im Gegensatz steht zu den sonst auf Altären zur Schau gestellten Werten, die mit den Menschen nur wenig zu tun haben".

Foto: Pedro Madueno Palma

KURIOSES

Patentlösungen

Nicht nur die Textildesigner, sondern auch Hausfrauen, Lehrer und Finanzbeamte fühlen sich als Erfinder origineller Strumpfmodelle aufgerufen. Manche Entwürfe schaffen den Sprung in die Fabrikation, andere schmoren in den Schubladen der Hersteller. Eine wahre Fundgrube skurriler bis marktreifer Ideen ist das Deutsche Patentamt. Da wurde 1955 ein Damenstrumpf mit Doppelrand angemeldet, in den man eine flach zusammengefaltete Regenkapuze einschieben konnte. Von 1964 stammt das Patent für ein Modell, in dessen Naht ein beweglicher Draht zwecks gerader Ausrichtung derselben eingenäht war. Die Socke mit dem "Belüftungs-Loch" unter dem Fuß wartet noch auf den Fabrikanten. Halterlose Strümpfe waren schon in den 50ern registriert, nur haperte es mit der Qualität des Haftrandes. Besonders originell ist der Vorschlag einer Münchnerin, die flexible Spitzen-Besatzstücke für Zehen und Hacken herstellen lassen wollte (Aktenzeichen 1760514). Als "Schnellfeuerhose" oder auch "Lady Pep" kam ein Artikel von Arwa auf den Markt, der sich aus austauschbaren Teilen zusammensetzte. Als marktreif erwies sich die Strapsstrumpfhose von Schilling & Reiter, bei der Straps und Strümpfe in einem Stück genäht sind.

Für Überraschungen ganz besonderer Art sollte ein Damenstrumpfband mit Rosette sorgen, das bereits 1925 patentiert wurde: Unter der Rosette war eine Glühlampe samt Batterie angebracht, die beim Tanz rhythmisch blinkte und die Kavaliere in Verwirrung stürzen sollte.

Foto: Schilling & Reiter

Verleumdung

Henry Fielding, englischer Schriftsteller und Dramatiker (1707-1754), war nicht nur für den Scharfsinn seiner Bücher und Bühnenstücke, sondern auch für seine bunten Einfälle im Alltagsleben bekannt. Eines Tages wollte er sich den feierlichen Aufbruch von Georg II. zur Krönung in Westminster ansehen. Ganz London war auf den Beinen. An den Straßen waren Tribünen aufgestellt. Als Fielding jedoch endlich einen Platz gefunden hatte, von dem aus er den König hätte erspähen können, mußte er feststellen, daß ein vornehm gekleideter Stutzer auf einer der vordersten Bänke stand und die Sicht versperrte. "Dieser Gentleman würde sich wohl setzen", donnerte Fielding mit rundum vernehmbarer Stimme, "wenn er wüßte, daß er in jedem Strumpf ein Loch hat!". Augenblicklich setzte der Mann sich hin. Als er aber heimlich seine Strümpfe inspiziert hatte, beschimpfte er Fielding: wie der es wagen könne, in aller Öffentlichkeit solche Unwahrheiten in die Welt zu setzen!

Darauf Fielding, in aller Gelassenheit: "Wenn Sie nicht in jedem Strumpf ein Loch hätten - wie wollten Sie dann in Ihre Strümpfe kommen?"

KURIOSES

Stripper-Nipper

Alle schauten - und keiner gab es zu: "Tutti Frutti", die Fernsehreihe mit den Strippern, wurde hinter vorgezogenen Gardinen konsumiert. Wenn am folgenden Tag in den Büros die Nackt-Nummern vom Vorabend genüßlich durchgehechelt wurden, war selbstredend niemand anders als "rein zufällig" ins Programm geraten, hatte lediglich genippt. Nur Charakterstarke bekannten sich zu der Po- und Busenparade. Dessen ungeachtet stiegen und stiegen die Einschaltquoten.

Der besondere Reiz der Sendung lag in der erfrischenden Ungeübtheit der Teilnehmer(innen). Da kam ein Mädel auf die Bühne, Einzelhandelskauffrau vielleicht, Studentin oder Hausfrau, wiegte sich a bisserl zur Musik, streifte sich den Rock über die Füße ab, blieb (unweigerlich!) mit dem Stiletto-Absatz am Saum hängen, lächelte mehr oder auch weniger kess in Richtung Kamera, fingerte sich am Rücken herum, bis der Büstenhalter absprang, lüpfte das Höschen und war schließlich nur noch mit Tanga, Straps und Strümpfen bewaffnet.

Ähnlich ließen sich die Männer ablichten: nach einigen Hüftschwüngen standen sie stolz in Shorts und Strümpfen samt Haltern (sehr wichtig!) da.
Für die Strumpf- und die Dessous-Industrie war das alles von durchaus tieferer Bedeutung. Die Zuschauer der Sendung beobachteten stets sehr genau, was sich da auf der Bühne präsentierte. So passierte es nicht selten, daß am Morgen danach im Handel "die rosa Strapse von Petra aus Cuxhaven" verlangt wurden.

Immensen Einfluß hatte Tutti Frutti auf die Nachfrage nach halterlosen Strümpfen: Vor Beginn der Sendereihe in den späten 80er Jahren lag ihr Anteil am Strumpfmarkt zwischen drei und vier, in den Hochzeiten der Sehbeteiligung Anfang der 90er Jahre bei zehn Prozent.

Foto: RTL plus

KURIOSES

Treueschwur

Im 17. Jahrhundert war es dem Klerus bei Strafe verboten, die wechselnden und immer extravaganteren Strumpfmoden mitzumachen. Heute schreibt die katholische Kirche ihren Würdenträgern per Kleiderordnung vor, was sie wann und zu welchem Anlaß zu tragen haben. Generell gilt: der Papst trägt weiße, alle anderen schwarze Strümpfe zur jeweils gleichfarbigen Soutane. Nur zu besonderen liturgischen Anlässen tragen Bischöfe violette, Kardinäle rote (eben: kardinalrote) Strümpfe. Rot deshalb, um ihre "Treue bis aufs Blut" gegenüber dem Papst zu demonstrieren: eine viele Jahrhunderte alte Tradition, die ihnen ganz ungewollt einen der allerersten Plätze auf der Liste der strumpfmodemutigsten Männer der Welt reserviert.

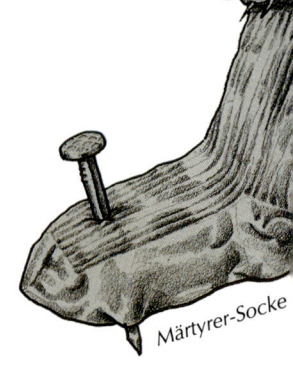

Foto: Katholische Nachrichtenagentur

Playboy-Socke

Märtyrer-Socke

Foto: Thomas Fedra

Maschenfang

In Zeiten des schnellen Konsums sind die Laufmaschen-Reparaturannahmen - in den 50er und 60er Jahren überall in den Geschäftsstraßen ein vertrauter Anblick - auf einige wenige zusammengeschmolzen. Im Zeichen immer raffinierter und kostbarer werdender Beinkleider jedoch und dank des zunehmenden Umweltbewußtseins (Nylons sind unverrottbar!), nahmen einige Reinigungen und Änderungsschneidereien diesen Service Anfang der 90er Jahre wieder auf. Eine Masche wird für eine Mark gehoben.

KURIOSES

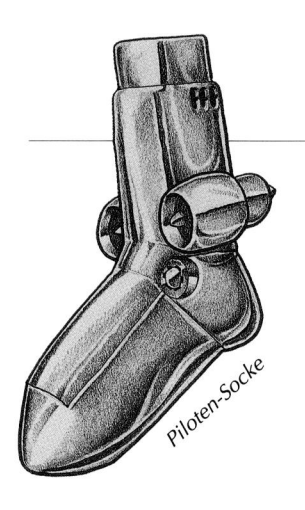

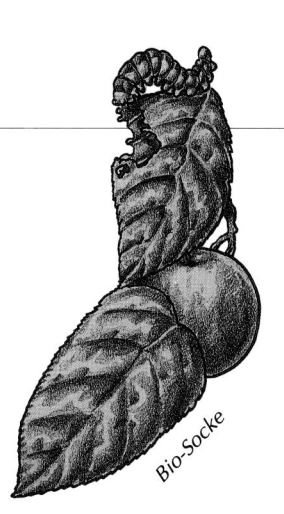

Piloten-Socke

Bio-Socke

Bio-Socks für Bartträger

Jedem das Seine. Den Menschen drängt's zur Individualität - auch den Sockenträger. Wem es nach Computermustern, Ringeln und Rhomben nach mehr Entfaltung am Fuß zumute ist, findet seine Anregungen hier.
Karikaturen von Revilo.

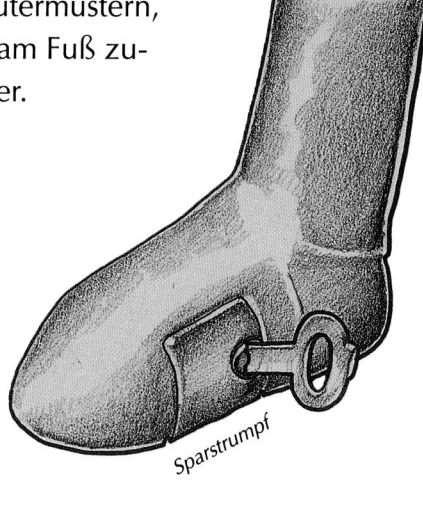

Millionärs-Socke

Sparstrumpf

Käse-Socke

Himmelwärts

Zehn Meter hoch und zwei Tonnen schwer war der "Nylonstrumpf", der im Jahr 1938 weithin sichtbar in freier Landschaft bei Los Angeles für sich selber warb. Die wohlproportionierte Beinskulptur war dem des Filmstarlets Marie Wilson nachgeformt. Zum Pressetermin ließ sie sich für die Fotografen per Kran in schwindelnde Höhen hieven, um ihre Beinkopie mit einem schmückenden Strumpfband zu umwinden. Der triumphale Siegeszug des Nylonstrumpfes hatte soeben erst begonnen.

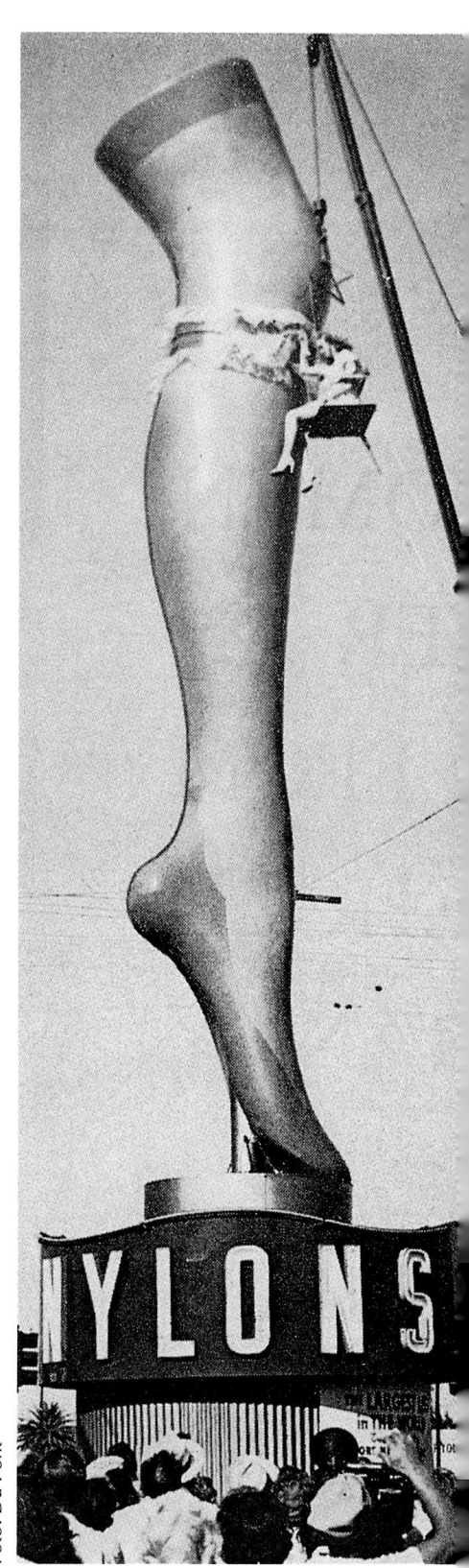

Foto: Du Pont

KURIOSES

Etiketten-Schwindel

Daß ein Herr - wohlgemerkt: Herr, nicht Mann - niemals auch nur einen Zentimeter nacktes Bein unter dem grauen Zweireiher zeigen dürfe, war einer der unumstößlichen Glaubensgrundsätze der Etikette-Päpstin Erica Pappritz. Die stellvertretende Leiterin der Protokollabteilung des Auswärtigen Amts in der Adenauer-Ära brachte jungen Diplomaten und - nach Erscheinen ihres "Buch der Etikette" - dem gesellschaftlich ambitionierten Nachkriegs-Deutschland die rechten Manieren bei. Herrenstrümpfe hatten knielang und dunkelgrau am Tag, schwarz am Abend zu sein. Punktum. Daß Frau Pappritz beim Anblick des Kurzmodells samt tätowierter Männerwade im Bild links einen Schwindelanfall erlitten hätte, ist anzunehmen.

Heute fühlt sich im "AA" niemand mehr zuständig für Fragen der Kleider-Etikette. Junge Diplomaten werden an den "Arbeitskreis Umgangsformen International" verwiesen, der wiederum empfiehlt Broschüren und Bücher wie jenes von Thomas Rusche. Hier steht zu lesen, daß der Business-Alltag und offizielle Anlässe nach wie vor weder Kurz- noch Fesselsocke oder Wadenstrumpf zulassen, sondern lediglich den Kniestrumpf: "Selbst bei übergeschlagenen Beinen darf kein Stück Wade blitzen". Weiße Socken außerhalb des Sports: ein Faux pas. Originell gemusterte Socken dagegen seien durchaus zulässig - in der Freizeit, wohlgemerkt. Das dürfe dann allerdings nicht so weit gehen wie bei dem Maler David Hockney, der immer wieder mal gern zwei verschiedenfarbige Socken trägt.

Foto: Dostal/Voller Ernst

Glaubenssache

Strümpfe als Glücks- oder Unglücksbringer: eine Frage des Glaubens, oder vielmehr des Aberglaubens. Über Jahrhunderte hinweg waren sie immer wieder Symbol für die verschiedensten Hoffnungen und Ängste. Daß der Tag Unglück bringe, wenn man sich morgens den linken Strumpf zuerst anzieht, ist eine Überzeugung der harmlosen Sorte. Daß man, um die Zuneigung einer geliebten Person zu gewinnen, einen Sud aus deren - oder dessen - getragenen Strümpfen trinken soll, stammt aus dem finsteren Mittelalter.

Glück in der Ehe versprach man sich, wenn man die im vergangenen Jahrhundert beliebten Hochzeitsstrümpfe, die sich Verlobte vor der Trauung schenkten, nur einmal trug. Eine Münze im Strumpf sollte Geldsorgen fernhalten. Als schlimmes Omen für eine Ehe wurde es gewertet, wenn die Braut selbst, nicht der Bräutigam, das Strumpfband löste.

Ging das Strumpfband eines Mädchens von selbst auf oder gar verloren, fiel die arme Trägerin oft unrettbar der Überzeugung anheim, daß ihr Geliebter untreu sei und sich von ihr trennen wolle. Gruselig der Gedanke, daß es Glück bringe, ein Strumpfband aus Natternhaut zu tragen. Daß das als Notgroschen zurückgelegte "Strumpfgeld" der Freudenmädchen sich von selbst vermehre, wenn man nur nicht daran rührt, ist zwar ein Aberglaube - aber ein nützlicher: mancher Dirne kamen die Groschen in der Not zustatten.

KURIOSES

Resteverwertung

Seine erstaunlichste Qualität entfaltet der Nylonstrumpf eigentlich erst im Notfall: wenn der Keilriemen reißt und weit und breit keine Autowerkstatt in Sicht ist. Dann wird die Hülle vom Bein gepellt und ab geht's unter die Motorhaube. Wer sich halbwegs auskennt in den Innereien seines Wagens, hat den Riemen mit ein paar Handgriffen gegen das zum Seil gestraffte Beinkleid ausgetauscht. Bis zu 200 Kilo Druck kann ein Nylonstrumpf ertragen, der Belastung als Keilriemenersatz hält er etliche Kilometer stand.

Auch als Behältnis leistet der Nylonstrumpf gute Dienste. In der Nachkriegszeit wurde jeder kleinste Seifenrest gesammelt und in die abgeschnittene Fußspitze verbrauchter Strümpfe geknotet. Wer lange genug warten konnte, hielt nach Monaten einen stattlichen Seifenklumpen in der Hand.

Nicht nur Nylons, auch Wollstrümpfe eignen sich bestens zum Sammeln und Aufbewahren. So gehört der Sparstrumpf in diese Rubrik. Kenner der Rotlicht-Szene behaupten zwar, Freudenmädchen seien die Erfinderinnen dieser Idee, weil sie sich die Entlohnung für ihre Liebesdienste gern in die elastische Oberkante des Strumpfes stecken lassen. Man darf getrost davon ausgehen, daß die uralte Sitte des Sparens im Strumpf schlichtweg auf die je nach Bedarf mitwachsende Behältnisfähigkeit der Socke zurückzuführen ist. Zudem mag mancher hoffen, daß Diebe nicht zuerst im Wäscheschrank herumwühlen.

Ihnen könnte man im Notfall allerdings mit dem zur Waffe umfunktionierten Sparstrumpf entgegentreten: sind genügend harte Münzen drin und ist das Beinkleid lang genug, ergibt er eine äußerst effiziente Schleuder. Schon im Mittelalter hat mancher dank eines spitzen Steins im oberschenkellangen Woll- oder Tuchstrumpf seine Widersacher erledigt. Natürlich gehörte einige Übung dazu.

Um weitere Nutzungsmöglichkeiten des Strumpfes in Erfahrung zu bringen, befragte die Firma Kunert ihre Angestellten. Bizarrstes Ergebnis: Resteverwertung von Nylons mit Lochstickerei und bunten Blümchen als kreppige "Übertöpfe" über den Gummipflanzen im Büro.

Foto: Heinz Schmitz

KURIOSES

Daß Trends "auf der Straße" entstehen, wird zwar oft und gern behauptet, stimmt aber nur bedingt. Bestes Beispiel zum Beweis des Gegenteils ist Englands Prinzessin Diana, deren blaublütiger Geschmack stets Heerscharen von Nachahmerinnen findet und den Modemachern immer wieder neue Inspirationen liefert. In Sachen Strumpf hat die junge Königin in spe schon mehrmals für Schlagzeilen und das dazugehörige Bildmaterial in den Gazetten gesorgt, zum Beispiel dank ihrer Vorliebe für Nylons mit Naht und eingearbeiteter Schleife an der Ferse.

PUNKTSIEG

Eine wahre Lawine von Reaktionen folgte jenem Sonntag im Juni 1986, als sie zum Polo-Turnier in Windsor in weißen Punktsöckchen erschien. Am darauffolgenden Montag erschien ihr Bild in der gesamten Regenbogenpresse, und binnen 48 Stunden waren sämtliche Kaufhäuser und Fachgeschäfte Großbritanniens buchstäblich leergefegt von Punktsöckchen. Das war ein Tag, den die englische Strumpfbranche nicht so schnell vergißt. Nicht zuletzt deshalb, weil die Socke keineswegs made in England war, sondern aus Deutschland kam: Sie gehörte zum Outfit der Münchner Firma Mondi, der damit eine immense Publizität zuteil wurde - ohne einen Pfennig zu diesem Zweck ausgegeben zu haben. Denn im Gegensatz zu einem anderen Mitglied des Clans um die britische Krone, der Herzogin von Windsor, die sich bekanntermaßen schon mal "sponsern" ließ von Pariser Modemachern, zahlt Lady Di ihre Kleider auf Heller und Pfennig aus der Privatschatulle.
Kammerzofen plauderten aus, daß ihre Strümpfe zumeist aus den Fogal-Boutiquen kommen. Das nimmt ihr die englische Presse weniger übel als jenen "Fehltritt" mit dem Produkt aus dem einstigen Feindesland Deutschland.

Strumpf-Museum

Zeitgleich mit dem Erscheinen dieses Buches wird in Gelenau bei Chemnitz das "Deutsche Strumpfmuseum" seine Tore öffnen: Hier werden alte Handwirkmaschinen ebenso wie die komplette Sammlung der Elbeo-Werke, ferner Archivbestände des ehemaligen Kombinats Esda in Thalheim/Sachsen, eine Sammlung der 1842 gegründeten Strumpfinnung Gelenau sowie zahlreiche Musterbücher ausgestellt. Elf Strumpfhersteller und der Verband Gesamtmasche stehen hinter dem Projekt, das in einer ehemaligen Knochenmühle untergebracht wird.

Foto: Mondi

KURIOSES

> EIN HÜBSCHER STIEFEL, SCHÖNE STRÜMPFE
> BESCHWINDELN UNS OFT SONDERBAR.
> MAN SIEHT MIT SCHRECKEN, DASS DIE NYMPHE
> GESPICKT MIT HÜHNERAUGEN WAR.
>
> LUDWIG THOMA

Moschushosen

Kein Geringerer als der japanische Konzern Kanebo kam Ende der 80er Jahre auf die Idee, Duftstrümpfe zu produzieren. Werbepsychologen hatten herausgefunden, daß Moschusduft nicht nur die Sinne betört, sondern auch die Kauflust fördert. Der Konzern knüpfte damit an die Tradition des "Strumpfwürzens" an, die schon im 18. Jahrhundert überall in Europa verbreitet war und für duftende Beinkleider sorgte in einer Zeit, in der Parfum gefragter war als Wasser und Seife. Aus dem Strumpfland Sachsen stammt der alte Vers:

**"Schönster Strumpfwürzer mein,
mach mir die Strümpfe fein,
so kannst du bey mir schlafen ganß allein"**

Einige deutsche Hersteller griffen die Idee auf, mußten jedoch nach ersten Tests feststellen, daß der vermehrte Zuspruch der Verbraucherin die erhöhten Herstellungskosten nicht rechtfertigte. So schmoren die Moschushosen bis auf weiteres in den Schubladen. Offensichtlich kann aber auch der Duft gänzlich unbehandelter Durchschnittsstrumpfhosen keinen Mann verjagen, wie der Flohmarkt-Schnappschuß der Fotografin Lanessa zeigt.

Foto: Lanessa/Voller Ernst

> ÜBERALL IST EIN WUNDERLAND.
> ÜBERALL IST DAS LEBEN.
> BEI MEINER TANTE IM STRUMPFENBAND
> WIE IRGENDWO DANEBEN.
>
> JOACHIM RINGELNATZ

KURIOSES

Höchstpreis

Es passiert nicht gerade häufig, daß Strümpfe ihren Besitzer überleben, schon gar nicht um Jahrhunderte. Für die kostbaren Exemplare jedoch, die einst Kaiser und Könige trugen, hat es immer schon Interessenten gegeben. Beizeiten beiseite gelegt, haben dereinst die Erben den Vorteil. So war fast zwei Jahrhunderte lang ein schlichter schwarzer Seidenstrumpf von Napoleon im Besitz einer französischen Adelsfamilie. 1988 trennte sie sich von dem Souvenir. Die Herkunft konnte, wenngleich nicht völlig zweifelsfrei, so doch einigermaßen glaubwürdig nachgewiesen werden, was bei einer Auktion des Londoner Hauses Sotheby's mit dem stolzen Preis von 3.300 Pfund Sterling honoriert wurde. Ein vergleichsweise wesentlich interessanteres Paar Herrenseidenstrümpfe in Preußischblau mit Stickereien (siehe Foto) aus der Zeit um 1740, das allerdings keinen berühmten Träger nachweisen konnte, kam beim Konkurrenz-Auktionator Christie's für rund 450 Pfund unter den Hammer.

Foto: Christie's

Foto: Bayrischer Landesverein für Heimatpflege e.V., München

G'socks

Wer es bedauert, daß die Waden des Mannes solch ein tristes, verstecktes Dasein unter schwarz-grau-braunem G'socks führen, sollte sich auf den Weg nach Bayern machen. Zur Tracht werden hier in der wärmeren Jahreszeit nach wie vor handbreite Wadenstutzen getragen, die keinen anderen Zweck haben als den, das Bein zu schmücken. "Loferl" sagen die Bayern, weil die kurze Röhre sie an den Lauf ihrer Gewehre erinnert. Alten Abbildungen zufolge gab es die ersten Wadlstrümpfe dieser luftigen Art bereits um 1820.

KURIOSES

Panzerknacker

Kaum ein Tag vergeht, ohne daß irgendwo in der Welt jemand etwas höchst Unerlaubtes tut und sich, um unerkannt davonzukommen, einen Nylonstrumpf über den Kopf zieht. Meist versuchen die solcherart von eigener Hand Entstellten, sich die Gelder einer Bank anzueignen oder einen Juwelierladen auszurauben... Jörg Bahner und Karlheinz Noack, Geschäftsführer der Firma Bi, wollten allerdings keines von beiden. Sie stülpten sich Nylons zu Werbezwecken über den Kopf und präsentierten sich à la Panzerknacker mit geknautschter Nase. Was verhüllt ist, weckt Interesse: die erfolgreiche Werbung ging Anfang der 90er Jahre als Sinnbild anrüchiger Zweckentfremdung ins Grusel-Kabinett der Strumpfreklame ein.

Foto: Roger Cabello

Nikolaus-Couture

Was den Deutschen ihr Nikolaus, ist den Amerikanern ihr Santa Claus. In Deutschland liegt die Geschenkesocke am 6. Dezember morgens vor der Schlafzimmertür, die Amerikaner werden in der Nacht zum 25. Dezember durch den Schornstein beschert. Es war die Idee der amerikanischen "Vogue", zur roten Wie-gehabt-Socke mit weißem Plüschrand die Gegenentwürfe renommierter Designer einzuholen. Christian Lacroix mixte bunte Bänder mit schwarzen Perlen, Pailletten und einem bonbonrosa Federbusch, Emanuel Ungaro plazierte Spitzen und Glitzerdekor auf seinen Gaben-Stiefeln. Das alles sind - leider! - Unikate. Bleibt abzuwarten, ob Nikolaus sprich Santa Claus sich weiterhin bei der ebenso einfalls- wie geschmacklosen Weihnachtskitschsocken-Industrie eindeckt oder doch mal in Paris anklopft. Zu wünschen wär's.

DANKSAGUNG

Wir danken allen in diesem Buch erwähnten Strumpfherstellern sowie auch der Faserindustrie für die großzügige Öffnung ihrer Bildarchive und die bereitwillige Unterstützung bei unseren Recherchen.
Für seine geduldige Hilfe in allen technischen Fragen sind wir ganz besonders Herrn Heinz Reumiller verbunden. Herr Ingwald Brentle war unser Ratgeber in Faserfragen. Ein herzlicher Dank für die Zurverfügungstellung ihrer privaten Archive gilt den Herren Heinz Schmitz, Walter Horn und Uwe Feltens. In New York recherchierte TW-Korespondentin Inge Ledermann, in Mailand half uns Louisa Pandolfi vom italienischen Maschenverband. TW-Korrespondentin Andrea Manet von Scheidlin stellte in Paris den Kontakt zu Karl Lagerfeld her. Anregungen für das Kapitel "Historie" kamen von Uschi Madeisky und Klaus Werner, Colorama-Film. Nicht zuletzt danken wir Herrn Hans-Joachim Jorke vom Gesamtverband der deutschen Maschenindustrie für die Beschaffung von Archivmaterial, auch aus den neuen Bundesländern.

BILDQUELLEN

(Die Zahlenangaben beziehen sich auf die Seitenzahlen im Buch)
8/9, 13 und 34: Sammlung Pilade Franceschi.
10: aus "Kostümkunde" von Hermann Weiss, Stuttgart 1881-83.
11 oben, 30 und 33: Victoria & Albert Museum, London.
11 unten: Ausschnitt Amazonenkampf aus "Die Kunst der Griechen" von Arnold Salis.
12 oben: aus: "Kleine Kostümkunde" von Gertrud Lenning, 1989; mit frdl. Genehmigung des Verlags Schiele & Schön, Berlin.
12 unten: Musee de Condé, Chantilly.
14: Historisches Museum Frankfurt (Ausschnitt Heller-Altar).
15 oben: Niedersächsisches Landesmuseum Hannover.
15 unten: Bruckmann-Archiv, München.
16 und 25 oben: Kostümforschungsinstitut von Parish, München. Foto: Wolfgang Pulfer.
18, 20 und 39 unten: aus "Kleine Kulturgeschichte des Strumpfes" von Gerhard Fröhlich, Städt. Textil- und Kunstgewerbesammlung Chemnitz.
20 oben: Deutsches Museum München. Aus: Weigel, Abb. der gemeinnützigen Hauptstände, Regensburg 1698.
21 unten: aus "Histoires de la Mode" von Jacques Wilhelm, 1955; mit frdl. Genehmigung des Verlags Hachette, Paris.
22, 26 oben, 27 und 29: Historisches Museum Frankfurt. Fotos Claudia Bartsch.
23: Metropolitan Museum New York.
24: Wallace Collection London.
25 unten, 35 rechts, 37 rechts, 40, 46 links oben und rechts unten: Historisches Museum Frankfurt.
26 unten und 28: Bayrisches Nationalmuseum München.
31: Deutsches Museum München, aus: Faßliche Beschreibung der gemeinnützlichen Künste. Johann Peter Voit, Nürnberg 1804.
35 links und 41 rechts oben: Münchner Stadtmuseum.
37 unten: Sammlung Ellen Maas, Frankfurt.
38/39 Mitte und 48 links und Mitte, 49 rechts: Aus "Von Lee bis Esda", Verlag Tribüne, Berlin 1968.
39 Mitte rechts: aus "Europas größte Strumpffabriken - Die Entwicklungsgeschichte von Kunert & Söhne". Int. Industriebibliothek. Kommissions-Verlag Warnsdorf 1938.
41 links: Leicester Museum, Symington Sammlung.
42/43: Stiftung Deutsche Kinematek Berlin (Minerva/Terra Film).
44/45: Du Pont-Archiv, Bad Homburg.
46 links unten: Archiv Heinz Schmitz.
47: BBC Hulton Picture Library, London.
51: Werbeprospekt von Jaeger & Mirow, Hamburg.
53: Bruckmann-Archiv, München.

LITERATURVERZEICHNIS

Boehn, Max von: Die Mode. Eine Kulturgeschichte vom Mittelalter bis zum Jugendstil. Bearb. von Ingrid Loschek. Bruckmann Verlag 1989.

Engelmeier, Regine und Peter W.: Film und Mode - Mode im Film". PWE Verlag für Medien-Pblikationen 1990.

Fuchs, Eduard: Illustrierte Sittengeschichte. München 1910.

Fröhlich, Gerhard: Kleine Kulturgeschichte des Strumpfes. Städt. Textil- und Kunstgewerbemuseum Chemnitz.

Hofer, Alfons: Textil- und Modelexikon. Deutscher Fachverlag 1988.

Junker, Almut und Stille, Eva: Zur Geschichte der Unterwäsche 1700 - 1960. Ausstellungskatalog Historisches Museum Frankfurt 1988.

Katholisches Institut für Medieninformation e.v. und der Kath. Filmkomission: Lexikon des internationalen Films. Rowohlt 1990.

Loschek, Ingrid:
- Mode im 20. Jahrhundert. Bruckmann Verlag 1987.
- Reclams Mode- und Kostümlexikon. Philip Reclam jun. 1987.
- Mode - Verführung und Notwendigkeit. Bruckmann Verlag 1991.

Markert, Dietrich: Maschen ABC. Deutscher Fachverlag 1990.

Paillochet, Claire: Drunter & Drüber. PPV-Verlag Zürich.

Saint-Laurent, Cecil: Drunter - Eine Kultur- und Phantasiegeschichte der weiblichen Dessous. Verlag Christian Brandstätter 1988.

Münchner Stadtmuseum: Beinahe - Strümpfe, Schuhe und Unterhosen aus vier Jahrhunderten. Ausstellunskatalog 1990.

Seidel, Peter: Mit Strumpf und Stil. VEB Strumpfkombinat Esda Thalheim 196.

Wehr, Christian: Lexikon des Aberglaubens. Heyne 1992.